法の再構築

[I] 国家と社会

渡辺 浩／江頭憲治郎──［編集代表］
江頭憲治郎／碓井光明──［編］

東京大学出版会

Reconstructing Legal Systems
I State and Society
Kenjiro EGASHIRA and Mitsuaki USUI, Editors
University of Tokyo Press, 2007
ISBN 978-4-13-035061-7

刊行にあたって

　「法」は，無限の多様性を有する具体的な人間関係・社会関係を一定の価値観・尺度により人為的に細分化・分節化して，それぞれ独自の構造原則を有する「法的関係」を構成し，それを規律する規範として，さまざまな思想潮流のなかで鍛えられながら，歴史的に形成されてきた．そして，西洋の法を基礎に展開してきた法の思考の中核には，常に「峻別」・「境界づけ」の視点がある．

　しかしながら，21世紀に入った現在，社会，経済，国際関係が複雑に絡み合いながら大きな変動に見舞われている．しかも，これまでの「境界づけ」を左右する要素として，科学技術の著しい進展ぶりを挙げなければならない．「ヒト」とは何かさえも問われるばかりでなく，これまで当然とされてきた国境による壁も科学技術の発展により無意味にされる場面を生じている．現代は，さまざまなレベルにおいて，「境界」の相対化・流動化が，諸要因の相互作用を経ながら進行しているのである．われわれは，このような複合的な「ボーダレス化」に伴う諸現象とその相互関係を直視し，それらが全体としてもつ意味を明らかにするとともに，常に現実との矛盾緊張関係を意識しつつ，現代的条件の下において，新たな法的関係――新たな「境界づけ」――を構想し，これに基づく「法システムの再構築」を行うことを迫られている．

　このような問題意識の下に組織された東京大学法学部の学術創成プロジェクト「ボーダレス化時代における法システムの再構築」の共同研究が，2001年度より5年計画で進められてきた．その第1期（2001年4月～2003年9月）においては，五つの問題群を設定して，他大学の研究者の参加も得て，法律学を中心にしつつも政治学の研究者も結集して分野横断的な共同研究を行い，その成果は，渡辺浩・江頭憲治郎編集代表『融ける境　超える法』全5巻（東京大学出版会，2005年）として刊行された．

　われわれは，第1期に引き続いて，第2期（2003年10月～2006年3月）においては，第1期の問題群を再編成して，3チームによる共同研究を継続し

た．この再編成に当たっては，合宿して討論を重ねた．本シリーズ『法の再構築』全3巻は，この第2期の3チームが行った「国家と社会」，「国際化」および「科学技術の発展」の視点による「法の再構築」の研究成果である．この間に外国の研究者を招へいして開催された国際シンポジウム（2006年1月7日・8日，於・東京大学「山上会館」）の成果も反映されている．なお，研究期間終了後の2007年1月には，科学研究費補助金研究成果公開促進費による支援を受けてシンポジウム「ボーダレス化時代における法システムの融解と再構築——現場との対話」（27日・28日，於・六本木アカデミーヒルズ）が開催された．

　この第2期の研究期間の最中においても，われわれを取り巻く社会，経済，国際関係および科学技術には，大きな変動が見られた．また，法自体の変動にも目を見張るものがある．実定法に限っても，戦後改革の立法にも匹敵するような膨大な法改正などが進行中である．この激しい変動の嵐のなかにあっても，われわれは，単にその変動に流されることなく，歴史の重みを踏まえつつ，常に将来を見据えた「法の再構築」を展望したいと考えてきた．もとより，それは壮大な作業であって，本シリーズに示される成果は，その端緒を示すものにすぎないといえようが，われわれは，この成果が法の再構築に向けた更なる広汎な研究への礎となり，あるいは起爆剤となることを確信し，ここに本シリーズ全3巻を世に送るものである．同時に，われわれ自らも，更なる研究を継続して，骨太の「法の再構築」を目指すことをここに誓いたい．

　最後に，本シリーズを刊行するに当たり，われわれの学術創成プロジェクトを助成された学術振興会および本シリーズの出版を引き受けてくださった東京大学出版会とその関係者，さらに，シンポジウムに協力された内外の研究者・実務家，プロジェクトを陰で支えてくださったスタッフの皆様，それぞれに対して，心から謝意を表するものである．

渡　辺　　　浩
江頭憲治郎

序

　第1巻は,『国家と社会』と題している.
　20世紀後半において日本は積極的国家観に支えられて,国家(国,地方公共団体)の役割を拡大させてきた.それは,市場との関係においては,市場に対する規制を伴うものであったし,国民との関係においては国家の給付活動の増大を伴うものであった.経済発展に伴う財政規模の拡大,優秀な官僚組織,官への情報の集中などが,そのような国家活動を支え,可能にしていたといえよう.
　しかしながら,21世紀に入り,さまざまな理由から,その限界ないし「国家と社会」関係の見直しが求められている.
　第一に,市場についていえば,国家による市場の規律を期待するよりは,市場の自律に委ねるべきであるとする自由化の動きである.この自由化の動きには,国際的にみてヒト,モノ,資金が国境を超えて移動しやすくなり,「国を単位とする市場」の境界が著しく低くなったことが大きな要因として作用している.また,経済発展には,国家的規制の緩和が不可欠であるとする見方が支配的となっていることも強く影響している.
　第二に,国家の保有する情報・技術力に限界のあることが明らかになってきた.情報についていえば,通信手段の多様な発展によって,企業や市民が情報を集めて蓄積し,そこから,さらに新たな財を生み出すことが可能になっている.技術力に関していえば,高度な技術力に依存する現代において,官僚のみでは「安全性」を確認し担保することができない状態に至っている.そして,第一の背景と結合することにより,公私の協働(PPP)などが大きな潮流となりつつある.
　第三に,これまで,家族,地域というような単位で(あるいは会社も含めて),それなりに安心できる生活を確保しようとしてきた「社会」が,その機能を喪失しつつあることも見逃すことができない.従来,「警察消極目的

の原則」とか「警察民事不介入の原則」により国家が消極的姿勢をとりがちな分野に関しては，たとえば，家庭内暴力などに関して逆に国家の積極的な介入が望まれるようになっている．また，消費者が自らの力で安全を確保することも困難になっていることから，消費者の保護の面などにおいては，むしろ国家的規制を強化すべき分野があると認識されている．単純に規制緩和のみで満足するわけにはいかないのである．ここには，「国家法のあり方」という21世紀の最大の課題が横たわっている．

このような動向に着目する場合に，これまでの法が「国家と社会との間の境界」の存在を前提にするものであったことを，今更ながら強く意識せざるを得ない．そして，21世紀初頭の境界の揺らぎの状況に直面して「国家と社会」関係を新たに見直し「法の再構築」を図ろうとするのが本巻である．ただし，これらの動向のすべてを網羅した研究をすることは膨大な作業である．前記のうちの第三点に着目した研究の成果は本巻に入れることができなかった．

本巻は，3部から構成されている．

第I部は，「市場と国家」というくくりで，3章からなる．規制緩和による市場の重視が大きな流れとなっている．

その一環として，政府業務を民間に開放する政策が進められている．碓井光明「政府業務の民間開放と法制度の変革」（第1章）は，このような政策の内容を検討し，それがもたらす法の変革について考察している．民間開放された場合における損害賠償責任追及の法システム（開放後も国家が賠償責任を負うとする判例の動向）などについても言及されている．

次に，敵対的買収が国民的関心事になっている今日，会社支配に関する法規制のあり方が問われている．中東正文「会社支配市場に関わる法規制の再構築」（第2章）は，この現代的問題を正面から検討する研究である．「官」と「民」の役割に着目した分析がなされる．

これまで，税制の市場との関係につき，市場にもたらす影響などに関心はあったものの，「公平」に関しては税制の枠内における公平が議論されてきた．しかし，幅広い視点から「分配の公平」を考えるべきではないかという観点による「法の再構築」を模索するのが，増井良啓「税制の公平から分配の公平へ」（第3章）である．そこでは，租税制度を租税制度内部に閉じたも

のとして問題を設定すべきではなく，それ以外の政府活動や市場における取引との相互作用の検討が必要なことが指摘されている．次の第Ⅱ部の第4章にも連なる内容の章として位置づけられている．

　第Ⅱ部は，「国家と社会」と題している．

　国家と社会を語るとき，社会保障を抜きにすることはできない．岩村正彦「社会保障改革と憲法25条」（第4章）は，社会保障をめぐる憲法学および社会保障法学の状況をたどったうえで，政府管掌健康保険事業の全国健康保険協会への移管という公的医療保険事業主体の変更という大改正の憲法問題を検討し，さらに今後の展望を試みている．憲法を起点として21世紀の社会保障制度の展望を行う章である．

　国家の所有する財産である国有財産・公有財産に関して，これまで行政財産と普通財産とが峻別され，行政財産に関しては私権設定を禁止する等の厳しい制約が課されてきた．このような仕組みはドイツ法の流れを汲むものであり，日本のみならず韓国においても同様であった．こうした峻別の系譜にもかかわらず，日本において，行政財産と普通財産との壁に部分的に穴が開けられ，2006年には国有財産法および地方自治法中の公有財産規定が大改正された．碓井光明「国有財産・公有財産に関する規制の緩和」（第5章）は，こうした動向をたどりつつ，行政財産と普通財産との間の壁の見直し，国家財産による収入の確保等に言及している．金性洙「韓国の国家財産法の現況と立法政策的課題」（第6章）は，韓国の国家財産法における行政財産と財政財産（日本における普通財産に相当する財産）との区別が曖昧になっていることを指摘し，社会基盤施設に対する民間投資法の分析を通じて財政財産の性質を分析し，さらに，水道事業を合理化するための委託契約や水道施設管理権の出資の可能性など韓国において論議されている問題を提示し，「所有権を中心とする国家財産法制」から公物法を中心とする「機能的国家財産法制」への転換を示唆している．この「機能的国家財産法制」の視点は，日本法のあり方にも示唆を与えてくれるであろう．

　第Ⅲ部は，「法形成の主体」と題している．

　20世紀後半の国家による積極的介入にもかかわらず，国家が細部にわたり規範を定立することには限界がある．一定の業界団体，文化団体，スポーツ団体，学界等が定立する自主的規範が果たす役割も大きいといわなければ

ならない．しかしながら，それらを手放しで歓迎し傍観することもできない．江頭憲治郎「経済団体等による法の形成・執行と利益相反問題」（第7章）は，法的ルールの形成および法の執行における政府と民間との役割分担の再構築の観点から，公認会計士・監査法人および証券取引所の自主規制業務を例にして，そこにおける利益相反問題を取り上げて，その解決の方向を探っている．市場を重視すればするほど，利益相反問題の解決が喫緊の課題となる．

太田匡彦「ドイツ医療保険における定額設定制度について」（第8章）は，表題のとおり，ドイツ医療保険における定額設定制度という独特の制度を検討するものである．薬剤につきグループごとに定額を設定することにより，それが医療保険の保険主体である疾病金庫が支払う薬剤費用の上限とされる制度である．その設定手続に独特の仕組みが見られ，複数のアクターが関与することから，第Ⅲ部に収録することとした．しかし，社会保障制度の一環であることにおいて，第4章に密接に関係するとともに，この制度が薬剤市場にもたらす効果の点においては，第Ⅰ部において扱われる「市場と国家」のテーマともなりうる．ある制度の有する複合的側面を描き出している研究成果である．

大串和雄「国境を超える社会」（第9章）には，「トランスナショナル社会運動」という副題が付されている．条約の起草やその実施のプロセスにおいて，国家のみならず，国境を超えて活動する国際NGO等を中心とする「トランスナショナル社会運動」の動きに着目して，その動向を分析し，その有効性等の特徴を描き出している．国家以外の多様なアクターのうち，「トランスナショナル社会運動」を取り出し，その研究の重要性を呈示する成果である．

以上のような本巻が「法の再構築」に少しでも貢献できることをわれわれは期待している．なお，本シリーズの他の巻にも，本巻と密接な内容の成果が多数含まれているので，それらを併せて参照していただければ幸いである．

2007年2月

江頭憲治郎
碓井光明

目　　次

刊行にあたって　i
序　iii

［Ⅰ］　市場と国家

第1章　政府業務の民間開放と法制度の変革 ……………碓井光明　3
　　1］　政府業務の民間開放の諸側面　3
　　2］　民間開放政策により目指される効用　8
　　3］　政府業務の民間開放政策推進と法形式　10
　　4］　官民競争入札（市場化テスト）政策　14
　　5］　政府業務の民間開放のもたらす法の変革　31

第2章　会社支配市場に関わる法規制の再構築 …………中東正文　41
　　1］　序　論　41
　　2］　近時の敵対的買収を巡る裁判例　43
　　3］　会社支配に関する法規制の変容　49
　　4］　会社支配に関する法の再構築のあり方　58
　　5］　結　語　61

第3章　税制の公平から分配の公平へ ……………………増井良啓　63
　　1］　はじめに　63
　　2］　望ましい税制の条件としての垂直的公平　64
　　3］　税制の公平から分配の公平へ　73
　　4］　おわりに　77

[Ⅱ] 国家と社会

第4章　社会保障改革と憲法25条 ……………………………岩村正彦　83
　　──社会保障制度における「国家」の役割をめぐって
　　1］　問題の所在　83
　　2］　憲法学・社会保障法学の概況　95
　　3］　事業主体の変更と憲法25条　106
　　4］　おわりに　114

第5章　国有財産・公有財産に関する規制の緩和 ……碓井光明　117
　　1］　国有財産および公有財産を規律する法律　117
　　2］　行政財産と普通財産との違い　119
　　3］　規制の緩和　124
　　4］　国有財産法・自治法の改正へ　135
　　5］　弾力的思考による制度設計　139
　　6］　おわりに　148

第6章　韓国の国家財産法の現況と立法政策的課題 …金　性洙　151
　　1］　問題の提起　151
　　2］　国家財産法に関する概念的考察　154
　　3］　社会基盤施設に対する民間投資法　162
　　4］　韓国国家財産法の懸案課題──水道産業合理化のための水道法の課題　169
　　5］　おわりに　186

[Ⅲ] 法形成の主体

第7章　経済団体等による法の形成・執行と利益相反問題…江頭憲治郎　193
　　1］　問題の所在　193
　　2］　公認会計士・監査法人と利益相反問題　195
　　3］　証券取引所と利益相反問題　203
　　4］　解決の方向と課題　208

第8章　ドイツ医療保険における定額設定制度について…太田匡彦　213

- 1］問題の設定　213
- 2］定額設定制度──現行法に基づいて　214
- 3］薬剤支給の基本構造　222
- 4］薬剤支給に係る費用負担　237
- 5］定額設定制度の位置と機能　244

第9章　国境を超える社会 ……………………………………大串和雄　259
　　　──トランスナショナル社会運動

- 1］はじめに　259
- 2］国境横断的社会アクターの研究史　261
- 3］トランスナショナル社会運動の増加　262
- 4］トランスナショナル社会運動の分類　265
- 5］ネットワーク　270
- 6］トランスナショナル社会運動の有効性　275

[I]
市場と国家

第1章 政府業務の民間開放と法制度の変革

碓井光明

1］政府業務の民間開放の諸側面

　まず，「政府業務」および「民間開放」の意味を明らかにしておきたい．

　「政府業務」は，国，地方公共団体およびそれらが特別の法律に基づいて設立した法人（以下，「特別法人」という）の行う業務を指すものと理解しておきたい．地方公共団体が設立している会社や公益法人は，一般的な法律に基づく法人であるので，それらの法人が設立団体の意を受けて一定の公益的役割を果たしているとしても，その固有の業務は，ここにいう政府業務とはみないことにする．逆に，国，地方公共団体あるいは特別法人が行う業務は，たとえ民間事業者が行う業務と同じような性質とみられる場合であっても，「政府業務」に含めることにしたい．

　「民間開放」[1]は，広い意味の privatization を指している．したがって，日本語としては，「民間化」，「私化」，「民営化」などの多様な用語が用いられる．民間開放というからには，開放後も，同種の業務が継続されることを前提にしておきたい．民間に開放された後の業務がその顧客である国民・住民に対するサービスの提供であって，顧客との間の契約による場合に，その契約のあり方も当然に問題になるが[2]，それは本章の対象外である．

---

1) 内田（2006（1））は，「民間開放」がポジティブなイメージをもつために政治的にニュートラルとはいえないとして，「民営化」の用語を用いるとしている．「民間開放」にそのような問題があることは承知しつつも，privatization とは別に，日本語としての「民営化」の与える誤解を考慮して，本章においては，「民間開放」の語を用いることにする．

政府部門の業務の民間開放は，次のように類型化できるであろう[3]．

1.1 政府部門の撤退

徹底した民間開放は，当該業務からの「政府部門の撤退」すなわち，民間事業者による業務遂行に完全に委ねることである[4]．撤退後においては，当該業務は，もはや政府業務とはいえない．撤退の方法の一つに，政府の一定部門を株式会社組織にして，その株式を民間に売却する方法がある．いわゆる3公社と呼ばれた国鉄，電電公社，専売公社については，このような方法で民営化が図られた．また，日本道路公団等の道路関係公団が民営化され，さらに，郵政事業も，日本郵政公社を経て民営化される．さらに，政府系金融機関の多くが民営化されようとしている．

撤退は，国の場合は，少なくとも組織法の改正を伴う．特別法人の場合は，特別法人の廃止等の法律を必要とする．地方公共団体の業務で法律の手当てが必要な場合は，法改正と，それに基づく撤退の実施という2段階からなる．

たとえば，「廃棄物の処理及び清掃に関する法律」は，市町村の区域内の一般廃棄物の収集・運搬・処分を市町村の義務としつつ（6条の2第1項），委託を許容する前提にたつ定め方をしている（6条の2第3項・4項）．したがって，市町村が一般廃棄物の収集・運搬・処分から撤退するには，同法による義務づけを外して，かつ，市町村が実際に業務を行わないという選択をすることになる．その場合には，民間事業者が経営の成り立つような手数料徴収方法が見出せるかどうかが実際上の重要な課題となろう．

他方，日本の水道事業は，もともとは市町村営であった．現行水道法も，原則として市町村が経営するものとし，市町村以外の者は，給水しようとす

---

2) 内田（2006）は，公的提供契約から論を進めて，「制度的契約」として各種の契約について考察を加えている．

3) ドイツ法における民営化について，大脇（1999）は，代表的類型論として，組織の民営化（形式的民営化），財産の民営化，実質的民営化，機能的民営化の4類型を挙げている．ドイツ法を紹介した論文は多いが，省略したい．

4) 内田（2006）は，政府部門の撤退に相当する民営化を，これまで契約ないし契約類似の関係で提供されていた財・サービスの提供主体が公的機関から民間事業者に代わる場合や民間事業者が併存する場合を「提供主体の民営化」（125頁），これまで契約によらず公的機関によってなされてきた財・サービスの提供が提供者と受給者との契約関係に切り替わるものを「提供契約創設型」の民営化（123頁）と呼んでいる．

る区域をその区域に含む市町村の同意を得た場合に限り，水道事業を経営することができるとしている（6条2項）．したがって，同意とセットにすることによって，水道事業から市町村が撤退することは可能である[5]．水道事業の場合に，公営水道を引き継ぐ民間事業者が実際に登場する可能性があるかどうかは不明であるが，「同意」権行使の主体と，引継対象の事業を行ってきた水道事業者としての地位とを併有する市町村が，どのような行動をとらなければならないのか．たとえば，引継対象の水道事業者の決定は，いかなる規範に従うのか，とくに，競争性を確保する必要があるのか，が問題となろう．

地方公共団体の撤退は，公営企業等の分野にみられる．そして，特別の条例を制定する場合もある．県立病院の移譲（病院職員の引継ぎを伴うもの）について，移譲先団体，移譲に伴う資産の譲渡または貸付けの特例等を定める例がある（たとえば，「福岡県立病院の移譲に伴う特別措置に関する条例」）．

撤退の過程において，利用者等との間の紛争が起こることがある．たとえば，横浜市が保育所4園を社会福祉法人に移管したことについて，横浜地判平成18・5・22（判例地方自治284号42頁）が，民営化の判断自体は裁量権の範囲内のことであると解する余地があるとしつつも，民営化の発表が突然であり反発する保護者への対応などに鑑みると，2004年4月に民営化しなければならない特段の事情があったとはいえないとして，裁量の範囲の逸脱・濫用があったとして，事情判決をした[6]．

また，大東市の保育所の廃止について，大阪高判平成18・4・20（判例地方自治282号55頁）は，保育士と児童および保護者との信頼関係が重要であるのに，短い引継期間とするなど信義則上の義務（公法上の契約に伴う付随義務）違反があったとして，1世帯につき33万円（慰謝料30万円，弁護士費用3万円）の損害賠償を命じた．

これらの判決は，地方公共団体が撤退する場合に，それを進める手続も重要なことを示しているといえる．

---

[5] 水道事業の民営化については，川本（2005）を参照．
[6] この判決については，今後活発に論評がなされると予想されるが，判決前に事情判決の可能性を含めて論じた文献として，亘理（2006）がある．

1.2 政府業務の民間委託

　第二に，政府業務の民間委託の方法が広く活用されてきた．政府部門が遂行してきた業務について，どのような単位で，どの範囲まで民間委託することが可能かということが法解釈および立法政策の課題となる．とくに，政府業務として民間に委託することのできない「コアな政策業務部分」があるかどうかが問題とされよう．この点は，公法学において議論されている問題である．法学的研究において重要な課題であることは承知しているが，本章において立ち入ることはしない（なお，本章4.3.1を参照）．

　狭義の民間委託は，契約による委託である．それ以外に，法律の根拠に基づく指定等の行為による「法定委託」も存在する．地方公共団体の公の施設の指定管理者の指定，建築基準法による指定確認検査機関の指定などは，行政処分による法定委託といってよい．権限に着目するときは，法定委任である．「法定委託」は，民間委託とは呼ばれないことが多い．

　民間委託と政府部門の撤退との違いは，当該業務の経営のリスクを政府部門と民間とのいずれが担うかの違いである．たとえば，水道事業に関して，従来の個別的委託のほか，包括的な管理委託も許されるが，水道法24条の3第1項[7]により，「水道法上の責任を伴う包括的な委託」[8]も許容されている．その場合でも，あくまでも水道事業の経営責任は市町村にある．これに対して，市町村が撤退して民間の株式会社が経営するときは，経営のリスクを当該会社が負い，株主の厳しい監視の下に置かれることによる経営の効率化が期待される[9]．その代わりに，倒産の事態や，それを引き継ぐ事業者が登場しないときは，再び市町村が乗り出さざるを得ない．

---

[7] 水道事業者は，政令で定めるところにより，「水道の管理に関する技術上の業務の全部又は一部を他の水道事業者若しくは水道用水供給事業者又は当該業務を適正かつ確実に実施することができる者として政令で定める要件に該当するものに委託することができる」（水道法24条の3第1項）．

[8] 水道法制研究会（2003, 395頁）．

[9] 川本（2005, 78頁）は，水道事業が民営化された場合，民間投資家による経営監視の徹底と市場における競争導入により，効率化努力が強まるとしているが，同論文も指摘するように，配水管網の技術的自然独占性により競争原理が働かない点が課題である．

1.3 政府部門と民間との併存・競争

政府部門と民間とがともに業務を行っている場面がある．その場合に，政府部門の業務であることを前提にしつつ政府部門において法的に民間部門に委託する選択が可能であるという「法的可能性としての併存」と，現実の業務が併存して実施されている場合の「事実としての併存」とがある．公の施設の管理，一般廃棄物の収集・運搬・処分は，前者の例である．

後者として，高等学校教育に関する公立と私立，大学教育に関する国立・公立[10]と私立との併存，公立病院と民間病院との併存などがみられる[11]．公営交通のバスと民間会社のバスとがほぼ同じ区域を走行するという場合もある．建築基準法の指定確認検査機関も，建築主事との併存状態にある．

政府部門と民間部門との併存状態のときは，さらに，政府部門を含めた純粋な競争が起こることもある．前述した病院についても，公立病院と民間病院とが競争することがありうる．建築確認検査機関の場合も同様に競争が起こる．このような場合の競争の中身が何であるかは，法律の規制等によって左右される[12]．病院の場合に医療費についての規制があるとすれば，医療技術の質，患者にとってのサービスの快適さ等の競争が中心になるであろう．建築確認検査の場合であれば，確認検査のスピードなどが重要な競争要素であろう[13]．

政府業務に属することを前提にして競争を制度的に徹底させる一つの方法が，後述する官民競争入札である．政府部門が自ら遂行してきた業務のうちの一定単位を取り出して，政府の業務担当部門と民間事業者とが入札による競争を行い，競争参加者のうちで勝った者が業務を行う方式である．この場合に，政府は「業務を発注する立場」と「競争に参加する立場」との二つの

---

10) 国立大学の法人化に伴い，個別の国立大学法人によって教育・研究業務が行われている．同じく，公立大学も，地方独立行政法人法による公立大学法人によることができる．
11) 国立病院は，まとめて独立行政法人国立病院機構によって運営されている．
12) 長谷川（2005，114頁）は，各種補助金が公的病院に重点的に配分されるため，公的病院と私的病院における公正な競争が阻害されているとし，私的病院の資本調達方法の多様化が必要であると主張している．
13) 検査業務の場合に，申請者が速さのみを期待し，検査の精度が問われなくなる傾向にあることは，2005年に明らかになった耐震度の構造計算をめぐり露呈した問題であった．

立場を有している．民間事業者がその競争に勝った場合は当該民間事業者に対する包括的委託が実施されることになる．政府部門が競争参加を断念する場合の「不戦敗」は，当該業務からの撤退の外観を呈するが，民間との契約期間経過後に再度実施される競争に参加することを妨げるものではない．

2］民間開放政策により目指される効用

政府業務の民間開放を図ろうとする場合には，さまざまな効用が期待されている．

2.1 行政コストの節減

民間部門に比べて政府部門の方が業務遂行のコストが高いとされることが多い．その理由ないし原因については，慎重な検討が必要である．政府部門が遂行する場合は，業務の質そのものが高いことが原因であるとすれば（たとえば，保育所において標準的基準よりも保育士を増やして手厚い保育を実施する場合），単純にコストが高いと批判することは適切でない．こうした点の考慮を別にして，一般的に政府部門の場合は民間に比べて人件費が格段に高いことが，コスト高の理由であろう[14]．もちろん，人件費が高くなる要因も分析する必要があって，それが業務の質そのものが高いことに起因するならば，value for money を損っているわけではない．しかし，必ずしもそうではなく，同じ賃金水準の民間労働者と公務員等との間の労働量の差によることも多いのであろう（非正規労働者の活用について，本章 4.3.4 を参照）．

業務の性質によっては，民間事業者の方が規模の利益を発揮できる場合もある．複数の顧客に対するサービスの提供により必要な機材や人を効率よく使用できるからである（たとえば，給食サービス）．

---

[14] 保育行財政研究会編（2002，58 頁以下）は，人件費の差が出る要因を，職員配置，個々の職員の給与の差，保育士の年齢構成の差による給与差の3点を挙げて，最大の要因は保育士の年齢構成の違いにあると分析している．そして，年齢構成に差が出る理由は，勤務を継続できる職場であるかどうかの違いにあるとしている．

2.2 民間事業者の活動分野の拡大

　民間開放の政策には，民間事業者の活動分野を増やす狙いがある．民間事業者の活動が制約されていることを「規制」と定義するならば，「規制緩和」を志向するものである．地方公共団体の「公の施設」について，管理委託の制度が採用されていた時点においては，委託の相手方が制限されていたため，地方公共団体の出資していない一般の株式会社などに委託することができなかった．そのような状態を打破するために指定管理者制度が採用された．指定管理者制度にあっては，一般の株式会社，NPOなどを含む広い母集団のなかから，当該公の施設の管理者として最も適切な相手方を選定して指定することができる．

2.3 税収の増大

　民間事業者の活動分野を増やすことは，経済活性化につながり，それが税収の増大をもたらすとともに，政府部門の縮小を図ることができる点が強調されることもある．もっとも，民間事業者に対して政府が支払うこととなる歳出の額と，政府部門の縮小による節約分および税収増大分を計算してみなければ，政府部門にとっての有利・不利は判断できない．しかも，民間事業者の活動分野を増やしたとしても，事業者を決定するための人的組織や，その活動を監視する組織が必要であるとするならば，それらの組織の維持に必要な経費分も計算して，トータルな行政コストの変動を評価しなければならない．

2.4 民間の活力・能力の活用

　民間開放の一つの効用は，民間部門の有する活力・能力を活用できることである．いわゆるPFI方式は，「民間の資金，経営能力及び技術的能力を活用した公共施設等の建設，維持管理及び運営（これらに関する企画を含む）の促進を図る」ための方式である（民間資金等の活用による公共施設等の整備等の促進に関する法律（以下，「PFI法」という）1条参照）．指定管理者の指定に当たっても，公募して，民間事業者の能力を十分に活かした提案内容を審査することも可能である．

さらに，科学技術の高度化に対して，政府内部の職員で対応できない業務が増大していることにも注目する必要がある．先に述べた規模の利益にも関係して（それは，同時に人事管理にも関係する），個別の政府部門が専門の職員を抱えることができないとするならば，専門的知識と技術を備えた民間事業者に委ねることが解決策の一つとなる．

しかしながら，ある技術分野の業務を民間に委ねた場合には，ますます政府内部に専門的知識と技術を備えた職員を配置することができなくなって，政府は民間部門の業務遂行状態を監視する能力すら備えることができなくなるおそれがある．この点は，科学技術の進展のなかで，政府にとって深刻な問題である．

2.5 公共管理への民間の参加

政府業務の民間開放は，そのやり方次第では，公共管理（public management）への民間の参加の意味をもつことがありうる．民間の参加は，その方法によって，政府部門自体が業務を遂行する場合よりも，より国民・住民が真に欲する状態，すなわち実需に基づいた業務の遂行を実現できることがありうる．

3］政府業務の民間開放政策推進と法形式

政府業務の民間開放政策を推進しようとする場合に，さまざまな法形式がみられる．

3.1 業務委託契約・PFIによる契約

3.1.1 多様な業務委託契約の展開

政府業務の委託は，各部門において広く定着しており，全く問題がないかのような外観を呈している．庁舎の清掃業務，警備業務，電話交換業務など，業務委託の主たる狙いは，政府部門のコストの節減にある．

業務委託のうちの契約による業務委託には，法的性質のうえで，「私法上の契約」の性質をもつものと，それと性質を異にする「特殊の性質の契約」とがあるとみられる．行政法学において「行政契約」の範囲について，私法

上の契約を含める広義説と「特殊の契約」に限定する狭義説とがある．業務委託に関しても，「特殊の性質の契約」を狭義の「行政契約」の一種と呼ぶことができる．そして，これまでの判例等によれば，私法上の契約の性質をもつものについては，国の場合は会計法，地方公共団体の場合は地方自治法（以下，「自治法」という）の，それぞれ「契約」の規定が適用されるのに対して，「特殊の性質の契約」については適用されないとする考え方がある．一般廃棄物の収集・運搬・処分（廃棄物の処理及び清掃に関する法律6条の2第1項）については，自治法234条の「契約」の規定の適用を否定する裁判例（札幌高判昭和54・11・14行集30巻11号1863頁，神戸地判平成16・3・2判例地方自治264号55頁）と，肯定する裁判例（横浜地判平成12・3・29判例タイムズ1101号112頁）との対立がある[15]．法律の規定による委託であっても，道路交通法による放置車両の確認等の事務の委託（51条の8）については，立案関係者が自治法による契約手続によることを肯定している[16]．

　ある業務委託が，いずれに属するかは個別に判断するほかないが，業務の性質が行政に特有の性質のもので，業務運営の責任自体を相手方に委ねるものは狭義の行政契約に属すると判断してよいであろう．もっとも，契約は，それぞれの業務の性質に応じた個性があるのであって，「私法上の契約」と「特殊の性質の契約」との間も連続線上にあるというべきであろう．したがって，一刀両断に区別するよりも，個別の場面において会計法または自治法を適用すべき性質かどうかを吟味することが必要とされる．

　ところで，ある行政権限を契約（業務委託契約）により私人に委ねること（権限の委任）はできないと解されてきたこととの関係において，委託対象となりうる権限の範囲が論じられることがある．前述の放置車両の確認等の事務委託に関しては，放置違反金納付命令の準備行為としての「事実の調査」であり，相手方に対する義務づけの要素がないことを理由に委託可能と判断されたという[17]．後述する「指定」等との区別をする立法方法のようにみ

---

[15]　筆者は，複数の事業者が存在し公正性が求められることに鑑み，自治法234条の適用を認めるべきであると考えている（碓井，2005，22頁）．
[16]　直江ほか（2004，99頁）．
[17]　北村（2004，31頁）．なお，同論文は，委託可能な性質の事務を検討している（29頁以下）．

えるが、はたして区別論が有用であるのかどうかについては、なお検討を要すると思われる.

3.1.2 相手方の選択問題

政府業務の委託契約が会計法または自治法の規制する「契約」に該当する場合には、一般競争中心主義に従わなければならないところ、大きな業務委託契約であっても随意契約によっていることがある。それらが真に随意契約の要件を満たしている、あるいは随意契約によることがやむを得ないものであるならば問題にする必要はない。しかし、しばしば表面化するように当該業務所管の政府部門の外郭団体の性質をもつ法人との随意契約がなされていることが多い。その外郭団体は、受託した主要な業務をさらに再委託していることも多い[18]。なかには、「丸投げ」としかいえないものもある。政府部門の業務の委託によって外郭団体を存続させて、OBの天下り先を確保することが多いのである。委託契約の対価が適正であるのか疑わしい場合もある[19]。この結果、業務委託により達成することが期待されるコストの節減どころか、コストを増大させることさえある。本来ならば、政府業務の委託の相手方は、当該政府部門と一定の距離のある「真の民間」でなければならない。

3.1.3 PFI による契約

私法契約の形式による政府業務の民間開放の一形態として PFI 方式がある。それは、PFI 法に基づいて実施されている。PFI 方式について詳しく立ち入る余裕はない[20]。PFI 方式の活用に伴う法的障害も、行政財産の貸付対象の拡大など、次第に除去されている。二つの問題点を挙げておこう。

第一に、PFIによる契約も会計法および自治法の規定する「契約」であり、それらの規定の適用を受けるという前提でスタートしているために、さまざまな無理がある。たとえば、通常の公共契約にあっては発注者である政府部門の仕様の存在を前提に予定価格が設定されるのに対して、PFIにおいては民間事業者の提案内容により価格そのものには上下がありうるのであって、上限拘束性のある予定価格制度をそのままに当てはめることが必ずしも適当であるとはいえない（予算上の制約という意味の限度額はありうるとしても、それ

---

18) こうした問題点については、碓井 (2005, 296頁以下) を参照.
19) 碓井 (2005, 219頁以下).
20) 不十分な考察ではあるが、碓井 (2005, 303頁以下) を参照.

は予定価格とは異なる). 従来の施設建設中心の PFI から, 今後, 運営を重視する PFI 方式が増大するにつれて, 会計法および自治法からスタートさせたことの無理が顕在化する可能性がある.

第二に, PFI が契約方式であることとの関係において,「公の施設」に関し PFI 関係事業者を指定管理者として指定する場合を別として, 当該公共施設等に係る行政権限まで契約内容に盛り込んで委ねることができるとは限らないために, 個別の法律の見直しが求められる可能性がある[21].

3.2 指定法人・指定管理者

政府業務の民間開放が行政処分によってなされる場合がある.

第一に, 政府業務を代行する指定法人制度が存在する (行政代行型指定法人)[22]. この場合, 法形式としては委託ではなく, 指定法人の本来の業務遂行にほかならない. 行政法学によれば, 行政権限の行使を伴う場合は,「権限の委任」がなされる. その委任は, これまでの立法例では多くの場合「指定」という行政処分によってなされてきた. この指定は, 政府契約とは位置づけられていない. この指定行為の分析や行政組織法上の位置づけについては, 本章の検討対象としない.

しかしながら, 指定行為による委任がなされても, 委任行政機関の法的責任がなくなるわけではない. 個々の法律の規定の仕方次第であるが, 委任行政機関の監督義務があって, それが国家賠償責任の発生という事態を招くこともあるとするのが最高裁の判断である (最高裁平成 17 年 6 月 24 日決定, 判例時報 1904 号 69 頁). とするならば, これまでの「公権力の行使に当る公務員」が, 文字通りに公務員個人を想定して, 公務員個人が直接に被害者に対し賠償責任を負うことを否定してきた国家賠償制度は根本的に見直す必要が出てくるであろう. すなわち, 指定法人を公務員個人と同視して指定法人に故意または重大な過失があった場合に限り求償できるというのでは, あまりに不合理である. 指定法人は, 公務員個人と異なり, 萎縮を心配する必要もないので, 故意または重大な過失の場合に限定する必要はないし, 求償方式

---

21) 公物管理権や「公の施設」との関係については, 小幡 (2001) を参照.
22) 指定法人制度については, 米丸 (1999, 311 頁以下) が詳細な検討を加えている. なお, 塩野 (1993) をも参照.

のみに限定する必要もない．要するに，直接に指定法人を相手に損害賠償責任を追及することもできることとしなければならない（本章 5.2 を参照）．

　第二に，自治法の公の施設の管理について「指定管理者制度」を採用した理由の一つは，「指定」という行政処分によって使用許可などの行政処分権限の行使も委ねることができるという論法である[23]．公の施設の場合に，国家賠償法 2 条の責任の扱いも問題になる．「公の営造物の設置又は管理」に瑕疵がある場合に，公共団体が責任を負うこととされている（1 項）．同法 3 条が公の営造物の設置もしくは管理に当たる者とその費用を負担する者とが異なる場合に，費用負担者も損害賠償責任を負う旨を規定しているのは，もともと地方公共団体の設置管理する公の営造物について国も費用を負担しているような場合に，国に費用負担者としての賠償責任を負わせる趣旨であって，管理に当たる指定管理者と公の施設設置者たる地方公共団体との関係などを想定したものではない．指定管理者の賠償責任のあり方を検討する必要がある（本章 5.2 を参照）．

4］官民競争入札（市場化テスト）政策

4.1　官民競争入札政策の推進

　市場化テストという政策が急激に進められつつある．「国家と社会」，「市場と国家」をめぐる新たな動きである．

　総合規制改革会議の「規制改革の推進に関する第 3 次答申」（2003 年 12 月）を受けて，政府は「規制改革・民間開放推進 3 か年計画」（2004 年 3 月）をまとめた．同計画は，市場化テストの導入について調査・研究を行うべきであるとした．そこでは，「市場化テスト（Market Testing）とは，官が提供しているサービスと同種のサービスを提供する民間事業者が存在する場合に，公平な競争条件の下に，官と民とで競争入札を実施し，価格と質の面でより優れた方が落札する制度」であると位置づけられた．この方針が，「経済財政

---

[23]　市橋（2006, 166 頁）は，行政処分と構成すれば，指定されなかった者が不服申立てや取消訴訟を提起できることも指摘している．

運営と構造改革に関する基本方針2004」（2004年6月閣議決定）（いわゆる「骨太の方針」）に引き継がれた．

次いで，規制改革・民間開放推進会議により強力に政策実現への努力がなされた[24]．その「中間とりまとめ」（2004年8月）を経て，同会議の第1次答申『官製市場の民間開放による「民主導の経済社会の実現」』（2004年12月）は，「市場化テスト」とは，「官と民とを対等な立場で競争させ，『民でできるものは民へ』を具体化させる仕組みである．すなわち，透明・中立・公正な競争条件の下，公共サービスの提供について，官民競争入札を実施し，価格と質の面で，より優れた主体が落札し，当該サービスを提供していく制度である」と位置づけたうえ，従来の業務の民間委託との比較において，日本においては企画・立案も含めたコアとなる公共サービス分野について民間開放がほとんど進展していないとして，「民間委託を超えて，包括的な公共サービスの民営化や民間譲渡等，官から民への事業移管を加速化するための横断的な手法として，市場化テストを適切に導入し，平成18年度から本格的に実施していく必要がある」とした．

市場化テストについて，委託先競争型（委託先の候補者として独立行政法人，特殊法人等の官と民との間で競争入札を行うもの）と譲渡先競争型（官自身と譲渡候補先である民との間で競争入札を行うもの）とに類型を分けている．

そして，「市場化テストに関するガイドライン」を示して，本格的導入に向けて「市場化テスト法（仮称）」も含めた制度の整備を検討すべきであるとした．そのガイドラインの中において，本格的導入に向けた基本方針として，国の事業についての先行実施，民間提案等に基づく幅広い対象事業，法的枠組みを含めた制度の検討（関連する規制改革等，官民競争を前提とした入札制度），官業に関する情報開示，競争条件均一化等の確保のための監視機能の整備の5項目を掲げた[25]．

---

24) その動きに沿った内容の文献として，八代（2005）および市場化テスト研究会（2005）がある．市場化テスト法案を含めた分析として，榊原（2006）がある．

25) 市場化テストへの動きは，国に限られるものではない．大阪府は，2005年6月に「大阪府市場化テストガイドライン」を公表している．それは，市場化テスト導入の目的を「"効率・協働・分権の地域主権改革"の実現」としている．そして，市場化テストを行う領域は，行政の責任で行うが必ずしも行政職員の直接執行が必要でない領域としている．類型としては，官民競争型，提案アウトソーシング型（民間事業者等に提案を公募し，一定範囲内で経

また，市場化テストの実施プロセスおよび留意点に関して，①毎年度民間事業者等からの提案を幅広く受け付けて対象事業およびこれに伴い講ずべき措置をリスト化し決定・公表すること，②決定された対象事業について政府において官民競争入札の実施に関する方針を決定し公表すること，③入札に基づいて官民競争入札を実施し予め公表された評価基準に従い落札者を決定すること（官が落札した場合も落札条件に従って事業を実施しモニタリングを受けること，官民間の競争条件の均一化が図られるようにすること），④契約の締結・事業の開始等，⑤継続的モニタリング，⑥公務員の処遇等を掲げた．

さらに，「市場化テスト」のモデル事業（平成17年度における試行的導入）としてハローワーク（公共職業安定所）関連など3分野の事業を提案した．モデル事業は，官が最初から競争に加わらない「不戦敗」の扱いをする事業である．

以上の内容は，2005年3月の閣議決定「規制改革・民間開放推進3か年計画」（改定）に盛り込まれた．

規制改革・民間開放推進会議は，2005年12月の第2次答申において，「市場化テストの速やかな本格的導入」を提言し，その中において，次期通常国会に「公共サービス効率化法（市場化テスト法）案」（仮称）を早期に提出すべきであるとし，2006年1月開会の通常国会に「競争の導入による公共サービスの改革に関する法律」（以下，「公共サービス改革法」という）案が提出され，成立をみた．

4.2 競争の導入による公共サービス改革法の概要

公共サービス改革法は，本法のみで56か条に及ぶ大きな法律である．思いつくままに，主要な事項をとりあげておこう．

営判断や創意工夫を含めて包括的に委託するアウトソーシング）を掲げている．基幹的意思決定業務，私人の権利義務に直接かつ強度に制限等を及ぼす公権力の行使に当たる事務・事業，性質上府が自らの名において行わなければ成立しない事務・事業，災害等の重大な危機管理に直結し直接府の責任で実施することが必要な事業，民間委託に係る業務の指導・監督業務，安定的・継続的な行政サービスの提供に重大な支障を生じる事務・事業を，対象事業から除外している．地方公共団体独自の市場化テストの可能性について，榊原（2006）を参照．

4.2.1　一体のサービス

　まず，第1条には，「民間が担うことができるものは民間にゆだねる」観点から「民間事業者の創意と工夫が反映されることが期待される一体の業務を選定して官民競争入札又は民間競争入札に付することにより，公共サービスの質の維持向上及び経費の削減を図る改革」（競争の導入による公共サービスの改革）を実施するという目的が示されている．「民間事業者の創意と工夫」を活かす考え方および公共サービスの質を維持して経費の削減を図るという考え方は，PFI法[26]に通ずるものである．この第1条が「一体の業務」と述べている点に，これまでの部分的な業務委託との違いが示されているといえよう．

4.2.2　公共サービスの定義

　「公共サービス」は，定義規定によれば，二つに分かれており（2条4項），その一つは，「特定公共サービス」である（同項2号）．国の行政機関等または地方公共団体の事務または事業として行われる国民に対するサービスの提供その他の公共の利益の増進に資する業務であって5章2節の規定により法律の特例が適用されるものとして，その範囲が定められているものである（2条5項）．法律自体が特定の事務・事業が対象になりうることを想定して障害となる法的問題を調整していることを意味する．

　これと並んで，「国の行政機関等の事務又は事業として行われる国民に対するサービスの提供その他の公共の利益の増進に資する業務（行政処分を除く．）のうち次に掲げるもの」として，「施設の設置，運営又は管理の業務」，「研修の業務」，「相談の業務」，「調査又は研究の業務」を列挙したうえ，これらのほか「その内容及び性質に照らして，必ずしも国の行政機関等が自ら実施する必要がない業務」を掲げている（5条4項1号）．したがって，前記の各業務は例示ということになる．以下において，これらの公共サービスを便宜上「一般公共サービス」と呼んでおこう．

　この定義規定において，注目すべき点を挙げておこう．
　第一に「国の行政機関等の事務又は事業」と「地方公共団体の事務又は事

---

[26]　PFI法は，基本理念を定める第3条において，特定事業のあり方を述べるにあたり，「民間事業者の有する技術及び経営資源，その創意工夫等が十分に発揮され，低廉かつ良好なサービスが国民に対して提供されることを旨として行われなければならない」としている．

業」との間に明確な区別がなされ，前者には一般公共サービスおよび特定公共サービスの両方が含まれているのに対して，後者には特定公共サービスのみが含まれていることである．これは，前者について先導的に官民競争入札または民間競争入札を実施するという方針に基づくものであるが，このことが，地方公共団体自身の判断に基づいて官民競争入札または民間競争入札を実施することの妨げとなるものかどうかが一つの論点である．公の施設に関する指定管理者制度によって，住民に対するサービスの提供その他公共の利益の増進に資する業務の大部分が，すでに競争的に民間の管理に委ねられる仕組みになっているとする認識があるのかもしれない．しかし，それら以外に官民競争入札または民間競争入札を適当とする事務・事業が見出されるであろう．そのような事務・事業の競争入札実施について法的支障があると認められるときは，法改正を促す必要がある．

　第二に，「国民に対するサービスの提供その他の公共の利益の増進に資する業務」という限定の仕方の問題である．これが「国民」ないし「公共」を強く意識した定義であることは疑いない．その場合に，公務員の研修，省庁内の調査研究業務も「公共の利益の増進に資する業務」といえるのかという点である．官民競争入札または民間競争入札を推進する側からは，これらも「公共の利益の増進に資する業務」の一環であることは疑いがないと主張されるであろうし，官民競争入札または民間競争入札の波に曝されることを避けようとする側からは，これらは行政機関等の内部的事務であって対象にならないと主張されるであろう．法の解釈はともかくとして，官民競争入札または民間競争入札に適しているとして対象にすることを妨げる理由はないと考える．研修や調査・研究の内容が高度に秘密を要する場合に官民競争入札または民間競争入札に適しない場合があるからといって，そのような事情にない研修や調査・研究を対象から排除する理由はないであろう．

4.2.3　公共サービス改革基本方針等

　次に，第2章は，公共サービス改革基本方針等に関する定めより成っている．

　内閣総理大臣は，公共サービス改革基本方針を作成して閣議決定を求めなければならないとし（7条1項），そこで定めるべき事項を列挙している（2項）．その中に盛り込む一定事項の案を定めようとするときは，予め民間事

業者の意見を聴くものとし（3項），「競争の導入による公共サービスの改革に関する措置を講じようとする地方公共団体の取組を可能とする環境の整備のために政府が講ずべき措置についての計画」（2項4号）の案を定めようとするときは地方公共団体の意見を聴くものとしている（5項）．さらに，公共サービス改革基本方針の案を定めようとするときは，官民競争入札等監理委員会の議を経なければならない（6項）．重要な点は，毎年度公共サービス改革基本方針の見直しをすることを求めていることである（7項）．「基本方針」という名称にもかかわらず，官民競争入札の対象として選定した公共サービス（「官民競争入札対象公共サービス」）および民間競争入札の対象として選定した公共サービス（「民間競争入札対象公共サービス」）のそれぞれの内容およびこれに伴い政府が講ずべき措置に関する事項が含まれている（2項5号・6号）．個別的な対象公共サービスが掲げられるのであるから，具体的な内容が想定されている．予め国の行政機関等の長等と協議して定められるにせよ（7条1項），内閣総理大臣が閣議決定を経て一括して基本方針で定めることに注目しておく必要がある．「国の行政機関等の長等」には，国の行政機関の長のほか，独立行政法人の長，国立大学法人の学長，大学共同利用機関法人の機構長および特殊法人の代表者が含まれている（2条3項）．これらすべてが，官民競争入札等監理委員会，閣議決定の手続により基本方針に記載される可能性をもっている．

　この方針決定に決定的な役割を果たすのが，官民競争入札等監理委員会（以下，「監理委員会」という）である．同委員会は，これまでの規制改革・民間開放推進会議の議論を踏まえて官民競争入札等の対象を広げようとするであろう．同会議は，2004年8月公表の「中間とりまとめ」において，81事務・事業を民間開放の候補として掲げた．次いで，第1次答申において，給付・徴収業務，公的施設等の整備・管理・運営，統計調査・製造等，検査・登録，資格試験等を挙げた．これらは，官民競争入札または民間競争入札に限定したものではなく，民間委譲（民営化，譲渡）および民間への包括的業務委託の双方を包括するものである．しかし，包括的業務委託は，まさに，官民競争入札または民間競争入札の対象になるものであるから，今後，具体化される可能性をもっている．立法府の関与しない形で，監理委員会の意思決定がリードすることになる可能性がある．この方式は，後にも指摘すると

おり，近年の重要な国家的課題に関する意思決定方式の一翼を担うものであって，憲法構造の根幹にかかわる論点を含んでいるように思われる．

そして，より重要な点は，監理委員会の実質的動き次第では，独立行政法人等の存続に影響する可能性もあることである．もし，ある独立行政法人等の事務・事業の根幹部分が官民競争入札または民間競争入札に適すると判断されるときは，当該事務・事業の本体をすべて民間に委ねる方針が強く示されることもありうるからである[27]．

ところで，公共サービスの実施につき，民間が担うことができるものは民間に委ねるという第1条の視点からすれば，不断に見直すことが必要である．内閣総理大臣は，毎年度，公共サービス改革基本方針を見直し，必要が生じたときは，変更の案を作成し閣議の決定を求めるとしている（7条7項）．この見直しの準備作業の過程においては，「国の事業として維持する方が民間会社の競争に委ねるよりも効率性が高いという『官業の必要性』についての立証責任を所管官庁に移し」，この立証責任を官が果たすことを義務づけるという考え方（八代（2005）は，この考え方を「市場化テスト」と呼んでいる）が事実上通用する可能性もある．

なお，地方公共団体の長は，官民競争入札または民間競争入札を実施する場合には，その実施に関する方針（実施方針）を作成する（8条）．この方針は，実施する場合にのみ必要とされる方針であるから，任意的なものであって，国の基本方針とは性格の異なるものである．

4.2.4 手続規定

第3章は，9条から19条までの11か条からなり，そこには官民競争入札および民間競争入札の実施の手続等を規定する条文が置かれている．

まず，国の行政機関等の官民競争入札の場合に即してみておこう．

---

[27] 第2次答申は，独立行政法人関連業務を取り上げて，科学技術振興機構，日本学生支援機構，雇用・能力開発機構，中小企業基盤機構について，市場化テストの実施，市場化テストの可能性の検討を述べているほか，航海訓練所に関しては「市場化テストを含めた民間開放」，鉄道建設・運輸施設整備支援機構については『『民間にできることは民間に』という視点を基本としつつ，当該機構のすべての業務内容を精査し，その機能及び業務の在り方について，平成18年から議論を重ねるべきである」と述べた．これと同じような認識で監理委員会が意思を決定するときは，それが基本方針に反映され，その基本方針を立法府も尊重せざるをえないことになる．

官民競争入札については，官民競争入札実施要項を定めるものとされ（9条1項），その中で定める事項が列挙されている（9条2項）．「官民競争入札対象公共サービスの詳細な内容及びその実施に当たり確保されるべき官民競争入札対象公共サービスの質に関する事項」（1号），「官民競争入札に参加する者に必要な資格に関する事項」（3号）など当然と思われる事項がみられる．官民競争入札に固有の特色ある事項の一つが，「官民競争入札の実施に関する事務を担当する職員と官民競争入札に参加する事務を担当する職員との間での官民競争入札の公正性を阻害するおそれがある情報の交換を遮断するための措置に関する事項」（6号）である．公正性を担保できる遮断措置を講ずることができるかどうかが，官民競争入札に対する信頼度を決定的に左右するばかりか，「国民にとっての有利性」を確保する生命線である．その意味において，この法律に遮断措置違反に対する明示的な罰則がない点が気になるところである．遮断措置違反者に対しては，刑法96条の3第1項の入札妨害罪の適用も考える余地があるが，入札妨害罪を適用してもよいような規範意識が形成されるには，相当な期間を要するであろう．

「実施する者を決定するための評価の基準その他の官民競争入札対象公共サービスを実施する者の決定に関する事項」（5号）も当然の事項であり，評価の基準をどのように設定するかがきわめて重要な課題である．入札に当たっては，「官民競争入札対象公共サービスの質の維持向上に関する措置を含む官民競争入札対象公共サービスの具体的な実施体制及び実施方法」（以下，「実施方法」という）および入札金額を記載した入札を行うものとされているので（11条1項），これを評価基準に照らして評価し落札者を決定することになる．

評価は，国の行政機関等の長の権限であるが，監理委員会の議を経なければならないとされている（12条）．監理委員会の関与が公正さを担保するだけの意味であるならば問題ないが，実質評価に関与する趣旨であるとするならば，監理委員会の委員はそれぞれの公共サービスに通じた専門家でなければならない．監理委員会の組織を定める第7章第1節によれば，監理委員会は，「国の行政機関等の公共サービスに係る官民競争入札の実施その他の競争の導入による公共サービスの改革の実施過程について，その透明性，中立性及び公正性を確保するため」の機関として位置づけられ（37条），委員は

「公共サービスに関して優れた識見を有する者」のうちから内閣総理大臣が任命するものとされており（40条），必ずしも個別公共サービスについての専門性が要求されているわけではない．結局，専門の事項を調査審議させるための専門委員（43条）を活用することになると思われる．条例の定めにより地方公共団体に設置される合議制の機関（47条1項）についても，同様の専門委員制度を「合議制の機関の組織及び運営に関し必要な事項」として条例に定めて（47条2項），対処することになろう[28]．

　民間事業者が落札者となるのは，国の行政機関等の長等が作成した実施方法および「人件費，物件費その他の官民競争入札対象公共サービスの実施に要する経費の金額」（以下，「行政機関経費金額」という）（11条2項）よりも「対象公共サービスの質の向上及び経費を削減する上で有利な申込みをした」場合であり，最も有利な申込みをした者を落札者とする（13条1項）．逆に，有利な申込みをした民間事業者がないときは，国の行政機関等が当該公共サービスを実施する（13条2項）．したがって，行政機関経費金額は，民間事業者の「入札金額」に相当するものである．

　「対象公共サービスに関する従来の実施状況に関する情報の開示に関する事項」（9条2項7号）には，従来の実施に要した経費，人員，施設・設備，実施における目的の達成の程度を明らかにするものとされている（9条4項）．

　次に，国の行政機関等による民間競争入札の場合も，民間競争入札実施要項を定めることとされている（14条）．要項に定める事項は，官民競争入札の場合に準ずる内容になっているが，官民競争入札との違いから，情報交換遮断措置に関する事項，および31条1項により国家公務員退職手当法の特例適用となる対象公共サービス従事者となることを希望する者に関する事項（9条2項9号）に対応する事項は，含まれていない．

　地方公共団体による官民競争入札および民間競争入札に関しても，ほぼ同様の手続が定められているが，監理委員会の任務に相当する部分は，47条1項の合議制の機関と読み替えることとしている．

---

[28]　制度的に決定的な問題というわけではないが，すべての地方公共団体が個別の合議制の機関を設置しなければならないとすれば，委員の人選をはじめ膨大なコスト（金銭的コストに限らない）を要することになる．

4.2.5 公共サービスの実施等

　第4章には,「契約」に関する規定（契約の締結,契約の変更,契約の解除等）,公共サービスの実施に関する規定（その中核は25条の秘密保持義務等の規定）,「監督」に関する規定（報告の徴収等,指示等）が置かれている．秘密保持の重要性はいうまでもない．25条1項は,公共サービス実施民間事業者もしくは公共サービス従事者またはこれらの者であった者に対して,公共サービスの実施に関して知り得た秘密を漏らしまたは盗用してはならない,と定め,同条2項は,公共サービス従事者を刑法その他の罰則の適用について「法令により公務に従事する職員とみなす」こととしている（みなし公務員）．そして,25条1項違反に対しては,1年以下の懲役または50万円以下の罰金に処することとしている（54条）．国家公務員法および地方公務員法上の公務員の守秘義務違反の罰金の限度額が3万円とされていることとの整合性は別として[29],罰金刑も重くすることは当然である．

　「公共サービス」の定義との関係で,地方公共団体が特定公共サービス以外のサービスについて競争入札を実施して落札した民間事業者およびその従事者には,この処罰規定が及ばない．条例により罰則規定を設けることができるかという問題が登場する．

4.2.6 法令の特例

　第5章は,「法令の特例」と題して,通則に関する第1節と特定公共サービスに関する第2節とからなっている．この両者は全く異なる性格の内容である．第2節は,公共職業安定所の特定業務,国民年金保険料収納に関する特定業務,戸籍謄本等の交付,地方税納税証明書の交付,外国人登録原票の写し等の交付請求の受付け・引渡し,住民票の写し等の交付請求の受付け・引渡し,戸籍の附票の写しの交付請求の受付け・引渡し,印鑑登録証明書の交付請求の受付け・引渡しという「特定業務」が官民競争入札または民間競争入札の対象となることを定めるとともに,各法令の特例を定め,特定業務を実施する公共サービス実施民間事業者の要件等を定めるものである．特例規定を個別法律に置くのではなく,この法律に置くという手法が特色である．

---

29) むしろ,国家公務員法109条12号,地方公務員法60条2号の罰金刑の限度額を引き上げるべきであろう．

このような手法は，構造改革特別区域法において採用されたのと同様のものである．

これに対して，第1節は，対象公共サービスについて債務を負担する場合に，債務を負担する行為により支出すべき年限を当該会計年度以降10か年度以内として財政法15条3項の「当該会計年度以降5箇年度以内」の例外（30条）を定めるほか，国家公務員が対象公共サービスを実施する民間事業者に使用されるために退職し，その後に国家公務員として再任用された場合における国家公務員退職手当法の特例を定める規定（31条）からなっている．これは，後述のイギリスのTUPEそのものではなく，民間事業者が退職公務員を従事者として引き続き業務に従事させた後に，その者が国家公務員として再任用された場合の特例を定めるもので，やや小さなレベルの特例である．

4.3 官民競争入札・民間競争入札の課題

公共サービス改革法も踏まえながら，官民競争入札および民間競争入札についての将来にわたる課題を検討することとする．

4.3.1 対象事業の選択（特に法的許容性）

どのような事務・事業を民間開放することが法的に可能であるのかを検討する必要がある．公共サービス改革法は，一般の「公共サービス」の定義をするにあたり，「行政処分を除く」旨を明示している（2条4項1号）．この場合の「行政処分」は，行政事件訴訟法などに手がかりを求めるならば，「行政庁の処分その他公権力の行使に当たる行為」（同法3条2項）に相当すると解してよいと思われる[30]．ただし，行政処分には該当しないが，公権力の行使に当たる事実行為があって，それらが「公共サービス」に該当するかどうかは微妙である．しかし，たとえば皇宮警察の警備業務も，「国民に対するサービスの提供その他の公共の利益の増進に資する業務」（公共サービス改革法2条4項1号参照）にほかならず，「必ずしも国の行政機関等が自ら実施する必要がない業務」（同号ホ）といえるのであれば，形式的には官民競争入

---

30) ただし，行政事件訴訟法においては，審査請求等の不服申立てに対する行政庁の裁決等を含まないとされているが（3条2項括弧書き），公共サービス改革法にあっては裁決等も含むと解される．

札または民間競争入札の対象になしうるようにみえる．しかも，「公共サービス改革基本方針」によれば，「行政処分」に該当する業務も，法律の特例が必要とされる業務として公共サービス改革法7条2項3号および4号に規定する「政府が講ずべき措置に関する計画」の中で決定したうえ，行政処分除外の定めのない「特定公共サービス」(2条4項2号) として位置づける法改正により対象となしうるとされている．行政処分権限を民間事業者に委ねる立法例のあること（確認検査機関等）は周知のとおりであり，行政処分以外の事実行為を民間事業者に委ねる立法例もあることに鑑みれば，公権力の行使をいかなる主体に与えるかについて立法権を拘束するような垣根の一般的規範が存在するとは考えにくいところである．しかしながら，個別に立法権に対する拘束の有無を吟味すること，および，いかなる立法政策が望ましいかを議論する必要があることはいうまでもない．その際には，公平性・中立性の確保，守秘義務などが考慮要素になるといえよう．

　公権力の行使の観点以外からも，対象とすることの適否が検討されるべきである．

　そこで，規制改革・民間開放推進会議の第1次答申の掲げた4分野について，注目される事務・事業（したがって網羅的なものではない）についてみておこう．

　第1次答申は，「給付，徴収業務」に関して，基本的には一定の基準に基づき決定される個々の給付，徴収事務の処理であって，「一般的には政策判断や裁量の余地はなく，民間開放は可能であると考える」としている．給付について濫給防止の要請は支障にならないとし，徴収に関しても，可能であるという見解を示している[31]．

　次に，第1次答申は，「庁舎，宿舎等」の項目の中で，長期的に行政の用に供する財産についても，個別に採算性を正確に試算した上で，所有に限る

---

31) 強制徴収権が公権力の行使であるから公務員でなければ行えないとする議論に対しては，立法政策の問題であり，裁量性故の否定論に対しては，徴収業務に裁量性があること自体が問題であること，裁量の余地が極力なくなるように十分なガイドライン化，マニュアル化等を図ることこそが必要であり，このような措置を講ずれば民間で行うことが可能である，としている．公平・中立な徴収の確保は法令や契約で担保することにより可能であり，主たる問題点にはなり得ないし，個人情報を扱うことに関して必要とされる守秘義務に関して公務員のそれと同等の義務を法令または契約で課せばよい，としている．

ことなく賃借も視野に入れて推進すべきである，と述べている．国において，合同庁舎の完成までの間，民間のビルを賃借する例があるが，ほとんど不都合がなく，かえって快適であるという声も聞かれる．そのような意味において，第1次答申の述べるところに問題がないようにみえる．しかしながら，庁舎等について経済性の点のみを考慮してよいのかという疑問もある．庁舎等に関して，歴史を超えて存続するような建造物が国民の精神的よりどころとなることも十分に考えられるからである[32]．

「統計調査，製造等」に関して，第1次答申は，これらは，本質的には官以外においても行い得る事務・事業であるが，規模の大きさ，業務が高度，特殊である等の理由により，市場における供給が必ずしも期待できないとして主として官が行ってきたものであるとする認識から，基本的には，一定の要求水準を示し，当該水準を満たしたうえで，最も業務を効率的に行える者が行うべきであるとして，例示として紙幣や旅券については，「偽造されない」という要求水準を満たすものである限りは，必ずしも官によって製造される必要はないものである，と述べている．具体的な方策の検討のなかで，競売手続に関して，米国の民間競売制度の定着に鑑み，我が国においても同制度を調査し競売制度の改善に取り入れるべき点がないかの検討に着手すべきであるとしている．救急搬送業務についても，検討して民間委託，民間委譲を推進すべきであるとしている．

「検査・登録，資格試験等」については，まず，許認可のための審査等について，その審査項目に政策判断の余地のないものについては民間開放の対象とすべきであるとし，仮に政策判断の余地があるものであっても，政策判断について可能な限りマニュアル化，ガイドライン化し，場合によっては必要最小限の判断業務だけを官に留保すれば民間開放が可能である分野が多いと考えられるとしている．また，審査等の業務を含め，登録等に係る業務については，基本的にその事務・事業の中に政策判断が入り込む余地がないことから民間開放は可能であるとし，むしろ，利便性の向上，迅速な処理，安

---

[32] 第1次答申は，さらに，防衛目的の整備・補給，輸送，教育・訓練，情報処理をはじめ業務全般について英国国防省におけるPFI事業による民間開放の事例を参考にPFI事業の可能性追求を行う等により，包括的または部分的な民間委託を推進すべきである，としている．

価なサービス提供等が求められている事務・事業であることから，可能な限り民間開放により競争原理を導入することが必要である，としている．さらに，検査，検定，監視業務についても，可能な限り競争原理を導入することが必要であり，その観点から民間開放を推進すべきである，としている．具体的施策として，登記事務，工業所有権の登録事務の民間開放の検討を提案するとともに，農機具検査業務，自動車道検査，検疫業務の民間開放の推進などの提案がなされている．

4.3.2 業務の単位・契約期間の問題

　モデル事業においては，業務を地域的または事業所に分割して対象にする試みがなされている．ネットワークを形成している事務の業務遂行にあっては，地域や事業所に分割したのでは，かえって非効率を招かないとも限らない．また，ネットワークを形成していない場合でも，一定の規模が必要とされる場合があろう．たとえば，登記事務の民間開放のような場合には，従来の法務局ごとに官民競争入札または民間競争入札に付すのでは，落札した事業者が規模の利益を発揮することができない．研修の実施についても，一定数の職員をまとめて実施した方が効率的であるし，知識を習得した職員の人事管理の面においても，一定の業務規模があることが望ましいといえる．このように競争入札に付す業務の単位のあり方が重要であろう．

　また，業務を委ねる契約の期間をどの程度に設定するかは，民間事業者の業務遂行のコスト等にも影響する重要な問題である．単年度では，事業者がノウハウを取得し，その創意・工夫を活かそうとしても，業務の性質によっては高いコストになるであろう．メリットを発揮しうる程度の大きさの業務単位で契約の対象とするときに，初期投資を回収可能にするには，複数年度契約にすることが合理的である．単年度の契約を締結して，次年度以降は随意契約に移行する方式もありうるが，技巧的である．公共サービス改革法30条が，国が対象公共サービスについて債務を負担する場合には，その債務を負担する行為により支出すべき年限を当該会計年度以降10か年度以内として財政法の5年度以内を延長する特例を定めているのは，複数年度契約の制約をより少なくする趣旨である．ただし，長期安定的であればよいという問題でもない．当該公共サービスの業務の性質等に応じて，合理的な契約期間を設定することが必要である．

4.3.3 入札の実施上の問題点

　官民競争入札の実施に当たっては，競争条件の均一をどのようにして確保するかが大きな課題である．公共サービス改革法が「情報交換遮断措置」と呼ぶ，「入札を執行する機関」と「官としての入札参加機関」との分離・独立をいかにして確保するかもその一つの課題である．また，現行の制度の枠内で官民競争入札を実施するときには，官は，人件費面において公務員法，給与法等による制約があることが，その経費額を高止まりにする大きな要因である．おそらく，それらの制約を無視した入札はできないであろう．そこで，従事する業務の性質に応じた公務員の給与制度の整備などを図ったうえで入札を実施することが望ましい．

　官民競争入札や民間競争入札においては，一種の総合評価方式の採用が想定されている．そして，総合評価方式における落札者決定基準，すなわち公共サービス改革法の評価基準をどのように定めるか（いかなる要素を，いかなる指標で），また，それに基づいて評価を実施することの困難さが予想される．ハコ物 PFI に比べて，サービスのみの場合の総合評価は，要素が抽象的であるだけに，より微妙なことが少なくない．

　具体的な方式をみてみよう．キャリア交流プラザ事業，若年版キャリア交流プラザ事業の場合は，2005 年 3 月に公表された実施方針によれば，「質に関する評価点」を価格で除して得られる総合評価点が最も高いものによることとされている（除算方式）．「質に関する評価点」は，支援の内容が確実に実施されると評価される場合に与えられる「基礎点」と，支援内容の高さにより与えられる「加算点」の合計点とし，基礎点と加算点との配点比率は 10 対 2 とされる．このような除算方式の場合は，一般に価格が大きく効きすぎるという問題が指摘されている．なお，委託費は，落札結果に基づき決定された事業の実施に要する経費に「就職促進費」を加えた金額である．

　また，厚生年金保険・政府管掌健康保険未適用事業所に対する適用促進事業（未適用事業所の把握，加入促進，事業報告書の作成までの業務を包括的に委託）の場合には，入札における価格をどのように位置づけるかが大きな論点である．2005 年 3 月に公表された実施方針によれば，「評価ルール」は，総合評価基準表で示す各評価項目を重要度に応じて 3 つに評価区分（最重要，重要，普通）に区分し，企画提案内容の優劣について加点基準の 3 段階評価（A＝

相対的に優位，B＝標準，C＝相対的に劣位）をし，基本的に相対的評価を行うとしている．そして，通常の委託契約があらかじめ委託費の金額を決める確定対価契約であるのに対して，「事業期間中に事業者が実施する加入勧奨により加入した事業所の被保険者数」に加入事業所の被保険者1人当たり単価を乗じた金額（成功報酬額）に「事業者が厚生年金等への加入勧奨を行った事業所の数」（予め指定した加入勧奨事業所数＝要求水準）に基づき支給する「基本額」を加えた金額とする方式（ただし予算の上限内）を採用している．充実した加入促進業務に向けたインセンティブ効果が発揮される仕組みである．この場合は，入札金額は存在しない．この方式は，現行の会計法の総合評価方式が「価格及びその他の条件が国にとって最も有利なもの」（29条の6第2項）を落札者としていることとの関係においては，法の許容しない総合評価方式といえそうである．もっとも，同項の委任に基づく「予算決算及び会計令」91条2項が「価格その他の条件が国にとって最も有利なもの」としているので[33]，この定めにより，価格を落札者決定の評価要素に入れないことも許容されるとする解釈が可能であるが，前記会計法との関係において委任の範囲を超えていないかどうかを検討する必要があろう．

4.3.4 民間事業者が落札した場合の問題

官民競争入札において，民間事業者が落札した場合に，当該業務を担当してきた公務員の処遇をどうするかが大きな問題である．小さな単位の業務で，定年退職者不補充により対処できる程度であればよいが，大きな単位の業務であれば，そのような方法では対処できない．この点に関して，イギリスのTUPE (Transfer of Undertakings (Protection of Employment) Regulations 1981) のような民間事業者への引継ぎが可能かどうかが問題になる．民間事業者が落札できる最も大きな要因の一つが官よりも低い賃金水準にあるとすれば，退職公務員を従前と同水準の賃金で雇うことは，入札の前提の大きな部分を喪失することを意味する．そのような事情もあってか，公共サービス改革法は，落札した民間事業者に対して引受け義務までは課していない．そこで，公務員の数の変動リスクを避けるため，官民競争入札ではなく，民間

---

[33] ちなみに，地方公共団体の総合評価方式は，自治令167条の10の2第2項において予決令91条と同趣旨の表現で定められているが，それを授権する自治法に会計法のような文言がみられないので，表面的な解釈によれば，価格を除外することに問題はなさそうである．

競争入札が選択されることになりやすい．

　ところで，民間事業者が人件費を抑制できる理由の一つは，非正規労働者の活用にあると推測される．実質的に非正規労働者に依存する行政サービスの遂行は，雇用政策の観点から問題となる可能性もある．

4.3.5　契約による規律と法律による規律

　これまでの政府契約にあっては，契約の解除事由などを含めて，契約締結後の権利義務関係については，基本的に契約で定めるという前提で，法律自体にはほとんど規定を置かないできた．一定の業務についての包括的委託ということになれば，国民に対する適切なサービスの提供を担保することがより重要になる．そこで，公共サービス改革法25条は，すでに述べたように，法律において民間事業者に守秘義務を課して，その違反に対しては罰則規定を用意している．

　また，公共サービス改革法22条は，国の行政機関等の長等に対して，一定の事由を列挙して法定解除権を付与している．民間事業者が，偽りその他不正の行為により落札者となったとき，競争入札に参加する者に必要な資格の要件を満たさなくなったとき，「法令の特例」において定められた必要な資格の要件を満たさなくなったとき，契約に従って対象公共サービスを実施できなかったとき，またはこれを実施できないことが明らかになったとき，契約において定められた事項について重大な違反があったとき，公共サービス改革法26条1項の報告をせずもしくは虚偽報告・検査拒否等をしたとき，27条の規定による指示に違反したとき，「法令の特例」において定められた契約解除事由に該当したときを列挙したうえ，守秘義務規定に違反して秘密を漏らしまたは盗用したときを加えている．従来の「契約」規定にみられない法定解除権の列挙ぶりである．「法令の特例」においては，国民年金収納に係る特定業務に関して，民間事業者が帳簿書類の作成・保存義務に違反しもしくは虚偽の帳簿を作成したとき，特定業務従事者が証明書携帯・提示の義務に違反して証明書を携帯せずもしくは提示しなかったとき，特定業務者が特定業務の実施に当たり「人を威迫し又はその私生活若しくは業務の平穏を害するような言動により，その者を困惑」させたとき，「偽りその他不正の手段を用いることその他の保険料滞納者の保護に欠け，又は特定業務の適正を害するおそれがあるものとして厚生労働省令で定める行為」を行ったと

き，納付受託業務に関し国民年金法の一定の義務に違反したときが掲げられている (33条9項).

これほどまでに多数の法定解除権を定める必要が実際にあるのか，その理由が明確ではない．他方において，戸籍謄本・納税証明書等に係る特定業務に関しては，解除権に関しては一般規定のみにとどめ，一定事由の認められるときに「特定業務の全部又は一部の停止を命ずることができる」としている (34条6項). これが業務の性質に応じたものなのか，各個別法の所管省の姿勢の違いに由来するのか，はっきりとしない.

契約の内容との関係において，民間事業者が再委託をし，あるいはその一部をアウトソーシングすることを禁止するのか，認めるのか，仮に認める場合は，どのような限度で認めるのか，が今後問題となろう．「公共サービス改革基本方針」は，対象公共サービスの全部を一括して再委託することは，法全体の趣旨・目的に照らし認められないとしつつ，その一部について再委託を行う場合には，予め国の行政機関等の承認を受けることを義務づけ，再委託の合理性・必要性，再委託先の履行能力の確認を行い，また，再委託を承認した場合に委託者に対し再委託先から必要な報告を徴収させる旨を実施要項において定めることなどを求めている．

5］政府業務の民間開放のもたらす法の変革

5.1 多元的構造

かつては，政府部門の活動を支える事項のほとんどを自前で賄う傾向があった．公共工事さえ政府部門自体が工事担当部門を置いて実施していた時代があった．それが次第に業務の外部化が進展して，それに応じて政府契約の領域が重要性をもつようになった．しかし，私法契約としての政府契約に関して，経済性，公正性，その両者の要請に応える競争性を実現すべく契約手続のあり方について法的規律をするのみで，業務の外部化がもたらす，より大きな法構造の転換には，必ずしも目が向けられてこなかったように思われる．しかしながら，経験を積み始めた PFI 方式や 2005 年に発覚した耐震度偽装問題は，業務の外部化のみで済ませることができない問題点を提示しつ

つあるように思われる．それは，業務の民間開放による場合に，その業務が所期のとおり着実に遂行されていることを担保する仕組みを確保することの困難性である．

　第一に，開放する政府業務の遂行者を決定するまでの業務（以下，「契約締結業務」という）のコストである．仮にこれを取引費用と呼ぶことにすれば，政府業務の民間開放において，そもそも特定業務を民間に開放すべきか否かの政策決定から始まるコストは膨大なものになる．PFIの場合についていえば，事業の選定までのコスト，事業者選定のコストを要する．そこで活用されるのがコンサルタントであるが，完全にコンサルタントに丸投げするわけにはいかない．政府部門にも相当数の担当者を配置して事業選定や事業者の選定に当たることになる．しかし，担当者自身が細部まで理解することは困難である．責任を負いながら確実に理解することが困難であることに担当者自身が苦労するであろうし，国民・住民が，そのような事業遂行に安心しているわけにはいかない．

　第二に，政府業務が確実に遂行されたかどうかを確認する業務（以下，「フォローアップ業務」という）が重要であるにもかかわらず，二つの障害がある．一つは，耐震度偽装問題のように，業務の遂行を確実にチェックするには，耐震度の計算を最初からやり直さなければならないことである．もう一つは，高度な技術を要する工事，ソフトウエアのような場合は，政府部門に専門家を置くことが困難になる．極端にいえば政府部門に内容を理解できる担当者が1人もいないという事態も生じかねない．また，逆に，そのような専門家を個別の部門に配置することは，きわめて非効率である．

　こうした事情に鑑みると，政府業務の民間開放を支える業務を，当該業務を必要とする個別の政府部門（以下，「需要政府部門」という）から委託を受けて担当できる専門的組織が必要となる．その専門的組織を政府組織内部に置くべきか，それ自体を民間に開放すべきかが，政策決定問題となろう．建設工事におけるCM方式，カナダにおける契約締結業務の民間会社への委託のように，契約締結業務の民間開放方式もありえよう．しかし，公共施設の内容の決定も含めて契約締結業務を民間会社に開放することには躊躇があろう．PFI方式におけるコンサルタント会社がいわば黒衣にとどまっているのも，そうした限度を意識するからであろう．

他方，政府内部に通常の組織形態で置くと，必ずしも望ましい組織になるとは思われない．需要政府部門との関係のあり方が問題である．需要政府部門を一種の顧客として，それに良好なサービスを提供する組織でなければならない．そして，良好なサービスを提供したときに，その成果が当該組織の成員に還元される仕組みにすることが，良好なサービス提供へのインセンティブになると思われる．そのためには，契約締結業務やフォローアップ業務を行う組織は，たとえ政府組織内部にあっても，それら業務遂行の対価を得て独立採算で運営することが望ましい（有料制）．政府出資の会社形態もありうる[34]．そして，当該組織が，民間会社と競争して契約締結業務やフォローアップ業務を受託する方式も考えられる．

　以上から，これまでの「政府と民間事業者とが相対する二面関係」から，それに契約締結・フォローアップ業務担当組織を加えた「三面関係」への展開が必然となると思われる．あるいは，三面にとどまらないこともあるかもしれない．こうした多元的構造を見据えた法の変革を迫られていると思われる．そして，こうした契約締結業務・フォローアップ業務を遂行する組織に対しては，業務遂行の結果に関する報告を義務づけて，監査機関の監査を受ける必要がある．会計検査院等の権限とすることが考えられる[35]．

5.2　政府の監督責任・民間事業者の責任

　政府業務を民間事業者が遂行する場合に，基本的には契約内容に従うのであって，それに尽きるともいえる．そして，国民・住民の信頼を得られるように，政府が適切な監督を行う必要がある．公共サービス改革法は，「公共サービス実施民間事業者による対象公共サービスの適正かつ確実な実施を確保するため必要があると認めるときは」当該民間事業者に対し，対象公共サービスの実施に関し必要な報告を求め，または職員に民間事業者の事務所に立ち入り，サービスの実施の状況もしくは帳簿，書類その他の物件を検査さ

---

34)　カナダのブリティッシュ・コロンビア州は，Partnerships British Columbia という同州が全額出資の会社（会社法による会社）を設立している．
35)　カナダのブリティッシュ・コロンビア州の会計検査院は，前記の会社から提出されるプロジェクトごとの value for money の測定に関する報告（たとえば，"Project Report: Achieving Value for Money: Sea-to-Sky Highway Improvement Project"）について審査を行い，報告書を作成・公表している．

せ，もしくは関係者に質問させることができるとしている（26条1項）．また，当該民間事業者に対し「必要な措置をとるべきことを指示することができる」（27条1項）[36]．

政府業務を民間開放した場合に，開放された業務によって損害を被った私人に対して，政府が賠償責任を負うのか否かが問題になる[37]．政府業務から完全に外した場合には，その立法行為や規制権限の不行使による損害賠償の場面が起こりうることは別として，私人間の損害賠償の問題となる．これに対して，業務の民間開放後においても，政府の事務・事業として位置づけられている場合には，政府の損害賠償責任が問題になることがある．地方公共団体の「公の営造物」の設置管理に瑕疵があったことによる損害は，指定管理者の指定の有無に係りなく，当該地方公共団体が国家賠償法2条の賠償責任を負う．

また，民間事業者が「公権力の行使」の権限を付与されているときに，当該権限行使が違法に行使されたことによって私人が被った損害の賠償に関しては，従来から議論が分かれていたが[38]，すでに述べたように，最高裁判所は，建築確認検査機関の行った建築確認等に係る損害賠償請求への被告変更との関係で，建築確認検査機関の確認に関する事務は建築主事による確認に関する事務の場合と同様に，地方公共団体の事務であるとして，事務の帰属する行政主体は当該確認に係る建築物について確認をする権限を有する建築主事が置かれた地方公共団体であるから，当該地方公共団体に被告を変更することができるとした（平成17年6月24日決定，判例時報1904号69頁）．そ

---

36) 地方公共団体に関しては，同種の規定がないが，この法律は，地方公共団体は「特定公共サービス」についてのみ官民競争入札または民間競争入札に付することができるという前提に立って，第5章の「法令の特例」の第2節「特定公共サービス」に関する条項によって対応しようとしている．

37) 広くは，松塚（2003）が，また，民間委託の場合につき，伊藤（1994）がある．

38) 塩野（1993）は，指定機関自体が国家賠償責任を負うとする．そして，塩野（2005，273頁）は，指定機関（指定法人）は，公権力の行使を自己の権限として，自己の計算によって行うものとして国家賠償法上の公共団体とみるべきであるとする．その場合には，指定機関の担当者個人を「公務員」とみることになろう．これに対して，米丸（1999，354頁）は，指定機関の「公務員性」を認める．ただし，建築基準法による指定確認検査機関に関して，米丸（2000，264頁）は，従来の指定機関と異なり，指定により自らの事務として行政処分権限を行使するのであるから，指定確認検査機関が国家賠償法上の公共団体として自ら損害賠償責任を負うとしている．指定確認検査機関に関する包括的検討をした文献として，米丸（2000），金子（2005）などがある．

して，事務の帰属する地方公共団体に対する国家賠償法の適用を肯定しつつ過失がないとして棄却した裁判例（横浜地判平成 17・11・30 判例地方自治 277 号 31 頁）も登場している．さらに，最高裁判所は，児童福祉法の規定により知事が社会福祉法人立の児童養護施設に児童を措置し，当該施設内において児童が他の入所児童の暴行により傷害を負った損害について，その社会福祉法人の使用者責任を否定して，県の国家賠償責任のみを肯定した（平成 19 年 1 月 25 日判決，判例集未登載）．そして，PFI 方式や指定管理者制度の導入に伴い，政府部門の責任と民間事業者の責任の問題が意識的に論じられるようになってきた[39]．

公共サービス改革法は，公共サービス実施民間事業者が官民競争入札または民間競争入札対象公共サービスを実施するに当たり第三者に損害を加えた場合の損害賠償に関し当該民間事業者が負うべき責任に関する事項を実施要項の項目に入れるべきものとし，その損害賠償責任には国家賠償法により民間事業者が求償に応ずる責任を含むものとしている（9 条 2 項 12 号，14 条 2 項 10 号，16 条 2 項 12 号，18 条 2 項 10 号）．したがって，公共サービス改革法は国家賠償についての配慮をしているものの，国家賠償法の仕組み自体を修正するものではない．これは，同法が「行政処分」を一般の「公共サービス」の対象から除外していることとの関係で，「公権力の行使」の場面がないと想定しているとみることもできる．しかし，「公権力の行使」を広く捉える判例・学説からするならば，「行政処分」を除外したとしても，やはり，「公権力」の行使に相当する業務も含まれうるであろう[40]．

前記の最高裁判平成 19・1・25 は，「国又は公共団体以外の者の被用者が第三者に損害を加えた場合であっても，当該被用者の行為が国又は公共団体の公権力の行使に当たるとして国又は公共団体が被害者に対して」国家賠償法 1 条 1 項の責任を負う場合には，被用者個人が民法 709 条の責任を負わないのみならず，使用者も同法 715 条に基づく責任を負わないとした．しかし，国家賠償法 1 条の適用において，公務員個人に対する求償権の行使を故意または重大な過失のあった場合に限定しているのは，公務員の業務遂行に対す

---

39) 国家賠償法 2 条との関係においても問題となることについて，小幡（2004）を参照．
40) かつて議論されたのは，保育所における事故の場合の扱いであった．代表的文献として，交告（1995）を挙げておく．

る萎縮効果に鑑みたものであると思われる．「公務員」の文言による違和感に加えて，この萎縮効果排除の考え方を民間事業者に雇用されている個人に適用するのはともかくとして[41]，法人たる民間事業者に同様に当てはめることには，素朴な疑問を覚える．救済の実効性の観点から国家賠償責任に乗せることを肯定すべきであるにしても[42]，法人たる民間事業者の直接の賠償責任を否定し，かつ公務員個人と同様に故意または重大な過失の場合に限定して求償を認めることは合理的と思われない．それが解釈により可能なのか，立法的対応を含めて，十分な検討を行う必要がある[43]．状況によっては，監督責任を果たさなかった政府と民間事業者との不真正連帯債務として，損害を被った私人は，政府と民間事業者の両方を被告として損害賠償を求めることができることとすべきであろう[44]．名古屋高判平成17・9・29（判例集未登載）がこのような考え方であったのを，その上告審である前述の最高裁判平成19・1・25が否定したことは誠に残念である．

いずれにせよ，国家賠償制度は，「国家と社会」の接点として，新たな視点から見直していく必要があろう．

5.3 国家財産法制の変革・政府部門の租税負担等

民間開放の促進には，国有財産制度や公有財産制度も対応させなければならない．すでに，PFI法において，国有財産法等の特例が定められている．

---

41) 従来の国家賠償法の適用に関する議論には，どちらかといえば，担当職員の損害賠償責任との関係に着目したものも存在した（北村，2005）．
42) 小幡（2004, 493頁以下）は，業務が委任された者等については「公務員」概念にかかわらず，国家賠償法1条の適用を拡大して委任を行った国または公共団体の賠償責任を肯定し，狭義の公権力の行使を行う権限を付与された者には，「国・公共団体」の概念にかかわらず，当該権限を行使する者が国家賠償法1条の責任主体となるとしている．
43) 公の施設の管理委託制度の時代に精神薄弱者援護施設の管理を社会福祉法人に委託していた市の国家賠償責任を肯定した広島地判昭和54・6・22判例時報947号101頁が有名な裁判例であった．指定管理者制度になってからも，あくまで当該地方公共団体の施設であることを重視して，当該地方公共団体が賠償責任を負うとする見解が支配的であった（篠原，2003, 35頁）．しかし，民間事業者の自己責任を認める方が，公の施設の利用者に対する注意を払い損害を回避することにもなろう．
44) 稲葉（2003, 707頁）は，指定管理者は，自治体との関係では行政機関ないし国家賠償法上の「公務員」等の立場にあり，利用者等との関係においては一個の賠償責任主体ともなりうるとする二面性説を提唱している．指定確認検査機関について，ほぼ同様の見解として，金子（2006（下），46頁以下）がある．

2005年8月の改正後の同法11条の2は，それまで合築建物に係る行政財産である土地をPFI事業者のみに貸し付けることができるとされていたのを改め，PFI事業者から民間施設部分を譲渡された第三者にも貸し付けることができることとし（再譲渡も同様），12項に及ぶ肥大化した条文構成になった．また，同改正により，11条の3が新設されて，合築以外の形態による民間施設を併設する場合にも，特定施設（公共施設等のうち熱供給施設，新エネルギー施設等，及びこれらに準ずる施設として政令で定めるもの）の設置事業でPFI事業の実施に資するものについて，行政財産をPFI事業者及びPFI事業者から特定施設の譲渡等を受けた第三者に貸し付けることができることとされた（再譲渡の場合も同様である）．11条の3も，9項に及んでいる．

　なお，公共サービス改革法は，公共サービス実施民間事業者に使用させることができる国有財産に関する事項を実施要項に定めるものとし（9条2項8号，14条2項7号），同じく民間事業者に使用させることができる公有財産に関する事項も実施要項に定めるものとしている（16条2項8号，18条2項7号）．しかし，それ以上に，国有財産法や自治法の特例規定を用意しているわけではない．普通財産の使用に関することであれば，その使用に関する事項は，民間事業者と国または地方公共団体との契約内容に取り込まれるのみで，特に法的対応を迫られるものではない．それに対して，行政財産となると，その行政財産の使用は，国有財産法18条3項および自治法238条の4第4項の「使用」に該当しない使用であると理解するならば，契約のみの定めで足りるが，もし，それらの条項にいう行政財産の「使用」に該当する場合には，使用許可の手続を併せてとる必要があることになる．そして，使用許可は行政処分であると解されているので，契約内容に委ねることはできないはずである．とするならば，契約と行政処分との併存ということになる[45]．

　そうした事態は，行政財産の使用関係および政府業務の委託の法律関係を再構成する可能性を秘めているように思われる．

　一方において，行政財産の使用について，行政処分ではなく一種の行政契約の類型に属するものとして再構成を図ることである．他方において，業務

45）　もちろん，行政財産の使用許可の付款として，契約に定めるところに従い使用する旨の負担を付すことは考えられる．

委託の法律関係も純粋な私法契約の関係としてではなく，一種の行政契約として構成する．こうして，行政財産の使用も業務委託と一体のものとして，一種の行政契約として包括して契約の対象となしうるからである．

なお，政府業務が民間に開放され，民間事業者が政府部門の資産を使用する場合に，政府部門に固定資産税や，その代替的性質の「国有資産等所在市町村交付金」の負担が生じる可能性のあることが，民間開放政策推進の障害になるかもしれないことを認識する必要がある．しかし，その検討は別の機会に譲るほかない．

5.4 監理等のための合議制機関の法的位置づけ

公共サービス改革法は，国の行政機関等の競争の導入による公共サービスの改革の実施の過程について，その透明性，中立性および公正性を確保するために，内閣府に官民入札等監理委員会を置くものとしている（37条）．同法によりその権限に属させられた事項を処理する（38条1項）ほか，それらの事項に関して内閣総理大臣または内閣総理大臣を通じて関係する国の行政機関等の長等に対して必要な勧告をすることができるとしている（38条2項）．こうした委員会方式は，PFI法に基づく民間資金等活用事業推進委員会の先例がある．両者を比較してみると，次のように似ている面がある．すなわち，PFI法は，内閣総理大臣がPFIの特定事業の実施に関する基本方針を定めようとする場合に民間資金等活用事業推進委員会の議を経なければならないとしている（4条4項）．公共サービス改革法も，内閣総理大臣が閣議決定を求める公共サービス改革基本方針の案を定めようとするときは官民競争入札等監理委員会の議を経なければならないとしている（7条6項）．

しかしながら，公共サービス改革法によれば，国の行政機関等の長等が，官民競争入札実施要項または民間競争入札実施要項を定めようとするとき，評価の基準に従って評価を行う場合，契約を変更しようとするとき，契約解除に伴う必要な措置を講じようとするときに，官民競争入札等監理委員会の議を経なければならないとしている（9条5項，14条5項，12条，15条，21条2項，22条3項）．これらは，いずれも個別の公共サービスに係る国の行政機関等の長の権限行使について「議決」の方式で委員会が関与する方式である．すなわち，官民競争入札等監理委員会は単に政策推進の委員会であるばかり

でなく，具体的な契約締結業務に関与しているのである．他方において，PFI推進委員会は，PFI法による権限のほかは，「実施方針の策定状況，特定事業の選定状況，特定事業の客観的な評価状況その他民間資金の活用による国の公共施設等の整備等の実施状況を調査審議」し（21条2項），「民間資金等の活用による国の公共施設等の整備の促進及び総合調整を図るため，内閣総理大臣又は関係行政機関の長に意見を述べることができる」（21条4項）にとどまり，個別具体の公共施設等の整備に関する契約締結業務に関与するものではない．

政府業務を分担管理する原則が採用されているなかで，分担管理している国の行政機関等の長等に対して，官民競争入札等監理委員会が「議決」の方式で関与することは，行政組織法上の原則に大きな例外を認めるものであろう．もっとも，契約締結業務への関与は，あくまでも透明性，中立性および公正性を確保するためのものであって，国の行政機関等の長等の契約締結業務を代行する趣旨のものではない．

[文 献]

市橋克哉，2006，「公の施設の指定管理者」三橋良士明＝榊原秀訓編『行政民間化の公共性分析』日本評論社，156-173頁．
伊藤 進，1994，「行政の民間委託の契約と責任」伊藤進『民法論 下〔物権・債権〕』信山社，207-220頁以下．
稲葉 馨，2003，「公の施設法制と指定管理者制度」法学67巻5号685-714頁．
碓井光明，2005，『公共契約法精義』信山社．
内田 貴，2006，「民営化（privatization）と契約——制度的契約論の試み（1）～（6・完）」ジュリスト1305号118-127頁，1306号70-77頁，1307号132-138頁，1308号90-97頁，1309号46-53頁，1311号142-149頁．
大脇成昭，1999，「民営化法理の類型論的考察」法政研究66巻1号285-335頁．
小幡純子，2001，「公物法とPFIに関する法的考察」塩野宏先生古稀記念『行政法の発展と変革 上巻』有斐閣，765-797頁．
小幡純子，2004，「『公の営造物』概念に関する試論」原田尚彦先生古稀記念『法治国家と行政法』有斐閣，487-512頁．
金子正史，2005，「指定確認検査機関に関する法的問題の諸相（1）～（5・完）」自治研究81巻6号65-80頁，7号3-17頁，8号3-19頁，9号25-45頁，11号36-65頁．
金子正史，2006，「指定確認検査機関のした建築確認の法的問題（上）（下）」自治研究82巻9号3-26頁，10号34-63頁．
川本 明，2005，「水道事業の民営化」八代尚宏編『「官製市場」の改革』日本経済新聞社，71-95頁．

北村和生，2005，「『民』による行政執行と国家賠償」小林武ほか編『「民」による行政』法律文化社，98-116 頁．

北村博文，2004，「違法駐車対策に関する制度改正について」警察学論集 57 巻 9 号 13-39 頁．

交告尚史，1995，「国賠法 1 条の公務員——福祉行政における民間委託に着目して」神奈川法学 30 巻 2 号 75-100 頁．

固定資産税務研究会，2004，『交納付金法逐条解説』地方財務協会．

榊原秀訓，2006，「市場化テストと自治体」三橋良士明＝榊原秀訓編『行政民間化の公共性分析』日本評論社，247-269 頁．

塩野　宏，1993，「指定法人に関する一考察」芦部信喜先生古稀記念論文集『現代立憲主義の展開　下』有斐閣，485-511 頁．

塩野　宏，2005，『行政法 II［第 4 版］』有斐閣．

市場化テスト研究会，2005，『概説　市場化テスト——官民競争時代の到来』NTT 出版．

篠原俊博，2003，「地方自治法の一部を改正する法律の概要について」地方自治 669 号 17-45 頁．

水道法制研究会，2003，『新訂　水道法逐条解説』日本水道協会．

杉田定大，2005，「日本型 PFI の反省と課題」八代尚宏編『「官製市場」の改革』日本経済新聞社，211-232 頁．

直江利克ほか，2004，「『道路交通法の一部を改正する法律』について (1) 第 2　違法駐車対策の推進を図るための規定の整備」警察学論集 57 巻 9 号 54-137 頁．

長谷川友紀，2005，「公的病院の民間開放と官民の対等な競争」八代尚宏編『「官製市場」の改革』日本経済新聞社，97-116 頁．

保育行財政研究会編，2002，『市場化と保育所の未来』自治体研究社．

松塚晋輔，2003，『民営化の責任論』成文堂．

美原　融，2005，「海外での官製市場改革の事例研究」八代尚宏編『「官製市場」の改革』日本経済新聞社，187-210 頁．

八代尚宏，2005，「官製市場の改革と市場化テスト」八代尚宏編『「官製市場」の改革』日本経済新聞社，1-18 頁．

米丸恒治，1999，『私人による行政』日本評論社．

米丸恒治，2000，「建築基準法改正と指定機関制度の変容」政策科学 7 巻 3 号（通巻 16 号）253-271 頁．

亘理　格，2006，「公立保育所廃止・民営化訴訟における相対効的紛争解決の可能性」政策科学 13 巻 3 号（通巻 33 号）205-225 頁．

第2章 会社支配市場に関わる法規制の再構築

中東正文

1〕序　論

　わが国でも，敵対的企業買収が活発になりつつある．実際，2005年は，ライブドア対ニッポン放送，夢真ホールディングス対日本技術開発，楽天対TBSなど，有事および平時の買収防衛策の適否に関する議論に追われた感すらある．

　敵対的買収が増加している背景には，株式の相互保有が解消され，多くの会社にとって安定株主が不在となり，会社支配を争奪するための前提条件が整ったという事情がある．のみならず，各所で，「カネ余り」という現象が生まれており，さらには，「カネの使い方」に対する革新的な感覚が人々の間で受け入れられるようになった．会社は，「ヒト・モノ・カネ」の結合体であるとされるが，カネさえあれば，支配が可能であるとの風潮も高まった．外資が，わが国の資本市場に急速に流入しているという事情もある．

　このような現状の認識については，会社法制の現代化における経済界の危惧にもよく現れているといえよう．現代化の目玉の1つは，合併等の対価の柔軟化であるが，それを要望したのは経済界であるにもかかわらず，敵対的買収の脅威が現実化するとすぐさま，経済界の一部が対価の柔軟化に危惧を示し，自民党が対価の柔軟化について1年施行を延期するという形で対応し，会社法の制定が実現した．

　この1年の猶予期間に，各会社において，個別的な防衛策の導入などが検討されることになった．この施行延期とは，必ずしも直接的な関係を有しな

いが，2005年と2006年は，防衛策の見本市となった．日本を代表する法律事務所や証券会社などが，防衛策の開発競争を加速した[1]．

開発競争の結果は，各社の株主総会においてだけではなく，司法の場でも審査されることになった．例えば，ニレコが導入した株主割当型のポイズン・ピルに対しては，英国領ケイマン島の投資ファンドが差止めの仮処分を求めた．同ファンドは，裁判で勝訴したが[2]，このファンドにとって，実際にどのような利益があったのか分からない．わが国における防衛策の審査基準の明確化を期待していたようにも思われる．

司法における防衛策の審査基準は，行政における指針と双方向的な影響を受けつつ，洗練されつつある．ニッポン放送事件では，事業目的基準が踏襲されながらも，濫用的買収に該当する4類型について，防衛策を正面から許容しようとした[3]．この姿勢は，経済産業省の企業価値研究会にも引き継がれ，敵対的買収に対する防衛策は，対象価値の企業価値を維持ないし確保するものとして位置づけられることになった．これが，法務省との共同作業において，より理論的かつ保守的な形で洗練されたのが，2005年5月27日の経済産業省と法務省の「買収防衛指針」である．

この指針を踏まえつつ，裁判所もニレコ事件決定において，平時導入型の防衛策が適法となる可能性を示した．このように，行政の後押しを受けながらも，私人による法実現の1つの発露として，防衛策についての妥当性の基準が確立されようとしている．

その後，夢真ホールディングス（以下，夢真HDという）による日本技術開発に対する敵対的公開買付においては，事前警告型防衛策が講じられた．この防衛策については，夢真HDから差止めの仮処分が求められた．裁判所は，攻撃側に対して，対象会社の株主に対する熟慮期間と判断の基礎となる情報を与えるように求める設計を肯定的に評価し，防衛策として適法であると認めた[4]．

---

1) 三宅（2005, 195頁以下）参照．
2) 東京地決平成17年6月1日商事法務1734号37頁，東京地決平成17年6月9日商事法務1735号44頁，東京高決平成17年6月15日商事法務1735号48頁．
3) 東京地決平成17年3月11日商事法務1726号47頁，東京地決平成17年3月16日商事法務1726号59頁，東京高決平成17年3月23日商事法務1728号41頁．
4) 東京地決平成17年7月29日商事法務1739号100頁．

この段階において，敵対的買収に関する攻撃と防御のバランスが，防衛策によってのみ均衡が保たれるべきものではなく，攻撃側の行動を制限することによっても実現されるべきことが意識されるようになったといえよう．

攻撃側の法規制の強化については，前述の経済産業省の企業価値研究会においても検討がなされており，買収ルールの論点公開が2005年12月15日に決定されている．東京証券取引所も，上場制度の見直しに着手していた．また，金融庁の金融審議会金融分科第一部会公開買付等ワーキング・グループにおいても，証券規制の改正の検討が進められた．これらの努力の多くは，最終的には，証券取引法改正（金融商品取引法）によって，成果が結実した．

このような形で，私人によって法の実質的な趣旨が実現されようとする努力が続けられていたところ，それには限界が内在しており，最終的には，「官」と「民」の役割が再分配されて，具体的には，法の再構築として実現された．

2］近時の敵対的買収を巡る裁判例

法的規範は，具体的な紛争の過程で，具体化されたり，実質的に内容の変更を受けたりすることが少なくない．以下では，2005年に争われて，裁判所の判断が示された3つの事例を概観し，法の再構築が促進される様子を考察する．

2.1 ライブドア対ニッポン放送事件

ニッポン放送事件は，ニッポン放送の株主であるライブドアが，ニッポン放送が2005年2月23日の取締役会決議に基づいて現に手続中の新株予約権の発行について，①特に有利な条件による発行であるのに株主総会の特別決議がないため，法令に違反していること，また，②著しく不公正な方法による発行であることを理由として，これを仮に差し止めることを求めた事案である．

支配争奪の場面においては，本件のように，対象会社が新株や新株予約権を友好的な第三者に割り当てる形で発行しようとすることが少なくない．友

好的な第三者に相当数の（潜在的な）議決権を取得させれば，敵対的買収から支配権を維持することができる．この点の適法性の審査の基準として，伝統的には，主要目的基準が裁判所において採用されてきた[5]．

ニッポン放送事件の特徴の1つは，対象会社が，主要な目的は支配権の維持・確保にあることを前提としつつ，濫用的な買収から会社を守ることが必要であると立論したことである．

東京高裁も，東京地裁の仮処分決定を支持したが，支配維持目的の新株予約権発行であるとしても，不公正発行には該当しない余地があることを認めた[6]．すなわち，支配維持が主要な目的であれば，原則として，不公正発行に該当するとしつつ（会社法210条，平成17年改正前商法280条ノ39第4項・280条ノ10），「経営支配権の維持・確保を主要な目的とする新株予約権発行が許されないのは，取締役は会社の所有者たる株主の信認に基礎を置くものであるから，株主全体の利益の保護という観点から新株予約権の発行を正当化する特段の事情がある場合には，例外的に，経営支配権の維持・確保を主要な目的とする発行も不公正発行に該当しないと解すべきである」と判示した．

このような判断枠組みを採用するのであれば，主要目的基準の運用の仕方を大きく変えていく契機となる可能性がある[7]．さらには，伝統的な主要目的基準は実質的に廃棄され，米国流のユノカル基準[8]に類似の基準が，わが国でも確立される途上にあると理解することもできよう[9]．

ニッポン放送事件に関する高裁決定は，事案の解決とは離れて，4つの場合に濫用的買収者にあたると例示して[10]，取締役は，対抗手段として必要性や相当性が認められる限り，防衛策を導入ないし発動することが許される

---

[5] 主要目的基準が採られた先例の整理については，藤田（2005，9頁）を参照．

[6] この点が特徴的であると指摘するものとして，松本（2006，43頁）ほか．

[7] 藤田（2005，9頁）参照．

[8] Unocal Corp. v. Mesa Petroleum Co., 493 A.2d 946 (Del. 1985)．詳しくは，徳本（2000，56-60頁）．

[9] これに対して，判断枠組みの論理的構造は，旧来の主要目的基準の延長線上にあり，「新・主要目的ルール」を採用した裁判例として理解するのが適切とする見解として，太田（2005，9-11頁）

[10] 具体的には，①「グリーンメイラーである場合」，②「焦土化経営を行う目的で株式の買収を行っている場合」，③「会社経営を支配した後に，当該会社の資産を……流用する予定で株式の買収を行っている場合」，④「会社を食い物にしようとしている場合」が示されている．

とした.

　これらの4つの例外的場合の中身は，必ずしも一義的ではない[11]．その意味で，実務に明確な指針を与えているものではない．その上，例示の部分は決定では傍論にすぎない．にもかかわらず，4類型は，その後の実務の防衛策の設計にあたって，基準として重視されていった．また，4類型は，平時導入型の買収防衛策について，行政が指針を作成する際にも，影響を与えることになる．

2.2　ニレコ事件

　ニレコ事件は，平時における防衛策の導入の是非が争われた最初の事例である．

　ニレコは，2005年3月14日開催の取締役会において，企業価値の最大化のためとして，「セキュリティ・プラン」として，株主割当による新株予約権の無償発行を決定した．新株予約権の割当てを受けた株主は，ニレコの株式を20%以上取得する者が現れた場合に，1円を払い込むことによって，ニレコの株式を取得することができる．割当日（同年3月31日）現在の株主に対して，1株当たり2個の割合で新株予約権が割り当てられる．このプランが導入されれば，敵対的買収者が現れたときに，発動事由を招来すれば，最大で株式が3倍に希釈されることになり，敵対的買収者は経済的な損害を被る．このような形で，防衛策として機能する．

　本件では，投資ファンドによって，2005年5月10日，ニレコの新株予約権の発行を差し止める仮処分を求める訴えが提起された．東京地裁で2つの決定と東京高裁で1つの決定においては，いずれも，本件新株予約権の発行は著しく不公正な方法によるものであるとして，差止めの仮処分が認められた．東京高裁は，本件プランが随伴性を欠如していることから，買収に無関係な株主に不利益を与えることを指摘する．結論的には，「債権者を含めた既存株主が予測し難い損害を被るものであるから，債務者の取締役会に与えられている権限を逸脱してなされた著しく不公正な方法によるものといわざるを得ない」と判断した．

---

11)　大杉（2005，99-102頁）ほかを参照．

本件を巡っては，行政や自主規制機関である証券取引所の動向が注目された．

　ニレコ株式が上場されているジャスダック証券取引所は，本件新株予約権の導入について延期を示唆しながら[12]，ニレコの新株予約権を最終的には受け入れた形になっていたようでもある．2005年4月20日になって，同証券取引所は，「株式会社ニレコ株式に関するご注意」を公表した．投資者の注意が喚起されているが，発行会社に厳しい態度を表明するものではなかった．

　これに対して，東京証券取引所は，上場会社代表者に対して，「敵対的買収防衛策の導入に際しての投資者保護上の留意事項について」と題する書面を2005年4月21日付で送付して，ホーム・ページでも公表した．それによると，ニレコ型の防衛策は，「買収者以外の株主・投資者に不測の損害を与える要因を含む防衛策の導入は，市場の混乱を招くものであり投資者保護上適当でない」として，明確に否定されている．

　さらに，行政の側でも，紛争の最中である2005年5月27日に重要な行政指針が示された．経済産業省と法務省は共同で，「企業価値・株主共同の利益の確保又は向上のための買収防衛策に関する指針」を公表した（以下では，「買収防衛指針」という）．それによれば，「買収防衛策は，買収が開始された後に発動され，そこではじめて法的効力を具体化させて買収を防衛することができれば目的を達するのであって，買収が開始されていないにもかかわらず，新株予約権等の発行と同時に，株主に過度の財産上の損害を生じさせるような場合（注10）には，著しく不公正な方法による発行に当たる可能性が高い」と述べられており（10頁），この具体例として，ニレコ型の買収防衛策が示されている（11頁注（10））．

　ニレコ事件に関する裁判所の決定は，この買収防衛指針が示された後に出されている．「行政追認の司法判断」という表現が用いられることもある[13]．東京高裁の決定においても，前提となる事実関係のうち，市場関係者等の反応として，経済産業省と法務省の買収防衛指針の該当部分が抜粋して紹介されている．

---

12) 日本経済新聞2005年3月27日朝刊「大買収時代を生きる（3）防衛策，自己流で混乱」を参照．
13) 三宅（2005, 178頁）．

司法の判断と行政の指針との相互関係については，様々な議論があり得る．本件は，両者の交錯する機会となり，私人による法の実現の発露が，裁判所の決定により示された．

2.3 夢真 HD 対日本技術開発

ニレコ事件に関する東京地裁平成 17 年 6 月 1 日決定には，「敵対的買収者に対し事業計画の提案を求め，取締役会が当該買収者と協議するとともに，代替案を提示し，これらについて株主に判断させる目的で，合理的なルールが定められている場合において，敵対的買収者が当該ルールを遵守しないときは，敵対的買収者が真摯に合理的な経営を目指すものではないことを推認することができよう」という叙述がある．傍論での判示に過ぎないが，事前警告型の買収防衛策に一定のお墨付きを与えたものともいえる[14]．

奇遇というべきか，買収防衛策を巡る 2005 年最後の裁判は，事前警告型の買収防衛策であった．日本技術開発に対して，夢真 HD が敵対的な買収を行った事例である．日本技術開発は，2005 年 7 月 8 日，事前警告型買収防衛策（大規模買付ルール）を導入することを，取締役会において決定した．

日本技術開発の大規模買付ルールは，①事前に大規模買付者が同社の取締役会に対して十分な情報を提供し，②取締役会による一定の評価期間が経過した後に大規模買付行為を開始させようとするものである．大規模買付ルールが遵守されなかった場合には，日本技術開発の取締役会は，同社および株主全体の利益を守ることを目的として，株式分割，新株予約権の発行等，商法その他の法律および定款が認めるものを行使し，大量買付行為に対抗する場合があると警告がなされた．

夢真 HD が警告に従わずに，公開買付に踏み切ろうとしたため，日本技術開発は，2005 年 7 月 18 日の取締役会において，同年 8 月 8 日の株主名簿および実質株主名簿を基準として，1 株を 5 株に分割することを決定し，その旨を公表した．効力発生日は，同年 10 月 3 日とされ，この時点で，分割

---

[14] 三宅伸吾「東京地裁・鹿子木判事に聞く：法律事務所主導の買収防衛策——過熱状況に疑問」日本経済新聞 2005 年 10 月 17 日朝刊．この記事によれば，鹿子木判事は，「ニレコ事件では平時導入・有事発動の企業防衛策の導入の可否を判断する場合の裁判所の考慮要因を明らかにしました．予測可能性を持たせたいとの意識で決定書を作成しました」とされる．

新株が発行される.

　これに対して，夢真 HD は，2005 年 7 月 19 日，株式分割が実施されることを前提とした買付価格と買付予定株式数で，公開買付を実施することを取締役会で決定し，これを公表した．そして，翌 7 月 20 日に公開買付開始公告がなされた（買付期間は 7 月 20 日から 8 月 12 日まで）．株式分割の効力発生日との関係で，公開買付が成功した場合にも効果の発生が，同年 10 月 3 日以降まで引き延ばされる．

　夢真 HD は，株式分割を差し止める仮処分を求めた．東京地裁平成 17 年 7 月 29 日決定は，差止めの仮処分の申立てを却下した．平時導入型の防衛策で，裁判所によって適法性が確認された最初の事例である．

　買収防衛策の是非に関わる点については，前述のニレコ事件東京地裁決定でも示されているように，対象会社の株主に対して必要な情報提供と相当な熟慮期間の確保を図る仕組みになっていれば，適法である設計になり得ると判示した．

　この点については，証券市場では株価の変動リスクを抑えるために，公開買付の決済期間を短くするのが至上命題であるという批判があり得る[15]．証券取引法で定められたルールを，私人が勝手に変えるのは適切でないとされる．しかし，日本技術開発が期待したことは，証券取引法のルールを踏みにじることではなく，判旨が述べるように，「取締役会が，株主に対して必要な情報提供と相当な考慮期間の確保を図り，株主の適切な判断を可能とすることを目的として，公開買付けの定める情報に追加した情報提供を求めることや，検討期間の設定を求めること」にあった．

　東京地裁も触れているように，公開買付制度については，自由民主党総合経済調査会企業統治に関する委員会の提案に基づき，当時から，金融審議会において見直しの検討が進められていた．本決定は，この検討の成果を先取りする意味合いを有しているともいえよう．

---

[15] 日本金融新聞 2005 年 8 月 1 日「夢真の請求却下／専門家に聞く」で紹介されている上村達男教授のコメントを参照．

3] 会社支配に関する法規制の変容

3.1 内閣府のM＆A研究会

わが国でも敵対的買収が出現するといった状況を受けて，内閣府においても，経済社会研究所にM＆A研究会（座長・落合誠一教授）が置かれ，2003年11月から，検討が進められていた．

その成果は，2004年10月に，「わが国企業のM＆A活動の円滑な展開に向けて」と題する報告書に取りまとめられた[16]．報告書の冒頭で，落合誠一教授は，「民」の活躍による制度の創造を期待されており，ここにも，法の再構築の萌芽が見られる．

この報告書では，「法制度改革及び税制改革」として，「本格的なクロスボーダー型M＆A時代を迎え，国際的にも通用するM＆A関連での明確なルールの確立は，企業の活力・競争力を維持しわが国の持続的な成長を確保するために基本的に不可欠のインフラ整備である」と分析されている（47頁）．「クロスボーダー」，「国際的」という言葉が鍵になっているが，これは，日米投資イニシアティブにおける協議の内容を意識したものであろう[17]．

3.2 経済産業省の企業価値研究会──その1

買収防衛策について，幅広い視野で情報を収集し，本格的な研究を行ったのは，経済産業省の企業価値研究会（座長・神田秀樹教授）であろう．2004年9月から，企業価値向上につながる公正な敵対的買収防衛策について検討を重ね，2005年4月22日に「論点公開──公正な企業社会のルール形成に向けた提案──」を公表した．この論点公開に関しては，内外から多くの意見が寄せられ，こうした意見を踏まえて，同年5月27日，「企業価値報告書」が取りまとめられた[18]．

企業価値研究会は，敵対的買収の攻防を企業価値に関する競争であると位置づけた．「敵対的」という法的には中立的な響きを持たない状況を，「企業

---

[16] M＆A研究会の報告書は，落合（2006）に取りまとめられている．
[17] M＆A法制に関する日米間の協議の概要は，中東（2005, 102-103頁）でも紹介した．
[18] 経済産業省企業価値研究会に関する一連の文書については，神田（2005）．

価値」,あるいは,「株主共同の利益」を巡る争いという形に収斂させた.この点の工夫は,その後の議論に大きな影響を与えている.

　企業価値報告書の問題意識の出発点は,敵対的買収に関する「ルールなき弊害」から,わが国を脱却させることにある.「何が公正な攻撃方法で何が公正な防衛方法なのかといった点について,企業社会におけるコンセンサスが形成されていない」ので,「敵対的買収に関して,企業社会における公正なルール形成を急ぐ必要がある」とする (要約1頁).

　公正さの出発点となるべき原理・原則について,企業価値研究会は,①企業価値向上 (防衛策は,経営者の保身のためのものではなく,企業価値向上を図るためのものである),②グローバルスタンダード (欧米各国において採用されている防衛策と同等なものとする),③内外無差別 (防衛策においては,内外の資本を同一に取り扱うこと),④選択肢の拡大 (国による直接の規制などではなく,経営者と株主の双方にとって選択しやすい方策を提示すること) を示している (23頁).普遍性が高い印象を与える標語が並べられているが,これらの内実と機能については,十分な検証が必要である.

　例えば,「選択肢拡大」については,選択肢の拡大が自己目的化するのなら,企業価値研究会は,「三大事務所の営業現場のようだった」[19] と批評される.ただ,このような過程を経ることが,会社支配市場に関する法制度の再構築のためには,不可欠であるとまではいえないにしても,効果的であるかもしれない.私人による法の枠組みの創設の努力を通して,「民」による法形成の限界が理解され,「官」の手による法の再構築がなされる契機になり得るからである.

　企業価値報告書で提案されている「企業価値基準」の内容は,①脅威の範囲,②過剰性の判断基準,③慎重かつ適切な経営判断プロセスに分けられる (83頁).企業価値基準のもとで,防衛策の合理性を高め,市場から支持を得るための工夫としては,①防衛策を平時に導入し,内容を株主等に開示して説明責任を果たすこと,②防衛策を消却可能な形に設計し,1年任期の取締役の信認を通じて,防衛策の是非を株主に問うこと,③有事における取締役の恣意的判断がなされない工夫をすることが望ましいとされている (88-89

---

[19] 三宅 (2005, 209頁).

頁).

　企業価値報告書は，企業価値基準等を提言した上で，報告書のみでは実質的な強制力に欠けることを危惧している．そして，「企業価値報告書の趣旨を具体化した，『企業価値指針』を行政が明確に定めるべきことを求めたい」とする (99頁). これが具体化されたのが，企業価値報告書と同日に公表された経済産業省と法務省の買収防衛指針である.

　企業価値報告書は，買収防衛に関する基準の明確化を促す一方で，企業の個性を尊重して，防衛策のルールが柔軟であるべきことを示唆する．個々の会社の工夫といえば，響きはよいけれども，買収防衛策ほど，費用がかかる割には，経営上の具体的な利便が見えにくいものは存在しない．なぜ，私人に任せなければならないのか，明確な論拠はない．攻防の武器対等を実現するための最低限のルールは，法令によって利用者である個々の企業に提供すべきではないか．官製の法の再構築が求められる所以である．

3.3　経済産業省と法務省の指針

　2005年5月27日，経済産業省と法務省が共同で策定した「企業価値・株主共同の利益の確保又は向上のための買収防衛策に関する指針」が公表された．

　買収防衛指針は，「適法性かつ合理性の高い買収防衛策のあり方について提示することにより，企業買収に対する過剰防衛を防止するとともに，企業買収及び企業社会の公正なルールの形成を促すため，判例や学説，企業価値研究会 (……) 等を踏まえ」策定された．この指針には，法的拘束力がないが，「関係者によって尊重されることにより，日本の企業社会の行動規範となること」が期待されている．

　買収防衛指針によれば，買収防衛策は，企業価値・株主共同利益を確保・向上することを基本とすべきである．このために，3つの原則に従わなければならないとする．それらは，(a) 企業価値・株主共同の利益の確保・向上の原則（買収防衛策の導入，発動及び廃止は，企業価値，ひいては，株主共同の利益を確保し，又は向上させる目的をもって行うべきである），(b) 事前開示・株主意思の原則（買収防衛策は，その導入に際して，目的，内容等が具体的に開示され，かつ，株主の合理的な意思に依拠すべきである），(c) 必要性・相当性の原則

(買収防衛策は，買収を防止するために，必要かつ相当なものとすべきである）として広く知られている．

その後の実務では，指針で示されたルールが守られているようであり，買収防衛策の開示にあたっても，しばしば，「買収防衛指針を満たしている」という説明が付される．また，先に見たように，実際の裁判において，1つの基準として用いられている．法的拘束力がないのに，規範として尊重されるのはなぜなのか，今後の検証が不可欠であろう．

3.4 経済産業省の企業価値研究会——その2

3.4.1 序

企業価値報告書は，「残された制度改革」として，次のように述べていた(100頁)．

> 会社法制の現代化，立会外取引に関する証券取引法の改正，そして企業価値指針の3つをもって，日本の敵対的M&Aに関するルール形成の第1弾は完成する．
>
> しかしながら，検討すべき論点はこれに止まるものではない．
>
> 例えば，EU企業買収指令において採用された二段階買収を規制するための全部買付義務の是非や，米国で二段階買収を抑制するために各州法で導入されている事業結合規制などの取扱いをどう考えるか，独立性の概念など防衛策を有効に監視する企業統治に関する様々な論点についてどう検討を深めていくのか，ライツプランなどの防衛策が導入されることを前提としたTOBルールのあり方についてどう考えればよいのか，といった論点も存在している．
>
> これらについては，自由民主党の企業統治に関する委員会や金融審議会金融分科会第一部会等においても指摘されているところであり，企業価値研究会としても，企業価値指針の策定に続いて，引き続き，こうした点について検討を深めることとしたい．

企業価値研究会は，2005年9月に活動を再開して，①公正な買収防衛策の確立，②公開買付制度など買収ルールの見直し，③経営者と株主・投資家の対話の充実という3つの柱について，検討を進めていった．

3.4.2 公正な買収防衛策の確立

このうち，①公正な買収防衛策の確立については，2005年11月10日，「公正な買収防衛策のあり方に関する論点公開――買収防衛策に関する開示及び証券取引所における取扱いのあり方について――」が公表された．

買収防衛策に関する適切な開示は，行政もしくは証券取引所のルールによって実現されるか，行政もしくは証券取引所が一定の考え方を示すことがふさわしい事項として取り上げられている（2頁）．また，買収防衛策等の証券取引所の取扱いについても，上場に適するか否かの判断も含めて，具体的に提言がなされている．

行政による対応については，その後，会社法施行規則における事業報告の内容として，結実していくことになる．証券取引所による対応は，東京証券取引所が，パブリック・コメントを経て，株券上場審査基準等の一部改正という形で結実する．

買収防衛策等の証券取引所の取扱いに関して，論点公開は，買収防衛策の証券市場に対する影響について，ある意味で，鈍感な内容になっているようにも思われる．企業価値研究会は，買収防衛策を広く認めるという基本的な姿勢であるから，自然な結論であったろう．ただ，証券市場を設営して運営している証券取引所にとっては，責任ある対応が期待されることになったともいえる．

3.4.3 公開買付制度など買収ルールの見直し

再開後の企業価値研究会は，続いて，②公開買付制度など買収ルールの見直しについても，提言を行った．2005年12月15日，「企業価値基準を実現するための買収ルールのあり方に関する論点公開」が公表された．

第1の柱は，「買収者及び対象会社双方のバランスをいかに確保するかという点にある」とされる．第2の柱は，「株主及び投資家の十分な情報に基づいた判断（インフォームド・ジャジメント）を可能とする制度・慣行の確立と実現に向けた取り組みが必要」とする点に示されている．

公開買付期間について，一定の範囲で買付期間を伸長することには積極的であるように見受けられるが，徒に長期にすることについては慎重である．また，強圧性の排除に関して，全部買付義務を法により一律に導入することに慎重な姿勢を示している．攻防のバランスを図る際に，攻撃を弱めること

には消極的であることが特徴的であろう．

　これらの公開買付規制に関する提言は，金融庁金融審議会金融分科会第一部会公開買付制度等ワーキング・グループでの議論と重なり合っていく．

3.5 会社法施行規則

　経済産業省と法務省の買収防衛指針において，事前開示の必要性が重視されたことを受けてであろう，法務省は，会社法施行規則を定めるにあたって，事業報告の中身を充実させた．

　法務省は，会社法で委任された法務省令を策定する際に，2005年11月29日に，「『会社法施行規則案』等に関する意見募集」を公表し，パブリック・コメントに付した．事業報告の内容とすべき「株式会社の支配に関する基本方針」については（会社法施行規則案80条），内容がそのまま維持され，2006年2月7日に公布された会社法施行規則127条で定められた．

　会社法によって法務省令に委任された事項は，事業報告の内容である（会社法435条2項）．法規範性のない買収防衛指針は，事業報告という開示を通して，法的拘束力を有する形に格上げされた．さらに，会社法施行規則では，開示事項が細かに指定され，それにより，実質的な規制を行っているのと異ならない効果を発揮する仕掛けになっている．省令委任の範囲を越えていないかという疑問もある．ともあれ，会社法施行規則127条が完全に適法なのであるとすれば，官による法の再構築が一段と進んだことになる．

3.6 東京証券取引所の上場制度の整備等

　ニレコ事件に関して紹介した「敵対的買収防衛策の導入に際しての投資者保護上の留意事項」（2005年4月21日）は，具体的な防衛策に対する東京証券取引所の姿勢を明らかにしたものである．

　より一般的な形の対応も，着実に進められていった．金融審議会金融分科会第一部会公開買付制度等ワーキング・グループの第2回会合（2005年8月30日）においても，東京証券取引所から，「買収防衛策導入に関する東証の考え方及び公開買付制度の見直しに関する視点等」が示されている．

　2005年11月22日には，「買収防衛策の導入に係る上場制度の整備等について（要綱試案）」が公表された．さらに，2006年1月24日には，「買収防

衛策の導入に係る上場制度の整備等について」が，パブリック・コメントに付された．同年2月21日には，買収防衛策の導入に係る上場制度の整備等に伴う株券上場審査基準等の一部改正という形で結実し，同年3月1日から施行されている[20]．

この過程で，経団連の「M＆Aに関する懇話会」からは，2005年12月2日に，「東京証券取引所『買収防衛策の導入に係る上場制度の整備等について（要綱試案）』へのコメント」が出され，買収防衛策を証券取引所が規制することに対する抵抗感が示されている．経済産業省と法務省の買収防衛指針が引き合いに出され，この指針の「条件を満たさないことが外形的に明白である場合を除き，原則として認められるべきである．基本的には，企業が買収防衛策の内容を適切に開示した上で，投資者の自主的な判断など市場における評価に委ねるべきである」と主張されている．

企業価値研究会と経団連の発想は共通する点が存在する．すなわち，潜在的な対象会社が種類株式を発行することにせよ，そのような会社が子会社に種類株式を発行させることにせよ，会社法で認められた，とりわけ会社法制の現代化によって利用可能となった方法は，証券取引所においても受け入れるべきであるという思想である．

しかしながら，非上場会社を原則的な形として構築された会社法の論理は，資本市場と会社支配市場を規律すべき論理と一致するとは限らない．市場の論理に証券取引所が正面から向き合って，必要な規制をすることが不可欠である．この点で，東京証券取引所の試みは高く評価されるべきである．市場の担い手である自主規制機関によって，法の再構築がなされた意味は大きい．

3.7　金融審議会金融分科会第一部会公開買付制度等WG

企業価値研究会での議論と並行して，金融庁の金融審議会金融分科会第一部会公開買付制度等ワーキング・グループでは，公開買付規制を中心に検討が重ねられてきた．金融庁が立案する証券取引法改正案に直結するだけに，影響力が大きい．

---

[20]　飯田（2006）参照．なお，大阪証券取引所では，2006年4月1日に，名古屋証券取引所では，同年5月1日に，新しい上場制度が施行されている．

そこでの検討の1つの区切りが，2005年12月9日に作成された「公開買付制度等ワーキング・グループにおける論点の整理」である．その後，同年12月22日，最終報告書が完成をみた．金融庁金融審議会金融分科会第一部会「公開買付制度等ワーキング・グループ報告──公開買付制度等のあり方について──」である．

これを受けて，証券取引法改正案（金融商品取引法案）が，2006年3月10日の閣議決定を経て，同年3月13日に国会に提出された．法案は，同年6月7日に成立し，同年6月14日に公布された．段階的に施行され，第1段の罰則強化等については，同年7月4日から施行された．第2段と第3段が，公布の日から起算して6月と1年を超えない範囲内において制令で定める日から施行され，これらが公開買付制度と大量保有報告制度の改革であり，会社支配市場に関する法の再構築の最終段階である．

経団連も，公開買付制度等ワーキング・グループにおいて，種々の見直しを求めてきており[21]，相当部分が実現している．その基本的な発想は，株主と投資家に十分な情報と選択肢を提供し，また，十分な検討期間を設ける観点から，公開買付期間の延長請求権の導入，大量保有報告書制度の特例を見直すべきであるというものである．ワーキング・グループにおける議論の中心も，公開買付期間の見直しと大量保有報告制度における特例報告の期間の見直しであったという．

3.8　経済産業省の企業価値研究会──その3

大きな影響力を発揮してきた企業価値研究会は，2006年3月31日，1年半に及ぶ議論の成果として，「企業価値報告書2006──企業社会における公正なルールの定着に向けて──」を公表し，企業社会に対してメッセージを発信した．

企業価値報告書2006では，①企業価値報告書・指針策定後の動向と残された課題（第1章），②買収防衛策の開示ルール・上場ルールのあり方（第2章），③買収ルールのあり方（第3章），④株主・投資家と経営者の対話の充実（第4章），⑤企業社会における今後の取組みに寄せる期待（第5章）が述

---

21)　久保田（2006, 85頁）参照．

べられている．

　これらの大部分は，既に公表された企業価値報告書等でも提言されていたものであり，前述のように，様々な形で，法の再構築に影響を及ぼした．新しい提言もなされているが，例えば，④のうち定款変更議案の分割決議のように，会社法制全般に関わる中期的な検討課題も少なくない．どちらかといえば，法の再構築をいったんは見届けた上で，企業社会に対して，高い問題意識を持ち続けるように求めるものであるといえよう．

3.9　証券取引法改正

　証券取引法の改正は，金融審議会金融分科会第一部会（部会長・神田秀樹教授）による「投資サービス法（仮称）に向けて」（2005 年 12 月 22 日）と題する報告書を踏まえて，幅広い金融商品についての投資者保護のための横断的な法制として，金融商品取引法（いわゆる投資サービス法）に改組するものである[22]．

　金融商品取引法 1 条は，「この法律は，企業内容等の開示の制度を整備するとともに，金融商品取引業を行う者に関し必要な事項を定め，金融商品取引所の適切な運営を確保すること等により，有価証券の発行及び金融商品等の取引等を公正にし，有価証券の流通を円滑にするほか，資本市場の機能の十全な発揮による金融商品等の公正な価格形成等を図り，もって国民経済の健全な発展及び投資者の保護に資することを目的とする」と定める．市場を規律する法であることが，明確にされた．

　金融商品取引法制の内容は，4 つの柱からなるとされるが，その 1 つが，開示制度の整備であり，公開買付制度，大量保有報告制度の見直しが含まれる．これらの点については，前述のように，上記の第一部会に公開買付制度等ワーキング・グループが設置され，検討が重ねられていた．

　公開買付制度の見直しは，具体的には，以下のような内容である．

　まず，①脱法的な態様の取引への対応として，市場内外等の取引を組み合わせた急速な買付けにも，強制的公開買付制度からの離脱を認めない（証券取引法・金融商品取引法 27 条の 2 第 1 項 4 号），②買付者間の公平性を確保する

---

22)　以下の叙述も含めて，松尾＝岡田＝尾﨑（2006, 4 頁）を参照．

ため，公開買付期間中に，3分の1超を保有している別の者が買付けをするには，公開買付が義務づけられる（同法27条の2第1項5号）．

公開買付に関する情報提供については，③対象会社には，意見表明報告書の提出が義務づけられ（同法27条の10第1項），④対象会社は意見表明報告書に公開買付者に対する質問と公開買付期間の延長請求を記載することができる（同法27条の10第2項）．⑤延長請求がなされた場合には，公開買付者は，公開買付期間を30営業日に延長しなければならない（同法27条の10第3項，同法施行令11条6項），⑥質問がなされた場合には，公開買付者は，対質問回答報告書を提出しなければならない（同法27条の10第1項）．

また，⑦公開買付に対する買収防衛策に関係して，対象会社が株式分割や株式無償割当て等による株価が希釈された場合には，公開買付価格の引下げを認める（同法27条の6第1項1号，同法施行令13条1項）．

さらに，⑧公開買付者は，買付後に所有割合が3分の2以上になる場合，全部買付義務を課される（同法27条の13第4項，同法施行令14条の2の2）．

これらの見直しには，具体的な事例との関連性を有しつつ，法規制が構築されたものが少なくない．例えば，前述のニレコ事件との関係では，⑦は，同事件で実際に解釈による対応が難しかった点であるし，より注目されるのは，④⑤⑥は，事前警告型防衛策を部分的に法制度化したものである点である．事前警告型防衛策は，私人による法創造という批判もなされながら，一定程度は，官による法制度に取り込まれていった[23]．

4〕 会社支配に関する法の再構築のあり方

会社支配に関する法制度は，様々な段階を経て，いったんは再構築された．
とはいえ，明確な法規範が構築された訳ではない．支配争奪を巡る攻防の立役者である私人によって，これから明確にされていくべき点が少なくない．事前警告型防衛策が，そのままの形では，法制度化されなかったことにも，私人の役割が少なからず残されたことが象徴されている．その意味で，会社

---

[23] 本来ならば，事前警告型の防衛策が機能しないほどに，証券取引法改正が徹底されるべきであったと考える．

支配市場に関する法制度は，なお流動的である．しかも，わが国によく適したものか，疑問が残る．

　敵対的買収の対象になりたくなければ，経営陣は，株価を十分に高めるように，日頃から努力をしておけばよい．そうすれば，かりに敵対的買収者が現れて買収に成功したところで，利益を得ることができない．合理的な者ならば，効率的に運営されている会社を敵対的に買収しようとは考えないであろう．

　とはいえ，このように美しい物語が常に成立するとは限らない．例えば，買収者の側の攻撃に際して，強圧的な手段が用いられる可能性もある．買収者が対象会社の株主を脅すような形で，買収スキームを組み立てることができるのなら，本来ならば成功してはならない買収まで，成功してしまう．社会的にも非効率を生じさせる．

　米国のように，攻撃側の武器が制限されていない国においては，攻防のバランスをとるために，防衛する対象会社の側でも，いきおい緩やかな基準で，対抗策を講じることが許されることになる．要するに，何でもありの世界で，戦いをさせてみる．戦いに勝った者が，正しかったということになる．

　このような枠組みの設定の仕方について，英国を頂点とするコモン・ウェルス諸国は，正反対の立場を採ってきた．攻撃側の武器も制限した上で，防衛側も武器を制限しようという発想に立つ．カナダの証券規制と会社法制は，我々が歩むべき道を模索する上で，示唆に富むと考えられる．

　例えば，攻撃側が株主を脅すには，株式を公開買付によって買い集める際に，二段階公開買付によって，対象会社の株主を売り急がせるのが古典的な方法である．カナダにおいては，第二段階の取引をちらつかされたところで，脅しにはならない．買収者は，公開買付に応募をしなかった株主を邪険に取り扱うことができない仕組みになっているからである．

　また，対象会社の株主に対して十分な時間と情報を与えずに，拙速な判断を迫ろうとしても，こういった攻撃の仕方はできなくなっている．この点は，法律で手当てがされている訳ではない．わが国でいうところのライツ・プランを，各社において導入すれば，株主には必要な時間と情報とが提供される枠組みを作り上げることができ，これは，各社の取締役会において構築することが認められている．不適切な防衛策は，各州の証券委員会によって否定

されてしまう．

　米国における支配争奪の激しさとは対照的に，カナダでは，上述のような法的な枠組みにおいて支配争奪が試みられるから，ある意味，牧歌的といえるのかもしれない．英国の伝統を引き継いだもので，紳士的・淑女的な争奪戦が行われると表現することもできよう．

　米国は，攻防の双方が高度な武器を有するという形で，支配争奪戦に関する攻防の武器対等が実現されている．わが国では，拳銃を持った敵対的買収者に対して，防衛側は素手で対抗するしかないに近い状態であった．英国等においては，攻防の双方に強力な武器を持たせないという形で，武器対等を図っている．わが国において武器対等を目指すならば，攻撃側の武器を制限するか，防衛側の武器を強化するか，どちらかになろう．現時点では，どちらにも進むことができるように思われ，我々は，重要な分岐点に立っている．

　いずれの道を進むべきかについては，英国の発想を選択すべきであると考える．ただ，英国の会社法は，合併という法律行為を一般的に認めておらず，株式取得による手法を基礎としているし，法の実現においては，自主規制機関の役割が大きい．英国法を範にしようとしても，わが国の会社法制とは，前提となる文化的基盤が大きく異なる．この点，カナダ法は，米国法の影響をも受けて組織再編手法が整備されているから，わが国での間で，課題を共有するのが容易である．

　カナダの会社支配市場に関する規律の特徴は，できる限り，法制度によって攻防の手法の限界を明らかにしていることである．カナダにおいて，「官」が提示する法規範の射程範囲の広さと権威の高さは，驚くほど絶大である．

　わが国においては，これまでみてきたように，「官」と「民」との間で役割が再分配されたが，「官」による法の再構築が進んだ一方で，「民」の戦略的な対応を必要とする形になった．会社の活動に大きな裁量を残しつつ，不適切な内容の攻撃防衛策については，裁判所等を通じての私人による法の実現に期待されることになる．裁判所に衡平法上の救済を与える権限を認めていないわが国で，会社支配争奪に関する事件を十分に処理できるのかという不安が残る[24]．

---

24) 社会基盤の費用の負担という点でも，疑問があり得る．先に見た民事保全事件でも，裁

官の法規制によって，私人の紛争を回避できるのであれば，あるいは，私人による安定的な取引が可能となるのであれば，過剰な事前規制であるとして，毛嫌いする必要はないと考える．まして，市場万能主義には与することができない．

5］結　語

会社支配市場に関する法規制の変遷を概観してくると，幾つかの興味深い現象を見出すことができる．

その1つが，「官」による法の再構築に際して，「民」が大きな影響を与えていることある．

例えば，公開買付期間に関しては，上限を伸ばすことに対して，弁護士等の実務家からは，効率的な支配の移転を妨げるとして批判が強かったし，他方で，潜在的な対象会社への配慮が必要な経済界からは，延長請求権が提案された．結局，友好的な公開買付には妨げになりにくい形で，対象会社の株主に与えられる情報と時間を充実することになった．

組織再編の活力が削がれることを嫌うのは，経済界としては自然なことであろうし，法構築においても重視すべき点である．ただ，各会社における戦略的な判断が求められる形に落ち着いたのは，各種専門家等の活躍分野を堅守するという意味もある．

他方で，証券取引所という「民」による法の再構築に際しては，他の「民」の厳しい要望といえども，容易には実現していない．証券市場の論理が固守された結果であるのかもしれない．

法制度の再構築を一段と鮮明に解析するためには，「官」と「民」の役割の再分配の結果を分析するだけではなく，再分配の過程において，「官」と「民」が果たした役割を解明することが必要である．法が再構築される場合に，その正統性を検証することにもつながるであろう．

判所は，2,000円の訴訟費用で，優秀な裁判官3人を動員しており，大赤字である．この社会費用は，最終的に，国民の税金で賄われることになるが，会社支配市場を維持するために避けられない費用として，社会で受け入れられるのか．

[文　献]

飯田一弘，2006，「買収防衛策の導入に係る上場制度の整備」商事法務 1760 号 18-24 頁.
大杉謙一，2005，「今後のわが国における敵対的買収の可能性――解釈論」大杉謙一ほか『M & A 攻防の最前線』金融財政事情研究会，95-136 頁.
太田　洋，2005，「ニッポン放送新株予約権発行差止仮処分申立事件決定とその意義（下）」商事法務 1730 号 9-17 頁.
落合誠一編著，2006，『わが国 M & A の課題と展望』商事法務.
神田秀樹監修，2005，『敵対的買収防衛策――企業社会における公正なルール形成を目指して』経済産業調査会.
久保田政一，2006，「経済界からみた企業法制整備の課題」商事法務 1754 号 83-89 頁.
德本　穰，2000，『敵対的企業買収の法理論』九州大学出版会.
中東正文，2005，「ボーダレス化時代の M & A 法制」江頭憲治郎＝増井良啓編『融ける境　超える法　3　市場と組織』東京大学出版会，99-125 頁.
藤田友敬，2005，「ニッポン放送新株予約権発行差止事件の検討（上）」商事法務 1745 号 4-12 頁.
松尾直彦＝岡田大＝尾﨑輝宏，2006，「金融商品取引法制の概要」商事法務 1771 号 4-15 頁.
松本真輔，2006，「敵対的買収をめぐるルールに関する実務上の課題」商事法務 1756 号 41-50 頁.
三宅伸吾，2005，『乗っ取り屋と用心棒――M & A ルールをめぐる攻防』日本経済新聞社.

第3章 税制の公平から分配の公平へ

増井良啓

1］はじめに

　2002年5月，米国のWisconsin大学に，Bruce AckermanやAnne Alstott，Philippe van Parijsなど，富の分配についての発言で知られる研究者が集まり，「再分配を再考する (Rethinking Redistribution)」と題する会合を開いた (Wright, 2006, pp. ix-x, 219)．その場で，会合名として「再分配」という言葉を用いていること自体が，問題とされた．

　「再」分配というと，政治的介入以前に「分配」なるものが存在し，それが人為的な政治行動によって変形されるという含意がある．市場において自由な主体による自発的交換がなされ，それに対して国家による強制的な再分配がなされるというわけである．

　しかし，このイメージには難点があった．第1に，市場自体にも，独占や情報非対称などによる強制の契機が内在している．第2に，国家は，財産権を強制的に執行することで，市場が機能するまさにその基礎を提供している．第3に，国家は，安全基準や労働法規などを通じて市場取引を規律し，それが所得分配に影響する．こうしてみると，市場における所得のまっさらな「分配」と，政治に刻印された「再分配」の過程とを，截然と区別する言葉遣いは，誤解を招きかねない．

　そのため，提出されたペーパーを書籍の形で出版するにあたり，題名を変更することとされた．新しい題名は「分配を再設計する (Redesigning Distribution)」というものであり，次のことを意味する．すなわち，所得や富の

分配は，相互に関係する個人の自発的選択と，国家による権威的ルール形成と執行とが，同時に相互作用する結果である．そして，検討すべき課題は，自発的選択と権威的配分をどのように組み合わせれば望ましい結果になるか，それを効率と倫理の観点から考えることにあるとされたのである．

この逸話は，税制をめぐる議論の枠組について，次の反省をせまる．市場における所得や富の分配そのものが問題なのだとすれば，税制だけをとりだしてその公平さを議論することに，どのような意味があるのだろうか．むしろ，市場と政府の相互作用を包括的にとらえ，その帰結としての税引後の所得や富の分配状況を評価するのでなければ，人々の暮らしの実情をとらえることができないのではないか．この点，伝統的な租税原則は，税制に内在的なものとして「再分配」や「垂直的公平」を語ってきた．したがって，この問いは，伝統的な思考枠組自体の当否を問題にしていることになる．

このような問題意識にもとづき，以下では，税制をめぐる議論の枠組について，簡潔に再検討してみたい．まず，2］で，米国における最近の学説を参考にしながら，「垂直的公平」と呼ばれる租税原則の意義を吟味する．そのうえで，3］で，「税制の公平」から一歩視野を広げ，「分配の公平」について考えるときに，21世紀初頭の日本社会の課題として重要になる点のいくつかを指摘する．具体的には，①累進課税，②社会保障制度との関係，③相続税の役割，④人口高齢化への含意，である．最後に，4］で，全体をまとめる．

2］望ましい税制の条件としての垂直的公平

2.1　租税原則としての垂直的公平

望ましい税制を思い描くにあたって，公平という観念は強力な喚起力をもつ．それは，能力に応じた課税という租税負担配分の基準と結びつき，現行税制の理論的支柱をなしている．

ところで，伝統的な整理によると，課税の公平にはふたつの意味がある．ひとつは「水平的公平（horizontal equity）」であり，等しい状況にある者を等しく扱うことを意味する（増井，2000）．いまひとつは「垂直的公平（vertical equity)」であり，異なる状況にある者に対して適切な差異のパタンを設けることを指す．税制調査会（2000）も，税制の基本原則が「公平・中立・簡素」に集約されるとしたうえで，垂直的公平について次のように述べている．

> 「垂直的公平とは，負担能力の大きい人にはより大きな負担をしてもらうということです．これは，個人所得課税などの累進構造などによる再分配機能をどの程度発揮させるかということに関わってきます．」

上の引用からも明らかなように，垂直的公平の観念を支えているのは，人々がその負担能力に応じて課税されなければならないという考え方である．この考え方は，市民革命期以来発展を重ね，福祉国家化の進行とともに支持を集め，国によっては憲法原則とまでされてきた（吉村, 1990）．法律家の間では，応能負担原則と呼ぶことも多い．ここに負担能力とは，支払能力または「担税力（ability to pay）」ともいう．

担税力に応じた課税を望ましいとするのは，租税根拠論としての義務説と租税配分の基準としての能力説の系譜をひく由緒ある考え方である（橋本, 1974）．担税力といっても，それだけでは「税を担う力」というトートロジーにすぎない．そこで，制度設計にあたっては，担税力の標識としてより具体的に，所得・消費・資産をバランスよく組み合わせるべきであるとされる（渡辺, 2006）．

以上のように，税制の基本原則として垂直的公平をあげ，税制の再分配機能と関わるものとみるのが，現在における有力な思考方法となっている．

2.2 Murphy and Nagel（2002）による批判

2.2.1 後制度的な財産権

これに対し，独立した租税原則としての垂直的公平の考え方を厳しく退けるのが，Murphy and Nagel（2002）である．彼らの主張によると，財産権は，税制によって部分的に定義された法的構築物である．したがって，税制の評価は，あくまで財産権を構築している全体的システムの一部として，これを行うべきである．けっして，更地の市場で形成された分配状態をベンチマークとし，その状態に対する外側からの介入として税制を評価してはならない．そのような思考枠組は近視眼的であり，根拠なき通俗版自由尊重主義

(everyday libertarianism) に堕するおそれがあるというのである．

彼らによると，伝統的な租税論が租税原則として育ててきた「担税力」や「垂直的公平」の考え方は基礎を欠く．配分的正義の構想は，納付税額の人々への割り当てをめぐってではなく，あくまで税引後の財産権の分配をめぐって展開すべきものだからである．ここで留意すべきは，彼らが，財産権を徹底して後制度的なものととらえていることである．国家なくして市場はなく，租税なくして国家はない．ゆえに市場における果実の分配は，もともと税引後のものとして人々に与えられている，とみているわけである．

彼らは，この見方に基づき，税制に内在する原則としての垂直的公平や担税力といった考え方を解体しようとする．すなわち，担税力の考え方を3通りに解釈し，それぞれに論駁を加えている．その骨子をかみくだいて紹介しよう．

2.2.2 担税力の第1の解釈——資質税

担税力の考え方に関する第1の解釈は，資質 (endowment) に対する課税である (Murphy and Nagel, 2002, pp. 20-23)．

この税の下では，人々は，所得を稼得し富を蓄積する能力に応じて課税される．ここにいう資質とは天賦のものであり，その人が実際に稼得したかではなく，潜在的な稼得能力を問題にする．たとえば，繁栄している事業をやめて売れない作家になることを選んだ人は，潜在能力以下の所得しか実際には稼がない．しかし，その人に資質はあるのだから，所得が少なくなったとしても元の税額を納付しなければならないことになる．

このような資質税 (endowment tax) を制度化しようと提案する者はいない．なぜなら，人の潜在的稼得能力を計測するのは難しいし，納税者個人の自律に介入するおそれがあるからである．けれども，エコノミストの間では，これを最善 (first best) の税とみることがそれほど珍しくない．これは，資質税が，労働に対する阻害効果をもたないことによる．資質税には代替効果 (substitution effect) がなく，労働を余暇に代替しようというインセンティブが働かない．

ところが，Murphy and Nagel によると，この議論は公正 (fairness) とは関係がない．それはあくまで，功利主義的なものである．つまり，集合的厚生を最大化するようなインセンティブを人々に与える税制が望ましいとい

う議論である．したがって，担税力の考え方の解釈として不適切である，と主張される．

2.2.3　担税力の第2の解釈——均等絶対犠牲

担税力の考え方に関する第2の解釈は，均等犠牲（equal sacrifice），その中でも均等絶対犠牲（equal absolute sacrifice）の考え方である（Murphy and Nagel, 2002, pp. 24-28）．

いま，所得の限界効用が逓減するものとし，低所得者Pにとっての追加的な1万円と，高所得者Rにとっての追加的1万円を比較する．もし効用の個人間比較が可能であったとすると，同じ1万円であっても，Rにとっての効用はPにとってのそれより小さい．これを裏返せば，Pが1万円の税金を納付することと比べて，Rが1万円の税金を納付することのほうが，効用の削減という意味での痛みはより小さい．ゆえに，PとRに均等の犠牲を割り当てるには，PよりもRが名目額でみてより多くの税金を納付しなければならないことになる．

この解釈に対するMurphy and Nagelの批判は，政府の活動から切り離して犠牲を語っている点に向けられる．上の例でいえば，PとRは単に納税による負担を負うだけでなく，政府の支出によって便益を被っているはずである．にもかかわらず，便益から切り離して納税のみに着目し，犠牲を均等とするというのは，近視眼的だというのである．

これに対し，自由尊重主義（libertarianism）の立場にたち，市場の産出する分配状態に正義を見いだす場合には，税引前の所得に倫理的な正当性がでてくる．その場合，税引前の所得をベンチマークとし，PとRに対して等量の犠牲を課すのが望ましいとみる担税力の解釈も成り立ちうる．しかし，Murphy and Nagelにとっては，市場を聖化する自由尊重主義こそがそもそもの論敵なのであって，この文脈でも当然のごとくにしてこれを峻拒する．

2.2.4　担税力の第3の解釈——平等主義

担税力の考え方に関する第3の解釈は，平等主義に基づくものである（Murphy and Nagel, 2002, pp. 28-30）．

これは，従来から均等比例犠牲（equal proportional sacrifice）と呼ばれてきた解釈である．均等比例犠牲における均等とは，各人が失う効用の比率が等しいということを意味する．よって均等という語は実は冗語であり，比例

犠牲といっても同義である．先の低所得者Pと高所得者Rの例にあてはめると，Pの効用が1割だけ減る場合にはRの効用も1割だけ減るように，PとRの間で納税額を割り当てるべきだということを意味する．

ここで，高所得者Rの効用を1割だけ減らしてもよいというのは，Rは低所得者Pよりも，実質価値でみて，より多くの効用を犠牲にしてもよいということである．平たくいえば，RはPよりもリッチだからより多くを負担してもかまわないというわけである．これは市場による分配状態に政府が改変を加えることの承認であり，その意味において平等主義的な解釈である．そして，富者から貧者への政府による再分配を認めるのであれば，Pの効用が1割減るからといって，何もRの効用を1割だけ減らすということにこだわる必要はない．平等主義にたつならば比例的であることに何ら魔法は存在せず，Rの効用は2割であれ，3割であれ，余分に減らしてもかまわないはずである．

さらに，Murphy and Nagelによると，この解釈にはより根本的な欠陥があるという．市場が産み出した分配状態が正義にかなっていないなら，配分的正義の正確な基準がその分配状態を参照することはありえない．配分的正義とは，倫理的に恣意的な厚生の初期分布に対して，適当に公平らしく見える関数を適用するようないいかげんなものではないというのである．さらに彼らは，国の歳出から切り離して税制だけの公正さを語ることに意味はないと主張する．

2.2.5 まとめ

以上を要するに，Murphy and Nagel (2002) は，担税力の考え方を3とおりに解釈したうえで，第1の解釈については功利主義の範疇におしやり，第2の解釈については自由尊重主義の陣営に属するものとして論難を加え，第3の解釈については平等主義の枠内に位置づけて基礎を欠くと断ずる．その攻撃は鋭く，あたかも肉食獣が，大きな年老いた獲物を捕獲し切り刻むかのごとくである．

Murphy and Nagel (2002) に対する学説の反応としては，通俗的自由尊重主義からの感情的批判と読めるもの (Schoenblum, 2003)，政治哲学の租税政策に対する優位を承認しつつも正義の構想が租税政策について結論を出せない場合に伝統的な租税政策論が意味をもつとするもの (Kordana and Tabachnik, 2003），論旨に賛成しつつ権利を維持するコストを無視する権利至上主義的な正義の構想を批判するもの（Farrelly, 2004），自由尊重主義への批判を共有しつつも担税力学説に意義を見いだすもの（Dodge, 2005）などがある．

2.3 垂直的公平を租税原則としてたてることの意義

2.3.1 問題提起

それでは，Murphy and Nagel（2002）の上述の批判をどう考えるか．果たして，彼らが主張するように，望ましい税制の条件として垂直的公平の原則を語ることには，もはや何の意味もなくなってしまったのだろうか．

彼らの主張には，支持できる点と，限界あるいは行き過ぎと思われる点が，混在している．

2.3.2 税引後でみた分配状況の評価

一方において，正義にかなっているかどうかを評価する対象が，人々の間における税引後の分配であるべきだという主張は，基本的に支持できる．

次の例で考えてみよう．いま，それぞれ1万人の構成員から成る社会Aと社会Bがあったとする．社会Aでは，すべての土地を300人だけが所有し，残りの人々はすべて小作人である．社会Bでは，構成員全員が均等に土地を所有している．富の分配についての初期条件がこのように違えば，税制のもつ経済的効果や社会的意味も，当然に異なってくる．形式的には同じ累進税制を導入したとしても，AとBとにおいて，人々の間における税引後でみた富や所得の分配状況は，かなり違うことになる．現実の社会はこのような形では比較不能であるものの，イメージとしては，1946年に農地解放を経験した日本と，数百の家族のみが大規模なプランテーションを引き継いだ国の分配状況の違いを想起してみてほしい．

人の暮らしに直結するのは，このような意味における税引後の財産の分布である．ゆえに，これこそが，配分的正義を語るさいに重要というべきであろう．

この点を間接的に補強する趣旨で，3点付言する．

第1に，歴史をふりかえると，租税と財産は密接不可分のものとして発展してきた．たとえば，明治初期の地租改正によって土地に対する私有財産制

が成立し（1873年から1881年），そののちにはじめて，財産に関する基本ルールを定める民法典ができた（1896年）．20世紀後半において，租税制度と金融制度は車の両輪として機能しており，人々の得る手取りの預金利子は，規制金利の下での非課税という地位を反映していたにすぎない（増井，2005）．

第2に，このような経緯を反映し，経済学の視角も，分配状態そのものを対象にしている．すなわち，課税を含む政府の活動の結果人々の行動がどう変化し，それによってもたらされる分配状態がどうなるかを問題としている．たとえば，タックス・プランニングに関する研究は，税引後利益の最大化という枠組によって課税ルールが人々の行動にどのような影響を及ぼすかを検討している（渡辺，2005）．

第3に，この見方は，日本国憲法29条のつくりにもみあっている．同条は，1項で，財産権はこれを侵してはならないとしたうえで，2項で，財産権の内容は公共の福祉に適合するように法律で定めるとしている．ここにいう法律の中には，租税法ももちろん含まれる．ここからは，不可侵の核心部分が残るにせよ，基本的に，財産権の内容を定めるのは，他の法律と租税法律が協働関係の下にこれをおこなう，という読み取りが可能である．

なお，配分的正義の構想との関係で税引後の結果を対象として分配状態を評価することと，租税法を侵害規範としてとらえることは，論理的に両立しうる．前者においては，政府の活動を全部織り込んで考えてはじめて，人々の間での手取りの所得や富の分布がわかる．後者においては，次に述べる理由により，政府の介入に対する歯止めを設けるために，課税を侵害と構成することになる．

2.3.3 功利主義，市場の倫理，そして政府の失敗

他方において，Murphy and Nagel（2002）の立論には，限界がある．

第1に，彼らの立場が義務論的（deontological）な正義論に根ざしているがゆえに，帰結主義的（consequential）な功利主義者は，説得されないであろう．たとえば，公共政策の規範的評価基準として公正ではなく厚生のみによるべきであると主張する Kaplow and Shavell（2002）などは，別世界の議論ということになる．

第2に，義務論に基づく正義論の内部においても，自由尊重主義との対抗関係が残る．彼らの立論は，「俺のものは俺のもの」といった通俗版自由尊

重主義に対する強力な解毒剤の作用をもつ．しかし，それは，きっちりと構築された哲学としての自由尊重主義を論破しているわけではない．

たとえば，担税力に関する上述の第2の解釈（均等絶対犠牲）についての議論の仕方を思い出してみよう．上に紹介したように，彼らは，自由尊重主義によればこの解釈が成り立つ可能性を示唆しつつも，自分たちはその立場をとらないという形で，これを退けている．内在的に批判するのではなく，相容れない複数の正義構想のうち特定のものを選ぶ，という立論なのである．

第3に，政府が失敗する可能性に対して，無警戒である．

たしかに，彼らが政府に期待する気持ちは，理解できる．現実の市場にさまざまな欠点があるから，市場のもたらす分配状況のみが倫理的にみて正しいとはいえない，というのであろう．たとえば，高所得者Rが低所得者Pと比較してより多くの所得を稼得するのは，Rの資質や勤勉によるものであるかもしれないが，たまたま運がよかったからかもしれない（brute luck）．そもそもRが厳密に自分一人だけの力で所得を稼得するなどということはありえず，取引相手や仕事仲間などとの協働が不可欠である．さらに，Rは，取引の安全や財産の保護をはじめとして，政府の活動から受益している．このように考えてくると，Rの得た税引前の所得が，その倫理的正当性において卓越した地位を占めるとみるべきではない，という主張には，相当の説得力がある．

しかし，だからといって，分配状態に対する政府の介入が無制約になってよいわけではあるまい．課税するという過程は，税率分だけ縮減された財産があたかもプロセスチーズのように各人に配達されるといったものではない．納税者の有する取引情報を税務職員が精査し，公権力の発動として質問検査を行い，滞納すれば強制執行し，法律違反を刑罰で担保するといった，一連の過程を必要とする．そこに誤りがおきないよう不断の統制が必要なのであり，そのための歯止めなくしては危険である．私的財産権の核心部分に不可侵の領域を残しておくことで，自由が保障される．同様のことは，国による私有財産の収用が真に公共のために用いるためであるか，無用の支出プログラムのために国家予算を計上していないか，といった他の多くの局面にあてはまる．

さらに視野を広げれば，現実世界における政府は，人々にとって不可欠な

公共財を提供するだけの人畜無害な存在ではない．歴史上，政府が，無用の暴力をふるい，不当に表現を抑圧し，法に違反した執行を行うといった望ましからざることが皆目存在しなかったかといえば，それは嘘になる．

　市場も失敗するが，政府も失敗する．こうして結局のところ，「より小さい悪」を目指す現実的戦略をとらざるを得ない．

2.3.4　正義論と租税政策論の関係

　この中で，望ましい税制の条件として垂直的公平の原則を語ることに何の意味もないと断定してしまうのは，やや早急であろう．

　先に述べたように，究極的には，政府活動のすべてを包括的にとらえた上で税引後の分配状況の是非を語ることができれば，一貫した見通しがたつ．しかし，一挙にその状態に到達することは，現実には困難である．そこで，観察対象を分節化し，歳入面と歳出面を分けて考える思考様式が生ずる．垂直的公平とは，そのように分節化した局面において，歳入面における税制上の措置について，いわばミクロの眼でみた方向性を示すものである．

　なるほど，そのような個別の観察は，そのままでは，近視眼的というそしりを免れない．また，個別のピースを積み重ねる結果，合成の誤謬も生じうる．だが，限界をもったツールであることを認識するという条件付であれば，それを議論の中から一切排撃してしまう必要はないのではないか．いくぶんなりとも平等主義を指向する論者は，垂直的公平の無内容を嘆いたり，それを用語法から駆逐したりするのではなく，むしろ，具体的な制度にそくして内容を充塡し（これこそが租税政策論の課題である），それをより一般的な正義の構想につなげていくことに精力を傾けるべきものと考える．

　ところで，垂直的公平の名の下に語られてきた事態がこのような広がりをもつのであれば，税制の再分配機能をめぐる議論は，配分的正義の諸構想に応接できるように視野を拡大する必要がある．この観点にたつとき，課題は多い．以下では，21世紀前半の日本社会にとって特に重要な意味をもつ点として，①累進課税，②社会保障制度との関係，③相続税の役割，④人口高齢化への含意，の4点につき，簡単に言及する．

3］税制の公平から分配の公平へ

3.1 累進課税

所得や富といった一定の指標につき，より多くをもつ人に対してより重い課税をすることを，累進課税（progressive taxation）という．その典型例は，個人所得税における課税最低限や超過累進税率である．もともと米国における1894年所得税の導入とその後の1913年第16修正の採用に至る歴史は，ポピュリズムの要求が，より豊かな者はより多くを支払うべきだとする税制を形成したものであった（李，2005，257-259頁）．個人所得税は，「担税力」に応じた公平な租税の好例とされてきたのである．

20世紀の後半において，日本の所得税は，すべての所得を総合し累進税率を適用する建前を維持してきた．もっとも，累進税率構造は徐々に緩和されてきた．1980年代後半から所得税の最高税率が幾度も引き下げられ，国税のレベルでいうと，1984年に70％であったものが，1988年に60％，1989年に50％，1999年に37％とされた．2007年からは40％とされるが，これは地方団体への税源移譲に伴う措置である．国税としての所得税と地方税としての住民税を合計したところでみると，現在のところ，最高税率は50％である．

所得税率のフラット化は1980年代以降の国際的な潮流であり，日本の税制改革もその動きにそっている．税制調査会（2000）は，税制の累進性の緩和傾向について，次のように述べている．

> 「かつて，現在より所得等の格差の大きかった時代には，垂直的公平を個人所得課税などの強い累進性により確保することが適当であるとの考え方が支配的でした．近年では，国民全体の所得水準の上昇と平準化を背景に，累進性を緩和させる方向で税制の見直しが行われてきました．今後については，所得等の格差がどのように変化していくか，それに対する国民の受け止め方はどうかについて，注視していく必要があります．」

ところで，累進課税に十分な根拠があるかどうかは，古くから議論の対象とされてきた問題である．米国の古典的研究として，Blum and Kalven

(1953) は，累進税率を支える理論的根拠が十分でないと主張していた．これを批判して，現在の米国法律アカデミアの議論の方向を決定づけたのが，Bankman and Griffith (1987) である．

彼らは，すべての税率構造は，配分的正義の理論によって基礎付ける必要があると論じ，そのような基礎付けとして，功利主義的な厚生経済学のそれを援用する．この枠組にそって，彼らは，先行業績である Blum and Kalven (1953) の累進課税批判が，比例税率に正当性があるものと理由なく前提していたとする．そのうえで，累進課税を評価するためのモデルとして，累進課税から生ずるコストと，再分配による便益とをバランスさせるというモデルを自ら作りだす．このモデルを用いて彼らが導き出すのが，次のふたつの結論である．第1に，最適な税率構造は累進的なものであるが没収的なものではない．第2に，累進課税を実現する手段としては，超過累進税率構造をとるよりもむしろ，現金給付 (demogrant) と比例税率を組み合わせるほうが望ましい．

注意すべきは，Bankman and Griffith (1987) が，資源配分の効率と所得分配の公正という厚生経済学の枠組を用いていることである．彼らの結論を導いているのは，課税が人々の行動に及ぼす影響を直視するモデルである．モデルの中身が変われば結論も変わってくるのであって，具体的に何パーセントの税率をとるのがいいかということまで一義的に決まるわけではない．最適課税論に基づく研究のなかでは，累進税率よりはむしろ，高所得者について適用限界税率を逓減させることが望ましいという結果も報告されている (小西, 1997, 92頁).

税制の公平をめぐる議論枠組との関係で，Bankman and Griffith (1987) は，重要な意味をもつ．人々の間での諸資源の分配プロセスから税制のみをとりだして，比例税率が正当なベンチマークであるとすることはできないと，明確に主張しているからである．この観点を展開すれば，所得税率だけでなく課税ベースを含めた考察へ (ひとつの論点は資本所得の扱いである．Warren (1996), Weisbach (2004).)，さらには，所得税のみならず他の租税を統合した考察へ (たとえばゾルト (1999))，そして，社会保障を含めた政府活動を全体としてとらえる検討へと，視野を拡大していくことになるだろう．

3.2 租税制度と社会保障制度

　税制と社会保障の関係を統合的にとらえる発想は，従来から存在した．たとえば，負の所得税（negative income tax）や，社会福祉給付と所得税・住民税の課税最低限の関係といった形で，論じられてきたところである．近年，その発想を一歩すすめ，税制とそれ以外の政府活動を統合的に観察し，あるべき姿を描く議論が登場している．

　米国におけるその代表的主張が，Ackerman and Alstott (1999) である．提案の骨子は，すべての成年市民に対して8万ドルを与えることによって，機会の平等を確保することにある．この提案について興味深いのは，社会保障制度に対する観察である．ニューディール期において，社会保障制度は，「掛金に対する給付」という形で保険とのアナロジーを用い，職場で働く人を中心に組織することで，制度として定着した．しかし，その結果として，市場での労働を行わない人を排除し，これから人生を設計する若者にチャンスを与えることに失敗しているという．そこで，現行の仕組みに代えて，すべての成年市民に無条件に8万ドルを与えるべきだというのである．その財源としては，死亡時に返還する資金と，税率2%の資産保有税を提案している．

　すべての人に無条件に給付するという考え方は，デモグラント（demo-grant）としてモデルの中で用いられることはあっても，日本の政策論議において選択肢として登場することはなかった．しかし，類似の提案としては，すべての市民に基礎所得（basic income）を与えるというものがある（Van Parijs, 1995）．また，英国における「第三の道」路線と関係する（宮本, 2005）など，広がりがある．

　この発想を現在の日本の文脈において活かすとすれば，どのようなことが考えられるだろうか．国枝（2004）によると，日本の税制改革の最大の問題は，異時点間の予算制約式から必要とされるネット増税を実現することができず，将来世代に過大な負担を負わせてしまったことにあるという．この現状認識を前提にすれば，現在の日本は，若者に対する給付の是非を検討するよりも一歩手前の状態にある．若者への給付を創設することよりも，若者からの移転を削減することが，より現実的な課題である．とすれば，財政赤字

の削減によって次世代の負担を減らすことが，当面の課題として導かれる．

3.3 機会の平等と相続税の役割

相続税の役割も，上に述べたような包括的な視点からとらえるべきであろう．相続税の国税収入に占める割合は3%程度でしかない．しかし，機会の平等をいくぶんなりとも確保するうえで，重要な意味をもちうる．

機会の平等との関係で相続税の役割を位置づけることは，重要である．というのも，将来における相続税の存続は，それほど自明のことではないからである．世界的にみると，相続税や遺産税をもたない国も存在する．さらに，最近の研究によると，2001年に米国議会が遺産税を10年間かけて廃止する法律を可決した背景として，遺産税への倫理的支持が薄らぎ，「死の税 (death tax)」というラベルが貼られるに至ったことがある．そして，リベラルの陣営が手をこまねいているうちに，遺産税廃止を唱える草の根の運動が燎原の火の如く広がったと報告されている (Graetz and Shapiro, 2005)．遺産税支持勢力の敗退は，遺産税の倫理的基礎を説得的に語りかけることの失敗を意味しており，ひいては累進課税そのものの後退を示唆するというのである．

3.4 人口高齢化と所得格差

1980年代半ば以降，日本の世帯間所得格差が大きくなった．その理由が，人口高齢化と単身世帯・二人世帯の増加にあることが，近年の研究によって明らかにされている（大竹，2005；内閣府，2006，256-281頁）．年齢が高いほど同一年齢内の所得格差は大きい．また，世帯規模が変化すると，世帯所得の不平等度と人々の生活水準の間に乖離が生ずる．したがって，格差の増大は見かけのものである可能性があると主張された．

それでは，所得格差の上昇が高齢化に伴うものであれば，配分的正義の観点から全く問題がないということになるのであろうか．必ずしもそのようにはいえない．これは，次の例から明らかである．

いま，4人から成る社会を考える．この4人は，若いか老いているか，貧しいか豊かか，によってそれぞれ異なる立場に置かれている．表は，この状況を描いたものである．

人口の高齢化に伴ってBとDの間の所得格差が増加することは，それ自

表 4人から成る社会

	若	老
貧	A	B
豊	C	D

体で，BとDの置かれた立場の差異が増大することを意味する．老いて貧しいBは，老いて豊かなDと比べて所得の上で恵まれていない．たしかに，高齢化によって所得格差が増加しても，社会における勝ち組が固定するという意味での「格差社会」への移行を意味するものではない．しかし，だからといってBの窮状が救われるわけではない．

　Bはまた，若くて貧しいAと比べた場合，人生における残りの持ち時間が少ない．もちろん，Bはこれまでの人生においてすでに持ち時間を使ってきたのであるから，残り時間が少ないことをAとの比較において持ち出すことには問題がある．けれども，過去の来歴を捨象してある一時点における比較を行えば，BはAよりも不利な状況にあるということも不可能ではなかろう．

　以上の議論は，ACDからBへの再分配を必ずしも正当化するものではない．そもそも，人間の一生の間に社会経済環境が激変することからすると，この4人の生涯所得を比較するという企てには，やや無理なところがある．BとDは戦争と戦後の窮乏時代をくぐりぬけ，AとCは高度経済成長の福利を享受したかもしれない．逆に，BとDは社会保障の恩恵を受け，AとCは拠出のみ行って給付を受けられないかもしれない．

　しかしながら，次の点は明らかである．それは，所得格差の拡大が人口高齢化に伴うものであるからといって，問題が消失するわけではないということである．

4］おわりに

　伝統的な租税論は，社会の側で自律的に形成された分配状態が存在し，国家が税制を通じて「外側から」再分配を行う，という見取り図を暗黙の前提としていた．しかし，近年の議論は，それよりも広い視点から，人々の間の資源の分配を税引後の状態で判断し，配分的正義の諸構想をあてはめるとい

う思考様式をとっている．そしてその結果として，課税とそれ以外の政府活動を統合してとらえる諸提案が登場する．

このような知的状況から示唆されるのは，再構築の方向が，開かれたものであるべきだということである．すなわち，租税制度を租税制度内部の閉じたものとして問題設定を行うだけではなく，政府の他の活動や市場における取引との相互作用の検討にとりくむことが，大切な視点となる．そのために必要なのは，専門の垣根を越えた研究者の協力と，実証的な観察の蓄積である．

税制の公平から分配の公平へ．このように視野を拡大してはじめて，一国の税制を考えるだけの視点を超え，社会保障制度との関連や，より多面的な不平等，さらには，本章では触れることができなかった地球規模の格差と貧困といった，人類の抱えるより大きな課題についての対話が可能になるだろう．

[文　献]

池上　惇, 1999, 『財政思想史』有斐閣.
大竹文雄, 2005, 『日本の不平等』日本経済新聞社.
桂木隆夫, 2006, 「市場平和と市場の公共性」井上達夫編『公共性の法哲学』ナカニシヤ出版, 92-107 頁.
金子　宏, 1995, 『所得概念の研究――所得課税の基礎理論　上』有斐閣.
国枝繁樹, 2004, 「税制改革の政治経済学」青木昌彦ほか編著『日本の財政改革』東洋経済新聞社, 411-475 頁.
小西左千夫, 1997, 『日本の税制改革――最適課税論によるアプローチ』有斐閣.
白波瀬佐和子編, 2006, 『変化する社会の不平等――少子高齢化にひそむ格差』東京大学出版会.
税制調査会, 2000, 『わが国税制の現状と課題――21 世紀に向けた国民の参加と選択』.
税制調査会基礎問題小委員会, 2004, 『わが国経済社会の構造変化の「実像」について――「量」から「質」へ，そして「標準」から「多様」へ』.
橘木俊詔, 1998, 『日本の経済格差――所得と資産から考える』岩波新書.
谷口勢津夫, 2000, 「市場所得説と所得概念の憲法的構成――パウル・キルヒホフの所説を中心に」碓井光明ほか編『金子宏先生古稀祝賀公法学の法と政策　上巻』有斐閣, 465-487 頁.
内閣府, 2006, 『平成 18 年度版経済財政白書』国立印刷局.
中村　弘, 2006, 「租税の基礎理論――税務教育での活用を視野に入れて」税務大学校論叢 51 号 75-139 頁.
日本財政学会, 2005, 『グローバル化と現代財政の課題――財政研究第 1 巻』有斐閣.
橋本　徹, 1974, 「租税の根拠」金子宏ほか編『租税法講座第 1 巻　租税法基礎理論』帝

国地方行政学会, 117-142 頁.
畠山武道, 1977,「税法学の体系に関する試論」北大法学 27 巻 3・4 号 735-783 頁.
樋口美雄・財務省財務総合政策研究所編著, 2003,『日本の所得格差と社会階層』日本評論社.
増井良啓, 1994,「『簡素』は税制改革の目標か」国家学会雑誌 107 巻 5＝6 号 548-570 頁.
増井良啓, 1995,「学界展望〔租税法〕Kiesling, Herbert, Taxation and Public Goods: A Welfare-Economic Critique of Tax Policy Analysis」国家学会雑誌 108 巻 7＝8 号 985-988 頁.
増井良啓, 1997,「論文紹介 Graetz, Michael, Paint-by-Numbers Tax Lawmaking」アメリカ法 1996-2 号 343-348 頁.
増井良啓, 2000,「租税法における水平的公平の意義」碓井光明ほか編『金子宏先生古稀祝賀公法学の法と政策 上巻』有斐閣, 171-183 頁.
増井良啓, 2005,「預金のペイオフ」佐藤英明編著『租税法演習ノート——租税法を楽しむ 21 問』弘文堂, 90-104 頁.
マスグレイブ, 1961,『財政理論 I』(木下和夫監修／大阪大学財政研究会訳) 有斐閣.
宮本太郎, 2005,「『第三の道』以後の福祉政治」山口二郎ほか編『市民社会民主主義への挑戦』日本経済評論社, 81-107 頁.
森村　進, 1995,『財産権の理論』弘文堂.
吉村典久, 1990,「応能負担原則の歴史的展開」慶応義塾大学法学研究 63 巻 12 号 353-371 頁.
吉村典久, 1991,「所得控除と応能負担原則」金子宏編『所得課税の研究』有斐閣, 235-261 頁.
李　昌熙, 2005,「実現主義の盛衰」江頭憲治郎ほか編『融ける境 超える法 3 市場と組織』(増井良啓訳) 東京大学出版会, 247-266 頁.
渡辺智之, 2005,『税務戦略入門——タックス・プランニングの基本と事例』東洋経済新聞社.
渡辺智之, 2006,「タックス・ミックスについて」税研 128 号 89-97 頁.
ゾルト, エリック. M (Zolt, Eric M.), 1999,「抜本的税制改革の展望——日米比較」(増井良啓訳) ジュリスト 1156 号 145-152 頁, 1159 号 151-156 頁.

Ackerman, Bruce and Anne Alstott, 1999, *The Stakeholder Society*, Yale University Press.
Avi-Yonah, Reuven, 2000, "Globalization, Tax Competition, and the Fiscal Crisis of the Welfare State," *113 Harvard Law Review*, pp. 1573-1676.
Bankman, Joseph and Thomas Griffith, 1987, "Social Welfare and the Rate Structure: A New Look at Progressive Taxation," *75 California Law Review*, pp. 1905-1967.
Blum, Walter J. and Harry Kalven, Jr., 1953, *The Uneasy Case for Progressive Taxation*, The University of Chicago Press.
Dodge, Joseph M., 2005, "Theories of Tax Justice: Ruminations on the Benefit, Partnership, and Ability-to-Pay Principles," *58 Tax Law Review*, pp. 399-461.
Dowding, Keith, Jurgen de Wispelaere, and Stuart White (ed.), 2003, *The Ethics of Stakeholding*, Palgrave Macmillian.

Farrelly, Colin, 2004, "Taxation and Distributive Justice," *Political Studies Review*, 2004 vol. 2, pp. 185-197.

Giddens, Anthony (ed.), 2001, *The Global Third Way Debate*, Polity Press.

Graetz, Michael J. and Ian Shapiro, 2005, *Death by a Thousand Cuts: The Fight over Taxing Inherited Wealth*, Princeton University Press.

Hassett, Kevin A. and R. Glenn Hubbard (ed.), 2001, *Inequality and Tax Policy*, The AEI Press.

Kaplow, Louis and Steven Shavell, 2002, *Fairness versus Welfare*, Harvard University Press.

Kordana, Kevin A. and David H. Tabachnik, 2003, "Tax and the Philosopher's Stone," *89 Virginia Law Review*, pp. 647-678.

Murphy, Liam and Thomas Nagel, 2002, *The Myth of Ownership: Taxes and Justice*, Oxford University Press. (『税と正義』(伊藤恭彦訳) 2006, 名古屋大学出版会).

Penner, James E., 2005, "Misled by 'Property'," *Canadian Journal of Law and Jurisprudence*, vol. 18, pp. 75-94.

Schoenblum, Jeffrey A., 2003, "Myth of Ownership/Myth of Government," *22 Virginia Tax Review*, pp. 555-587.

Slemrod, Joel B. (ed.), 2000, *Does Atlas Shrug? The Economic Consequences of Taxing the Rich*, Harvard University Press.

Sokolov, Kenneth L. and Eric M. Zolt, 2006, "Inequality and Taxation: Evidence from the Americas on How Inequality May Influence Tax Institutions," *60 Tax Law Review*_____ (on file with author).

Thorndike, Joseph J. and Dennis J. Ventry Jr. (ed.), 2002, *Tax Justice: The Ongoing Debate*, The Urban Institute Press.

Van Parijs, Philippe, 1995, *Real Freedom for All*, Oxford University Press.

Warren, Alvin C. Jr., 1996, "How Much Capital Income Taxed Under an Income Tax Is Exempt Under a Cash Flow Tax?" *52 Tax Law Review*, pp. 1-16.

Weisbach, David A., 2004, "The (Non) Taxation of Risk," *58 Tax Law Review*, pp. 1-57.

Wright, Erik Olin (ed.), 2006, *Redesigning Distribution: Basic income and stakeholder grants as alternative cornerstones for a more egalitarian capitalism*, Verso.

Zolt, Eric M. and Richard M. Bird, 2005, "Redistribution via Taxation: The Limited Role of the Personal Income Tax in Developing Countries," *52 UCLA Law Review*, pp. 1627-1695.

[II] 国家と社会

第4章 社会保障改革と憲法25条

社会保障制度における「国家」の役割をめぐって

岩村正彦

1］問題の所在

1.1　進行する社会保障制度改革

1. 急速に進行するわが国の社会の高齢化，そして一向に歯止めのかからない少子化は，戦後に構築が始まり，高度成長期に先進諸国（とくに西欧諸国）とおおむね比肩する水準まで成熟してきた社会保障制度に対する見直しの要因となっている．

　高齢化の進展は，増大する高齢者層への各種社会保障給付（とりわけ公的年金[1]，医療保険（高齢者医療制度を含む）[2]，介護保険の給付）の膨張をもたらす．

---

[1]　国民年金（基礎年金）制度および被用者年金制度（民間企業に使用される被用者を適用対象とする厚生年金保険制度，公務員等を適用対象者とする共済組合制度）は，程度の差はあるものの，財政方式は賦課方式を基本としている．したがって，公的年金制度は，就労年齢世代（おおむね18歳ないし20歳～65歳くらいまで．被用者年金制度では，被用者等を使用する企業も含む）から年金受給世代（おおむね65歳以上）への所得移転の仕組みという性格を持つ．財政方式が賦課方式を基本とするために，公的年金制度の財政運営は高齢化の影響を直接に受ける．すなわち，高齢化の進展によって年金受給世代の人数が増えると，それだけ給付総額が増え，就労年齢世代からのより多くの原資調達を必要とする．少子化は，就労年齢世代の人数を減少させるから，公的年金制度の財政運営にダブルパンチとなる．

[2]　高齢者，とくに75歳以上の高齢者は，慢性疾患を有していたり，複数の疾患を有していることが多いために，65歳未満の世代と比べると，一人あたりの受診回数が多く，それだけ高齢者に支給される医療給付総額は大きなものになる．高齢化は，医療サービスの消費が大きい高齢者を増加させるから，医療給付総額をより膨張させる作用を持つ．わが国の場合は，介護保険制度の施行にもかかわらず，依然として保険医療機関で高齢者の介護を行っているため，より一層，高齢者への医療保険の給付が膨らんでいる．

給付費の増加は，必然的により多くの原資の確保を必要とし，諸々の社会保険料の料率や税率の引き上げの強い誘因となる．高齢者は，社会保険料や租税を負担するものの[3]，むしろ各種社会保障給付の受給者として捉えられることが多い．そのため，最近の各種社会保障制度の改革には，高齢者により一層の負担を求めたり，高齢者に対する給付の縮減を行うことを内容とするものが目につく．

2. 高齢者の負担を多くする改革としては，たとえばつぎのようなものを挙げることができる．

第一に，公的医療保険制度（老人医療制度を含む）においては，70歳以上の高齢者は，老人医療制度の下で受診時の一部負担は定額負担が基本であったのを，2002年の法改正で，①老人医療制度につき，その対象者の範囲を70歳以上から75歳以上へと縮小するとともに，一部負担金について定率負担（1割または2割）を導入し，②健康保険・国民健康保険制度につき，上記老人医療制度の適用対象者の範囲の縮小に伴い，新たに両制度の適用下に入ることとなった70歳以上75歳未満の者について，受診時の一部負担金を所得の状況に応じて1割または2割とした．この一部負担金の負担割合は，2006年に成立した「健康保険法等の一部を改正する法律」（平成16法83）により，③2006年10月から，これまで一部負担金の負担率2割であった高齢者について，それが3割に，2008年4月から，1割であった高齢者について，

---

[3] 具体的には，第一に，公的医療保険では，健康保険をはじめとする被用者保険の被扶養者でない限り，高齢者も被用者保険（とくに健康保険）や市町村国民健康保険の被保険者として保険料を負担する（国民健康保険の場合は，正確には保険料を徴収されるのは世帯主（国健保76）であるが，被保険者たる高齢者も保険料賦課の対象である）．

第二に，介護保険では，65歳以上の高齢者は第1号被保険者として介護保険料を納付する義務がある．

第三に，高齢者は，高齢者であることを理由に所得税等を免除されることはない．しかし，①雑所得となる公的年金等には，公的年金等控除が存在する，②70歳以上の控除対象配偶者や扶養親族（それぞれ老人控除対象配偶者，老人扶養親族）については配偶者控除・扶養控除の額が一般よりも大きい，といった税制優遇があり，税負担が軽減されている．こうした税負担の軽減は，市町村国民健康保険の保険料の所得割にも反映し，高齢者にかかる保険料負担の軽減に繋がっている．

他方で，公的年金については，国民年金（基礎年金）では，第1号被保険者はその被保険者資格は60歳に達すると喪失するから（国年7①1号），60歳以降は保険料負担はない．被用者年金では，70歳に達すると被保険者資格（組合員資格）を喪失するので（たとえば厚年9），それ以降は高齢者は保険料を負担しない．

それが 2 割に引き上げられる．同法による改正によって，④療養病床での 70 歳（2008 年 4 月からは 65 歳）以上の長期入院者については，宿泊・食事の費用に相当する部分は保険給付の対象から除外される（2006 年 10 月から）．この改正によって，2008 年 4 月には，⑤75 歳以上の高齢者を被保険者とする後期高齢者医療制度が創設される．この新しい後期高齢者医療制度の下では，高齢者も被保険者として保険料（料率は，都道府県単位の広域連合内では均一）を負担することとなっている（なお，法律名も「老人保健法」から「高齢者の医療の確保に関する法律」に変更される）．

第二に，高齢者の介護について，従前は老人福祉制度の下で，措置制度によってホームヘルパーの派遣や特別養護老人ホームへの入所が行われ，税転用方式に依拠する費用徴収制度による費用負担であったところ（そのため，多くの場合，費用負担は名目的なものにとどまった）[4]，2000 年の介護保険法の施行により，高齢者（第 1 号被保険者）も介護保険料の負担が求められるようになるとともに，在宅介護・施設介護のいずれについても 1 割の定率負担が導入された．さらに 2005 年改正によって，施設介護については，宿泊・食事に対応する費用部分が給付の対象から除外されて，高齢者の自己負担となっている[5]．

他方で，高齢者に対する給付の縮減を行う見直しとしては，前述した公的医療保険制度（老人医療制度を含む）における一部負担金の定率化および介護保険の施行による一部負担の導入や宿泊・食事相当分の費用の自己負担化（いずれも保険給付がカバーする費用の範囲の縮減という意味を持つ）のほか，公的年金制度にかかるものを挙げることができる．

公的年金制度においては，これまでも 5 年ごとの制度見直しの際に，年金

---

[4] 実際には，老人医療制度による入院という形でも高齢者の介護が行われていた（いわゆる「社会的入院」）．老人医療制度では当時は定額負担であったから，高齢者の負担はやはり大きくはなかった．

[5] 高齢者の介護の重要な部分を担ってきた療養病床については，その役割を抜本的に見直して，医療の必要度の高い患者を受け入れるものに限定した上で，医療保険で対応する政策が 2006 年改正にあたって採用された．これに伴い，2006 年の「健康保険法等の一部を改正する法律」（平成 16 法 83）により，2008 年 4 月から施行される「高齢者の医療の確保に関する法律」附則 2 条にもとづき，保険医療機関の療養病床の削減と老人保健施設等の入所定員の増加を促す病床転換助成事業を実施するとともに，前記「健康保険法等の一部を改正する法律」26 条による介護保険法の改正によって，2012 年 3 月末をもって介護療養型医療施設は廃止される．

給付の伸びを抑制する手直しが行われてきたところであり[6]，さらに2004年の改正によって，高齢化の進展の度合いに応じて給付のスライド幅を引き下げる仕組み（いわゆる「マクロ調整方式」）が導入され，公的年金給付の水準を示す指標である所得代替率は高齢化の進展に伴って低下することが確実に見込まれている[7]．

3. 以上のように，高齢化の急速な進展への社会保障制度の適応という観点からの高齢者への給付の抑制ないし縮減や高齢者の負担の増加という制度改革が進められている．しかし，社会保障制度の改革の要因となっているのは，高齢化（およびその対としての少子化）だけではない．もう一つ別の観点からの社会保障制度の見直しも探求されているからである．それは，規制緩和・規制改革や，行財政改革の一環としての行政事務の民営化という政策の具体化として行われているものである．

わが国の社会保障制度は，それを構成する下部の諸制度（公的医療保険制度，公的年金制度，社会福祉制度等）の原形が昭和初期以降の戦時体制下で構築されたということも一因となって，多くの場面で，国（および地方公共団体（とくに市町村））の行政機関が直接に社会保障の各種制度の事務を担当するという構造となっていた．また，行政機関が直接に社会保障給付・サービスの支給事務を担当しない領域——典型的には医療および福祉の領域——であって

---

6) たとえば，給付の現在価値を維持するための標準報酬の再評価制度やスライド制について，名目賃金を指標とするものから実質賃金を指標とするものへ，さらには（購買力維持を目的とする）物価を指標とするものへと改訂されている．

7) このほか，公的年金の一元化の文脈で，公務員共済組合の年金制度の見直しも現在議論されている．2006年4月28日の閣議決定「被用者年金制度の一元化等に関する基本方針について」は，①共済年金のうちの，いわゆる1・2階部分は保険料率や給付内容を厚生年金保険制度にそろえる（保険料率の統一は2018年），②現行の公的年金としての職域部分（いわゆる3階部分）は2010年に廃止する，③新たに公務員制度としての仕組みを設ける，④税を財源とする恩給期間に係る給付（既裁定年金）については，受給者の生活の安定の確保や財産権の保障等の観点を配慮しつつ，負担に見合った水準に減額する，旨を決定している．これらも高齢者への給付の縮減を図る改革案ということができる（もっとも，共済年金制度をめぐる議論は必ずしも高齢化の文脈で行われているわけではない）．職域部分の廃止は，財政が極端に悪化し，そもそも職域部分に相当する財源すら確保できなくなっていた旧国鉄共済組合等を厚生年金保険制度に統合したときの例があるが，そこまで差し迫った状況がない下で厚生年金保険制度との整合化を契機に職域部分を廃止し，既裁定年金を引き下げることの妥当性は疑問の余地がありうる．既裁定年金の引き下げは受給者がすでに獲得した財産権の一部剥奪であり，一定の配慮がなされているとはいえ，憲法29条違反と評価される可能性は否定できない．

も，給付・サービスの提供者に関して，事業開業資格の制限を含む厳格な行政規制が行われてきたのである[8]．

こうした行政主体の社会保障制度の管理運営の構造は，社会保障制度が第2次世界大戦後に西側先進諸国で構築されるにあたって，国・地方公共団体や公的な行政主体による管理運営が基盤であったことや[9]，順調な経済成長を背景に国・地方公共団体の財政も潤沢で，社会保障制度の発展に伴う行政需要の増大を支えることができたこと等のゆえに，とくに問題視されることはなかった．

ところが，1980年代以降，経済成長が鈍化，停滞あるいはマイナスへと転回すると，拡充してきた社会保障行政組織に対しても，他の行政分野と同様に，行政改革や規制緩和・規制改革の波が及ぶようになる．さらには，政府の政策決定過程において，経済学，とくに市場重視の経済学（新自由主義

---

[8] たとえば，医療の領域では，公的医療保険が提供する療養の給付は，保険者（健康保険では政府（2008年4月からは「全国健康保険協会」）・健康保険組合，国民健康保険では市町村・国民健康保険組合）が支給する現物給付という仕組みをとりつつ，実際には，厚生労働大臣の指定する保険医療機関等が保険診療等を担当することになっている．そして，この厚生労働大臣の指定という制度を通して，保険医療機関等に対する強い行政監督が行われる．加えて，公的医療保険による保険診療を担う病院等については，そもそも医療法による規制があり，とくに病院の開設許可（医療7①）については，医療法7条5項の規定をうけて，許可基準として，申請者が営利を目的とする法人ではないことが定められている（平成5・2・3総5・指9）．福祉の領域の場合は，従前は社会福祉事業法によって，現在は社会福祉法によって，第1種社会福祉事業の経営は，国，都道府県，市町村または社会福祉法人が行うことが原則とされ（社事4，社福60），市町村・社会福祉法人が施設を設置して第1種社会福祉事業（養護老人ホームや特別養護老人ホーム等）を経営しようとする場合には，知事への届出（社事57①，社福62①），国・都道府県・市町村・社会福祉法人以外の者が上記の事業を経営しようとするときは，知事の許可（社事57②，社福62②）が必要である．また，措置制度のもとで福祉サービスを提供する者には，補助金の実施要綱などで施設・人員等に関する要件等が定められている．

[9] わが国の場合，西欧諸国とは異なり，官僚主導の「上から」の制度構築であったということが，社会保障制度を戦後に築いていく際にも，行政主体に多くの場面で管理運営を担当させることへと繋がったと捉えることもできよう．また，おそらくは，社会保障制度に関する国の役割を強調した（と見える）イギリスのベヴァリジ報告書が戦後のわが国の社会保障制度設計に強い影響を及ぼしていたということも背景に存在しよう．しかし，実際には，社会保障制度の中で大きな位置を占めてきた社会保険制度（公的医療保険制度と対置される公的医療サービス提供制度も含める）についてみると，イギリスや北欧のように国営または地方公共団体直営で行う国もあるが，ドイツ・フランス等のように必ずしも国営または地方公共団体直営ではなく，公法人（場合によっては私法上の法人）によって管理運営を行う国もあり，社会保険制度すなわち国営あるいは地方公共団体直営というわけではない点に留意が必要である．

の経済学)が強い影響力を持つようになると(顕著になったのは,1990年代のバブル経済崩壊後である)[10],これまで厳格な行政監督の下にあった給付・サービスの提供事業の領域への参入規制の緩和が図られ,さらには行政機関が直接担当してきたサービス提供事業の一部または全部の民営化も提案され,議論の的となるに至っている.こうした市場の機能を発揮させることを重視する観点からの社会保障制度の改革は,おおまかにはつぎのようなものとして捉えることができよう.

4. 第一に,公的年金制度に関しては,1989年~2000年の制度改革の際に,高齢化への対応として,厚生年金保険制度の賦課方式に大きな比重を置く財政方式から積立方式への移行が盛んに議論されたが,この積立方式への移行との組み合わせで厚生年金保険制度の民営化も経済学者から強く主張された.これは,市場重視の経済学の立場からは,世代間の所得移転ではなく,同一世代内での(時間を隔てた)所得移転である積立方式の方が高齢化の影響を受けないという点に加えて,①基礎年金は老後の基礎的な生活水準を維持する制度であって,モラル・ハザードなどのために市場の機能が必ずしも働かない部分であるので,国が強制加入等によって保障する意味があるが,厚生年金保険のような報酬比例部分の年金は,積立方式を前提とすれば,強制加入を前提としつつも,市場の機能を働かせることで保障可能である,②積立方式に移行すると莫大な積立金が生まれるが,それを国が保有して証券市場などで運用することは,国の市場への介入となって好ましくない,ということになるからである[11].

---

10) 「社会保障制度」そして「福祉国家」は当初はナチス・ドイツに対する対抗軸として構想されたものであるが,第2次世界大戦後は,冷戦構造の中で社会主義国家に対する対抗軸という位置づけも有していたということができる.とくに「福祉国家」観の下で国が国民生活の各方面にわたって積極的な役割を果たすことは,社会主義国家との対抗という点では大きな意味があったと考えられる.しかし,ベルリンの壁崩壊(1989年),さらにはソ連・東欧社会主義国の瓦解によって,社会保障制度や「福祉国家」は資本主義国家における「社会主義への対抗軸」という意味を喪失する.それ以降,市場重視の経済学・新自由主義の経済学が主導権を握り,小さな政府・市場重視という観点から,国の役割の徹底的な見直しが進められていく.社会主義国家の崩壊の前から早くにその先鞭を切ったのは,いうまでもなくイギリスのサッチャー政権であり,その政策はわが国にも大きな影響を与えた.

11) わが国と同様に,公的年金の財政運営は賦課方式が主流である欧州大陸諸国でも,とくに1990年代以降,公的年金を補完する企業年金等の積立方式の年金制度の導入・育成が議論された.これには,経済学の影響に加えて,当時のイギリスの企業年金・私的年金の積極的活用政策やアメリカ合衆国の企業年金基金の活況が目立ったこと等が背景に存在する.も

厚生年金保険の積立方式への移行，さらにはそれを前提とした民営化は実現を見ていないが，2000年改正，さらには2004年改正で給付水準の伸びの抑制が図られたことと歩調を合わせて，上乗せ給付を行う企業年金制度の改革が行われた[12]．これは，公的年金（厚生年金保険）の後退を，民営の積立方式による年金制度で補完する意義を持つといってよい．

他方で，規制改革・民間開放推進会議が推し進めている市場化テストのモデル事業として，2005年4月には厚生年金保険，政府管掌健康保険の未適用事業所に対する適用促進事業（未適用事業所の把握業務および加入勧奨業務），同9月には年金電話相談センター事業（電話による年金相談，電話による各種通知等への問合せの対応）および国民年金保険料収納事業（電話による納付督励，戸別訪問による納付督励及び保険料の納付委託）が入札によって実施されている．さらには，「競争の導入による公共サービスの改革に関する法律」（平成18・6・2法51）にもとづいて定められる「公共サービス改革基本方針」に沿って，公的年金関係の業務，とくに被保険者等に対するサービス関係の様々な業務の民間委託が進行することとなろう[13]．

5. 第二に，公的医療保険の領域では，医療法や公的医療保険立法によって行われていた各種の規制の緩和が論議され，実際にいくつかの規制緩和が具体化された．議論されたり，具体化された規制緩和の一，二の例を挙げておこう．

たとえば，医療法にもとづく病院の開設許可は，営利法人には与えられな

っとも，その後，イギリスの企業年金・私的年金をめぐる紛争の頻発や証券市場の冷却等による企業年金基金の活動力の低下などのために，欧州大陸諸国でも議論はやや下火になっている印象が強い．イギリス・フランスの状況については，嵩（2006），ドイツについては，渡邊（2002），イタリアについては，中益（2006）を参照．他方で，スウェーデンのように，賦課方式の公的年金制度を維持しつつも積立方式の要素を大きく取り入れた改革を実施した国もある（概要については，たとえば中野（2004）を参照）．このスウェーデンの改革がわが国の2004年改正のモデルとなった．

12) 厚生年金保険法の厚生年金基金に関する改正（2000年改正，2001年改正および2004年改正），確定給付企業年金法および確定拠出年金法の制定（2001年）がそれである．
13) 「競争の導入による公共サービスの改革に関する法律」では，「特定公共サービス」（2条4項2号および5項）の一つとして，国民年金法の特例が定められており（33条），①保険料滞納者に対する通知業務・滞納の理由の確認業務，②滞納者に対する保険料納付の勧奨・請求業務，③前記①②の業務の実施状況を社会保険庁長官に報告する業務（以上①～③を「特定業務」という），を行う公共サービス実施民間事業者は被保険者から委託を受けて保険料の納付に関する業務（「納付受託業務」という）をも行うこととなっている．

いこととなっているが[14]，病院の経営が非営利法人（主として医療法人）に限定されなければならない根拠は乏しく，営利法人の病院事業への参入を認めることによって競争を促進する方が医療サービス市場の効率化と患者の便宜向上に資するといった理由で，株式会社など営利法人の参入を許容する規制緩和が求められた．けれども，医業の非営利性の維持という観点から，営利法人の病院事業への参入禁止は原則として維持され，ただ，構造改革特別区域法（平成14法189）の定める医療法の特例の適用により，特定の構造改革特別区域では，厚生労働大臣の定める指針に適合する医療（「高度医療」）を提供する病院については株式会社による開設を認めることにしている（同法18）[15]．

　もう一つの例としては，いわゆる「混合診療」の解禁の是非をめぐる議論がある．公的保険診療の診療報酬点数表に収載されていない高度な医療技術や，薬事法上の承認を得ていない（従って薬価基準に収載されていない）医薬品の投与を，公的保険診療と混合して実施することは，現行法上は認められていないが，患者の選択肢の拡大や医療機関の競争の促進という観点から，混合診療を承認すべきであるという論議が展開された[16]．しかし，混合診療には問題が多いということから，従来の特定療養費制度（高度先進医療）を手直しし，患者の選択肢の幅をある程度拡大する改革を行うことで一応の決着をみている[17]．この混合診療の解禁をめぐる論争は，公的医療保険制度の枠組みの外で，（これまで公的医療保険でカバーされてきた傷病の治療に関する）医療サービスの市場を形成し，それに一定の役割を付与するか否かが焦点であったといえよう．

　こうした動きとは別に，社会保険庁をめぐる一連の不祥事との関係もあって，これまで政府（社会保険庁）が直営で行ってきた政府管掌健康保険事業

---

14) 注8を参照．
15) この点をめぐる一連の議論については，岩村（2002）を参照．
16) この議論については，岩村（2004）を参照．
17) 公的医療保険法の2006年改正（前出「健康保険法等の一部を改正する法律」（平成16法83））は，特定療養費を廃止して，新たに「保険外併用療養費」を設け，評価療養（厚生労働大臣が定める高度の医療技術を用いた療養その他の療養であって，保険給付の対象とすべきものであるか否かについて，適正な医療の効率的な提供を図る観点から評価を行うことが必要な療養として厚生労働大臣が定めるもの）をこの保険外併用療養費の対象とすることとしている（2006年10月1日施行）．

につき，新たに公法人である「全国健康保険協会」を設立して（設立準備作業は2006年10月から実施），同協会が保険者となる改革が予定されている（2008年10月施行予定）[18]．政府管掌保険については，制度創設時から続いた国の直営に終止符を打ち，欧州大陸型の公法人による運営へと移行することになる[19]．公法人であるとはいえ，政府管掌保険が国の直営事業ではなくなったことにより，健康保険事業は全面的に国とは別個の法人（全国健康保険協会と健康保険組合）によって運営されることになるのであり，かなり根本的な制度設計の変更であるということができよう．

6. 第三に，介護・福祉の分野では，介護保険制度の施行と支援費制度（現在は自立支援制度）の導入により，とくに在宅介護に関して抜本的な改革が行われた．それまでの措置制度（市町村等の行政がその裁量判断によって受給者，提供するサービスの内容・水準，およびサービスの提供を委託する事業者を決定する一方，事業者は，市町村等から措置費を受領する関係上，補助金支給要綱等で適格と認められた者（主として社会福祉法人）に限定された）から，いわゆる「契約方式」へとサービス提供の法的枠組みが変更となったのである．

この改革の背景にあったのが，とくに経済学者からの措置制度批判[20]であったことはよく知られている．すなわち，措置制度は，行政によるサービス配分の決定であって，サービス受給者（高齢者や障害者）の選択の機会を奪うとともに，事業者相互間の競争も排除するためサービスの提供が非効率的・硬直的になっているというのである．そこで，サービスの提供そのものは，受給者（高齢者・障害者）とサービス提供事業者との間の市場での取引に委ね，サービスを購入した受給者に対してその購入費用の一部を支給する（介護保険の場合は，居宅介護サービス費等，障害者福祉の場合は支援費（現在は自立支援給付））仕組み[21]へと切り替えたのがいわゆる「契約方式」である．

---

18) この改革と併せて，保険料率も，従来の全国一律から，協会の各都道府県支部が定める都道府県ごとの設定となる（2008年10月施行予定）．

19) 政府管掌保険に関する限り，フランスの制度に近いと見ることもできる．ただし，フランスは，（公務員や公企業を除いて，被用者医療保険については）わが国の健康保険組合に相当する保険者が存在しないこと，保険料率は全国一律であること等の点で，新しいわが国の制度設計とは異なっている．

20) たとえば，八代（1998）．

21) 実際には，指定事業者からのサービス提供については，居宅介護サービス費や支援費の代理受領が認められているから，公的医療保険の療養の給付と外観上は同様になる．

そして，とくに在宅介護の部分では，参入規制の大幅な緩和が行われ，営利法人を含めた多様な事業者がこの分野に参入できるようになった[22]．

　新しいサービス提供の枠組みは「契約方式」とはいわれるものの，その主眼は「措置から契約へ」という給付・サービス提供の法形式の転換ではなく，選択と競争，それも市場における選択と競争の導入にあったと評価してよい[23]．

7. 第四は，労働者災害補償保険・雇用保険のいわゆる「労働保険」の領域である．とくに労働者災害補償保険については，総合規制改革会議が2003年10月に「労災保険の民間開放の促進」を重点検討事項としたことがあり，同年末にかけて労災保険の民営化をめぐる議論が行われた．このときは，①未手続事業所を一掃するための強制届出の徹底[24]，②業種別リスクに応じた適正な保険料率の設定[25] という対応策を取ることで一応の決着をみたが，

---

22) 介護保険についていえば，高齢者の自宅での介護サービスの提供だけではなく，グループホームや介護付き有料老人ホームなど施設に入所している高齢者への介護サービスも在宅介護扱いとされたことが大きい．これによって，グループホームや介護付き有料老人ホームの新設が大幅に増加した．しかし，そのことに伴う弊害も起きている（本来，居住地に近い小規模の近隣施設であるはずのグループホームが，郊外に，かつ集合的に設置される等）．こうした弊害に対処することをも目的として，2005年の介護保険法改正により，新たに「地域密着型サービス」（介保8⑭）というサービス類型を導入し，グループホームでの介護（認知症対応型共同生活介護．介保8⑱），小規模の有料老人ホームでの介護（地域密着型特定施設入居者生活介護．介保8⑲）や，やはり小規模の特別養護老人ホーム（地域密着型介護老人福祉施設．介保8⑳）はこの地域密着型サービスと位置づけられた．そして，この地域密着型サービスを提供する事業者については，指定権限が市町村長に付与され（介保42の2①，78の2），市町村長が市町村介護保険事業計画にもとづいて，供給コントロールを行いうることとなった（介保78の2⑤4号参照）．

23) 児童福祉の領域では，1997年の法改正によって，保育所の入所は，それまでの措置制度から，希望する保育所を順位付けして保護者が入所申込みをし，市町村が希望順位を勘案して，必要があれば選考を行った上で入所する保育所を決定し，入所を承諾するという方式へと変更になっている．ある意味では，措置制度と，介護保険等の契約方式との中間的な形態といえよう．これに加えて，地方自治法改正で指定管理者制度が2003年9月から導入された（地自244の2③以下）ことを受けて，公立保育所の管理を指定管理者（民間の法人がほとんど）に委ねたり，より一歩進んで，公立保育所自体を廃止して，民間に移管する（いわゆる「民営化」）ことも行われている．後者をめぐって，廃止前の保育所の設置者である市と，入所児童の保護者との間で紛争が起きた事例として，横浜地判平成18・5・22（賃金と社会保障1420号39頁）がある．

24) これについては，2005年11月1日から実施されている（平成17・9・22基発0922001）．

25) これについては，2006年度の保険料率改定から実施することとなり，関係する労働保険の保険料の徴収等に関する法律施行規則の一部改正が行われた（平成18年厚生労働省令87）．

なお火種は残っている．この議論の背景にあったのも，やはり経済学の考え方である[26]．

1.2 社会保障制度改革と憲法25条

1. 以上に描いてきたように，1990年代以降，この10数年間は，社会保障制度の改革の10数年であったといえよう．一方では，予想を上回るスピードで進展する高齢化（そして少子化）というわが国の社会構造の激しい変容への対応という見地から，他方では，行財政改革，規制改革・規制緩和，民営化の推進という見地から，とくに社会保障制度との関係では，市場重視の運営という見地から，相当に大幅な，場合によっては根本的な制度改革が行われてきたし，検討途上にある[27]．

法的見地から関心を引くのは，こうした社会保障制度改革，とくに市場重視という角度から行われる改革には，限界はないのかという問題である．典型的には，それまで国（または地方公共団体）が直営で行ってきた社会保障関係事業を民営化することに，法的な限界の枠があるのかという形で，さらにより極端に，これまで社会保障法制の枠内で行ってきた給付・サービスの事業を，社会保障法制の枠外に出して民営化することはできるのか，別の表現をすれば，国家が手を引いて，市場に委ねることはできるのか，という形でこの問題を設定することができよう．

2. このように，社会保障制度の改革に限界があるのか，とくに国家と市場との関係の見地から限界があるのかという問題は，現行の社会保障制度が法令等に依拠して構築されていることから，関係する法令等の改正・廃止に限界があるのかという問題に書き換えることができる．そして，わが国の現行法制は，各種法源を階層構造として構築し，下位規範は上位規範に反しえな

---

[26] 労災保険に関する経済学の考え方を理解するには，たとえば太田（2001）が参考になる．
[27] 高齢化（少子化）への対応という角度から実施され，あるいは導入が検討されている改革と，規制緩和・民営化という観点から議論されてきた，あるいは議論されている改革とは，もちろん無関係ではない．高齢化に伴う給付需要の大幅増に対して，保険料等の財源負担の増加を抑制し，可能であれば回避するという観点から，より効率的で柔軟な制度運営を目指して規制緩和・民営化が論じられる文脈が存在するからである．典型的には介護保険がそれである．若干議論の視点は異なるものの，厚生年金保険の積立方式への移行・民営化の議論もそうした性格を持つ．

いというルールを設定しているから，先の問題は，各階層の立法者が，上位規範との関係でどれだけの立法裁量権を有しているかという問いへとさらに変換される．したがって，たとえば，通達が定める解釈基準や審査基準は法令の定めと抵触するものであってはならないし，法律の委任にもとづく政省令の定めは，授権の範囲を超えることはできない（もちろん，通達も政省令も憲法に違反してはならない）[28]．同様のことは法律の定めについてもあてはまるのであって，各種の社会保障立法は憲法の定めに反することはできない．

諸々の社会保障立法との関係が問題となる憲法の条項としては，14条（平等原則），19条（良心の自由），22条（職業選択の自由），29条（財産権の保障），84条（租税法律主義）などがあるが[29]，もっとも関係の深いのは25条（生存権）である．これまでに論じてきたこととの関係では，たとえば，これまで国（市町村等）が直営で行ってきた社会保障の分野に，民間委託等の手法によって非営利法人の参入を許容する改革，さらには非営利法人のみならず営利法人の参入を認める改革や，より踏み込んで国（市町村等）の直営事業の民営化を行う改革を目的とする法律が，憲法25条に抵触しないかが問題となりうる．

3．本章では，以上に概観してきた公的年金制度の給付水準の見直しや，老人医療も含めた公的医療保険の改革，介護保険・支援費制度の導入，さらにはより急速な展開を見せている社会保障制度改革，とりわけ市場の機能を活用することを目的とする改革や民営化論の登場に鑑み，憲法25条に関する憲法学説と社会保障法学説の状況を概観し（2]），憲法25条が社会保障制度改革との関係で有しうる含意について若干の考察の試みをしてみたい（3]）[30]．

---

28) 社会保障法の領域では，児童扶養手当法4条1項5号の委任にもとづく政令の規定が，その委任の範囲を逸脱した違法なものであって無効であると判断されたことがある（最2小判平成14・2・22判時1783号50頁）．

29) 憲法と社会保障法との関係については，岩村（2001，30頁以下），西村（2003，41頁以下），堀（2004）などを参照．本文に掲げた条項のほか，憲法13条を挙げる学説も最近では有力である（たとえば菊池（2000））．

30) この問題について，かつて筆者は，憲法25条につき1項2項分離説をとった上で，2項にいう「社会福祉，社会保障」の「向上及び増進」は，「単に給付水準を引き上げていくといった狭い意味に解すべきではなく，国民全体にとっての，中長期的な展望や政策目標に立った上でのものと解すべきであろう．したがって，立法府の選択の幅（裁量の幅）は，25条1項について認められるそれよりもはるかに広く，いかなる制度を作るかは，その裁量の

2］憲法学・社会保障法学の概況

　前述した，近年の様々な社会保障制度改革が憲法25条との関係でどのような問題を提起するのか（または，提起しないのか）という問題関心からは，各種の制度が提供する給付・サービスの水準や内容に関する改革に限らず，法制度を具体的に動かす事業主体や給付・サービスの提供主体に関わる改革も視野に入れて憲法学説や社会保障法学説を観察する必要がある[31]．まず，主な憲法学説を取り上げていこう．

2.1　憲法学と憲法25条

1.　憲法25条に関する解釈論を早期に示した法学協会編『註解日本国憲法 上巻』は，同条につき，「すべての国民に生存権の維持及び発展のために必要な諸条件を充たすように公共的な配慮がなされるという意味のものとして，生存権を保障する趣旨を宣言した」という意義を与えた上で[32]，本条2項は1項の生存権保障のために国の取るべき措置と責務を明らかにしたという立場（いわゆる1項2項一体説といってよい）をとる[33]．そして，2項が列挙する措置につき，それぞれに該当する具体例を挙げている．まず，労働能力のない者のための措置としての「社会福祉」には生活保護法（旧法（1946年

範囲内であると考えざるを得ない」とし，さらにその具体論として「具体的に問題となりうるのは，給付内容の縮減，給付水準の引き下げ等を伴う既存の制度の再設計や見直しについてである．こうした制度の再設計等もまた，前述のとおり，立法府の政策判断にかかるものであって，その広範な裁量に属する．したがって，給付内容の縮減，給付水準の引き下げを伴う制度の再設計も，基本的には，25条2項違反の問題を生ぜしめることはない」と述べたことがある（岩村，2001，36頁）．しかしながら，この記述は，執筆当時（2000年）の社会保障制度改革の状況を念頭に置いており，その後の社会保障制度改革の急速な進行に照らすと，やや緻密さに欠ける面があることは否定できない（なぜなら，必ずしもそうした改革は給付の内容や水準の見直しとは直結しないからである）．本章は，従前の筆者の考え方をより深めるための準備的作業という位置づけをも持つ．

31)　社会保障制度の憲法上の根拠規範および裁判規範としては，注29で述べたように，近時，憲法13条を援用する学説も有力である（菊池馨実教授が代表的論者である．とくに菊池（2000）を参照）．しかし，本章では，憲法25条に的を絞って考察することにしたい．

32)　法学協会編（1948, 243頁）．

33)　法学協会編（1948, 248頁）は，直接25条によって生存権確保のために国の責務となるのは，一方では，労働能力のない者に対する国の責務であり，他方では，必ずしも当然には労働と結びつかない国民一般についての生存権の保障であるという前提に立つ．労働に従事している者にとっての生存権の保障は憲法27条2項で特別に扱われているというのである．

法))と社会事業法が存在するという．つぎに，すべての国民一般についての生存権確保措置たる「社会福祉」に関しては，児童福祉法がこの側面を持つとし，そのほかに，一般的な体位の向上・優良化を期する国民医療法，国民優性法（いずれも当時）を挙げている．2項の「社会保障」について，同書は「国民の生存権を主として社会保険の方式で確保せしめる場合である」，「通常，受益者及び国の社会連帯の方式が保険の仕組みで採用されている」という理解を与える．これに属するものとして同書が示すのは，国民健康保険法，健康保険法および厚生年金保険法である．最後に「公衆衛生」に該当する例として，伝染病予防法，食品衛生法を挙げている[34]．同書が書かれた当時には，その混乱した社会・経済状況の下で生活保護法や児童福祉法，そして各種の福祉事業が何よりも最低限度の生活維持のために重要な意味を持っていた一方で，戦前・戦中期に整備された社会保険制度はインフレによる財政難等により機能不全ないし破綻の危機に直面していた[35]．こうした社会・経済のあり様と崩壊しかねない状況にあった社会保険等の諸制度を念頭に置くと，憲法25条2項にいう社会福祉・社会保障・公衆衛生それぞれが生存権を保障する仕組みと密接不可分であって，復興とともにこれらの措置を向上・充実させていくことが生存権の保障に繋がるとの解釈を同書が採用したのは不思議なことではない．他方で，同書が，憲法25条にもとづき国が採るべき措置として例示するものの中には，国そのものが事業主体ないし給付主体でないものも含めていることが注目される．たとえば，健康保険制度では，国が事業主体となって行う政府管掌保険のほかに，組合管掌保険があり，企業（事業所）を基盤として組織される健康保険組合（法的にはいわゆる公共組合と捉えられ，国の指導・監督に服する）が保険者（事業主体）となっ

---

34) 以上，法学協会編（1948，248-250頁）．なお，失業保険（当時）は憲法27条に直接の根拠を持つという立場である（250頁）．

35) 敗戦直後の健康保険制度の状況は，厚生省保険局編（1958，317-443頁）を参照．国民健康保険制度は，1948年頃には，事業を担当していた組合の約半数が不振あるいは休止しており，1948年改正法によって再建に着手するという状況にあった（厚生省保険局国民健康保険課監修＝国民健康保険中央会編，1989，13-35頁）．厚生年金保険制度も，インフレによる労働者の保険料負担能力の減退・喪失，給付価値（当時支給が開始されていたのは障害年金のみ）の低下，積立金の価値の低下によって危機に瀕しており，1948年改正によって暫定的な運営の仕組みを作るという状況に至っていた（『厚生年金保険法解説〔改訂版〕』（2002），9-12頁）．この時期，国民年金制度は未だ導入されていない．

ている.国民健康保険では,当時は,各市町村の下に作られる国民健康保険組合が保険者(事業主体)であった.つまり,同書は,25条1項の生存権の保障のために同条2項で国が向上の責務を負う社会福祉等の措置は国が直接の事業主体となって行う必要はないという考え方を暗黙のうちに前提としていたということができる.

佐藤功教授は,高度成長期を経てわが国の社会保障制度が成熟の域に達し,その制度の見直し時期に入った時点においても,なお憲法25条2項は,国民のすべてが1項が保障する健康で文化的な最低限度の生活を営みうるように国家が積極的に努力すべき義務を負うことを定めたものであると解して,1項と2項とは不可分の関係にあるという従前からの見解を維持する[36].しかし,社会保障の給付・サービスの内容の縮減や水準の引き下げ等の改革が孕む憲法25条をめぐる問題や,同条2項が挙げる〔佐藤教授によれば生存権実現のために国がその向上等に努力すべき〕各種の措置として具体的にいかなるものが含まれるかについては,触れていない.

社会権研究の第一人者である中村睦男教授も,社会保障制度の再編期の著作で,立法による生存権の具体化として,生活保護法,社会保険(健康保険法,国民健康保険法,厚生年金保険制度,国民年金制度,労働者災害補償保険法,失業保険法,公務員共済制度等),社会福祉(児童福祉法,身体障害者福祉法,精神薄弱者福祉法,老人福祉法,母子・寡婦福祉法,障害者基本法等),社会手当(児童扶養手当,特別児童扶養手当・福祉手当,児童手当)を挙げる[37].中村教授の憲法25条に関する分析には,給付等の提供主体や事業主体について憲法25条から一定の規範が導かれるかという観点は見られない.そして,一方では,国以外の主体(健康保険組合や共済組合等の公法人,地方公共団体等)が事業主体または給付・サービス提供主体である制度を生存権の立法による具体化として例示し,他方では,国家を軸に生存権の法的権利性や違憲審査基準を論じており,この二つの側面がどのように連結するのかは明示的には解析されていない.中村教授は,憲法25条1項2項一体説をとりつつ,最低生活の保障を求める権利と,より快適な生活の保障を求める権利とを区別し,それぞ

---

[36] 佐藤(1996, 294頁).
[37] 樋口=佐藤=中村=浦辺(1997, 154–155頁).

れに異なる違憲審査基準（前者には厳格な審査基準，後者には「明白の原則」）が適用されるとの立場を採用する[38]．この中村教授の立場は，制度単位ではなく，個別の給付を単位に（たとえば，国民年金制度の一環であった障害福祉年金は最低生活の保障であると位置づけている），かつ給付・サービスの提供主体に関わりなく（地方公共団体が給付を支給する生活保護や児童扶養手当を最低生活の保障とする）給付・サービスの水準や内容に着目して，前記2種類の権利のいずれに分類できるかを検討することが前提となっている[39]．したがって，事業主体や給付・サービスの提供主体が何かは，生存権の保障とは直接には結びつかないことになるようである．中村教授は給付・サービスの内容・水準の見直しがいかなる憲法問題を発生させるかには言及していない．

2. つぎに，もう一世代下の憲法研究者の考え方に目を移してみよう．網羅的に概観することはできないので，ここでは，初宿正典教授と辻村みよ子教授の見解を取り上げる．まず，初宿教授は，憲法25条1項2項分離説に基本的に立脚するが，1項が定める日々の生活に困窮している国民の最低限度の生活の保障とは異なり，2項が定めている広い意味での生存権保障については，明らかに不合理で恣意的な政策を除いて，どのような政策・制度を作るかは原則的には国の立法裁量権に属し，違憲との判断をすることは難しいと指摘している[40]．初宿教授は，憲法25条について立法不作為違憲の国家賠償請求訴訟の可能性は否定しないが，2項が定める保障に関しては，上述の立場からは，請求が認められることは困難ということになろう．2項が向上等の努力を求める社会福祉等が具体的にいかなる内容のものと捉えるかという点については初宿教授は触れておらず（前記の立場からは広い立法裁量ということになるのであろう），給付・サービスの内容・水準の見直し（とくに給付内容の縮減や引き下げ）の問題も，また事業主体や給付・サービスの提供主体に関わる視点も議論してはいない[41]．

辻村みよ子教授は，憲法25条2項を1項の趣旨を実現するために国に生

---

38) 樋口＝佐藤＝中村＝浦辺（1997, 158頁）．
39) 樋口＝佐藤＝中村＝浦辺（1997, 158-159頁）．
40) 初宿（2001, 398頁）．
41) もっとも，初宿（2001, 397頁）は，生存権を具体化する法律が種々制定されていると述べているので，事業主体等が国に限られないということは初宿教授も暗黙のうちに前提としているのかもしれない．

存権を具体化の努力義務を課したものとの理解（一体説的な理解）に立った上で，2項を受けて，各種社会福祉立法（生活保護法，児童福祉法，老人福祉法，身体障害者福祉法等）と各種社会保険立法（国民健康保険法，国民年金法，雇用保険法等）が行われ，社会保障制度が確立されていると述べている[42]．したがって，辻村教授は，社会保障制度を社会福祉立法と社会保険立法とを併せたものと理解しているようである．しかし，辻村教授は，（一体説的理解に立つためか）2項が「社会福祉」等を列挙することの規範的な意味には触れていないし，辻村教授自身による上記の各種具体的な社会保障立法の列挙が憲法上どのような意義を持つかにも言及していない．また，社会保障立法の列挙にあたり，実際の事務担当主体ないし事業主体（給付・サービスの提供主体を含む）が誰かという視点は見うけられないし，給付・サービスの縮減・水準の引き下げに関わる憲法問題も取り上げていない．

3. 以上のごくごく粗い概観から窺われることは，憲法学は，憲法25条について，その裁判規範としての性格（プログラム規定か，国民の抽象的権利を定めたものか，具体的権利を定めたものか等）に着目してもっぱら議論を展開してきており，憲法25条2項が掲げる社会福祉，社会保障等の措置が想定する制度は何か（また，もし各種制度を想定していたとして，その規範的意味は何か），また，社会保障の各種立法の適用対象者の範囲の縮減，給付やサービスの内容の縮減・水準の引き下げが憲法25条との関係で問題を引き起こすのか，さらには制度の事業主体や給付・サービスの提供主体について憲法25条が何らかの含意を持つのかといった論点にはあまり関心を寄せてきていないということである（ただし，具体的権利説は関心を持つはずである）．

近年，憲法学において生存権に関する注目すべき論考がいくつか発表されているが[43]，その問題関心は，どちらかというと，社会的排除といった新しい社会問題に直面して憲法25条の裁判規範としての意味を問い直そうというところにあるようである．これら最近の論考からも，憲法学が憲法25条（とくに2項）が想定する社会福祉等の内容，給付・サービスの内容・水準等の見直し，社会保障の各制度の事業主体や給付・サービスの提供主体の

---

42) 辻村（2004，322頁）．
43) 遠藤（2002；2004），葛西（2005）など．

問題への関心を向けつつあるといったことは見受けられない．その中で，尾形健助教授は，憲法25条に関して抽象的権利説をとる場合でも，同説は，生存権を具体化する立法をなすべき法的義務を立法府に課していると理解するので，近年の社会保障改革の動きは憲法学にとっても無関心ではいられない問題であると指摘し[44]，憲法学の立場から，高齢者医療制度改革や福祉問題の制度構想に関する検討を行っている[45]，本章の問題関心と共通する部分がある．

2.2　社会保障法学と憲法25条

それでは，社会保障法学説の様子に目を移そう．ここでも網羅的に学説を検討することはできないので，代表的と思われる論者の見解を分析するにとどめることにしたい．

1.　最初に，社会保障法の拡充期であった高度成長期に，社会保障法について体系的な議論を展開した論者の一人である荒木誠之教授の見解を見てみよう．荒木教授は，社会保障法における生存権実現の独自の態様と領域が認められるのは，国が要保障者に対して，直接的に給付を行うことによって生存権保障の責任を履行するところにあると述べる．そして，地方公共団体や公法人に給付支給事務を行わせるとしても，それは技術的・便宜的な考慮に出たもので，究極的には国が給付の法的責任を負う原則が前提であるという考え方に立つ[46]．荒木教授の社会保障法の総論的検討の狙いは，社会保障法の法体系の理論的整理・構築にあり，憲法25条2項で言及されている諸制度として具体的にいかなるものが含まれるかや，適用対象者の縮減，給付・サービスの内容・水準の見直しが憲法25条との関係で憲法問題を惹起するか，という問題関心は明確には浮き出ていない（もっとも後者については，社会保障制度の生成・展開期であったのでそうした問題意識が持たれなかったのはやむをえないといえよう）．

やはり高度成長期に体系的な社会保障法論を構築した籾井常喜教授は，憲法25条1項2項分離説に立った上で，2項によって，国家権力の関与・責

---

44)　尾形（2001, 28頁）．
45)　尾形（2001; 2002; 2000-2001）．
46)　荒木（1970, 45頁）．

任においての健康で文化的な最低限度の生活の生活水準を上回る条件の「向上」「増進」への努力義務が要求されると主張する[47]．そして2項に対応する給付等については，その水準の低さだけを取り上げて，直ちに憲法25条違反を論じることは例外的な場合を除いてはできないとの立場を取る[48]．この立論によると，何が憲法25条2項によって想定されている制度かが重要となるところ，籾井教授は，社会保険，社会手当および社会福祉（ただし公的扶助は含まない）が該当すると唱える[49]．籾井教授は，生存権の理論枠組みを検討するにあたっても，具体的な立法を念頭に置きつつ議論を展開するので，事業主体や，給付・サービスの提供主体にも注意を払っている．ただ，籾井教授は，前述のように，国家権力の関与・責任を出発点とするので，健康保険組合や各種共済組合，地方公共団体には政府または国の代行機関という位置づけが付与される[50]．籾井教授は，高度経済成長が終焉を迎え，社会保障制度の再編期に入った時期の著作においても，若干の修正はあるようではあるものの（憲法25条2項に由来する社会保険等については財政面での制約を指摘する，社会保険等について給付水準の引き下げが違憲評価の契機を持つのは単に「合理的理由」がない場合である等），基本的には前記の立場を維持している[51]．ただし，籾井教授は，社会保障政策の責任主体の国と，個別制度運営の責任主体とは区別すべきであると指摘している[52]．

2. つぎに，1990年代以降の社会保障制度の再編成・改革期に入ってから展開した学説に目を転じよう．堀勝洋教授は，規範内容が異なるという意味での憲法25条1項2項分離説を採用し，2項については，国家は社会経済・国家財政等の諸条件を勘案した上での，（最低生活の保障を超えた生活の向上をも含めて）社会保障等の向上・増進を図ることで足りると説く[53]．そして，

---

47) 籾井（1972, 84, 87頁）．籾井教授は，憲法25条1項は「緊急的生存権」の保障に対応し（籾井，1972, 87頁），国家の義務は健康で文化的な最低限度の生活の即時的な保障義務であって，生活保護法制が同項に違反する場合には，保護受給権者は同項にもとづき健康で文化的な最低限度の生活を維持するに足る給付を国に請求できると説く（籾井，1972, 94-95頁）．
48) 籾井（1972, 94頁）．
49) 籾井（1972, 96-102頁）．
50) 籾井（1972, 98, 101頁）．
51) 籾井編（1991, 16-28頁）．
52) 籾井（1997, 148-149頁）．
53) 堀（2004, 142頁）．

2項の裁判規範性については，社会保障の給付水準の引き下げや，給付対象者を従来よりも限定する立法について問題となると述べ，一定の配慮を加えればそうした立法は憲法25条2項には違反しないとの立場をとる[54]．他方で，2項による社会福祉等の向上・増進の内容・程度は立法府の裁量に属し，また国の努力義務にとどまるから，社会福祉等の向上・増進を直接裁判所に請求することは認められないとも述べている[55]．それでも，堀教授は，施策や法令の根拠を1項と2項とで分けて考えるわけではないから[56]，2項の射程に入る法制度は何かという問題は残る[57]．各種社会保障制度の事業主体や給付・サービス提供主体に関しては，憲法25条との関連では堀教授は議論をしていないが，一般論として，社会保障の保障者を地方公共団体を含む広義の国家である，とするから，おそらく憲法25条についても同様の解釈を採用するものと推測される[58]．しかし，堀教授は公私の役割分担と連携という視点を導入し，どこまで国家が責任を負うかは，個々の分野ごとに判断していかざるをえないとも指摘し[59]，公的責任（堀教授によれば，国・地方公共団体が社会保障制度を維持・運営する責任）を前提に私人や団体が代行したり委託を受けて給付を行う制度も社会保障に含まれると述べて，その例として健康保険組合，厚生年金基金，医療法人，社会福祉法人等を挙げる[60]．事業主体や給付・サービス提供主体等については憲法25条が強い規範的制約を及ぼしているとは解さない立場と思われる．

　堀教授と並ぶ今日の代表的な社会保障法学者である西村健一郎教授も，憲法25条2項は，1項を前提としつつ，より広い見地から国家の社会政策的施策についての責務を規定したものと解し，2項は，政策的判断に委ねられる度合いが高いという．そして，社会保障制度の具体的施策を充実させるための政策の企画・実施には，財源措置を含めて国の広い政策選択の余地があ

---

[54] 堀（2004, 146-147頁）．
[55] 堀（2004, 148頁）．
[56] 堀（2004, 141頁）．
[57] 堀教授は，社会保障法の体系を実定法に則して考えるから（堀, 2004, 109-111頁），2項の適用がある法制度は何かは別途論じる必要が出てくるはずである．
[58] 堀（2004, 30頁）．
[59] 堀（2004, 34頁）．
[60] 堀（2004, 10-11頁）．

るという立場に立つ[61]．ただし，具体的に2項に関わる制度等が何かについては明らかにされていない．2項との関連で問題となる給付内容の削減，給付水準の引き下げ，給付要件の厳格化等についても，財政の悪化等との関係でそれらが行われるときには，立法府の政策選択の問題であって憲法違反の問題は生じないと解している[62]．事業主体や給付・サービス提供主体については，西村教授はとくに論じていないが，2項の射程に入るものについては，前述のように西村教授は立法府の政策選択を広く認めるから，事業主体等をどうするかについても同じ結論を取るものと推測される．

社会保障法学の立場から憲法論・権利論を展開する菊池馨実教授は，憲法25条1項の「健康で文化的な最低限度の生活」を保障する介護サービスの提供主体に関して，国や地方公共団体が直接給付を行うことは要請されず，種々の主体による諸々の諸施策の連携を通しての給付の総合的な確保でも憲法の要請は満たすと説く[63]．この菊池教授の見解は，介護サービスの保障についてのものであるが，論理的には，医療をはじめとする他の領域の給付・サービスにも当てはまることになろう．菊池教授は，憲法25条について1項2項分離説の立場に立っているから[64]，2項にかかる制度等に関する事業主体や給付・サービスの提供主体に関する立法府の裁量の幅はより広がることになるはずである．実際，菊池教授は，社会保障法の範囲や法主体という観点から，地方公共団体や民間部門の位置づけを直視する必要性を指摘し[65]，国家の社会保障制度への関わり方が個々の制度ごとに多様にならざるをえず，それが憲法25条と整合性を欠くものではないとの捉え方が必要となっていると述べている[66]．また，菊池教授は，憲法13条に依拠しつつ，厚生年金保険制度のような公的年金の2階建て部分について強制加入とすることに消極的立場をとるから[67]，憲法25条2項の射程に含まれる諸制度については幅広い立法府の政策的裁量を肯定していることになろう．このこと

---

61) 西村（2003，38頁）．
62) 西村（2003，40頁）．
63) 菊池（1998，552-553頁）．
64) 菊池（1998，547頁）．
65) 菊池（2000，4-7, 13-15頁）．
66) 菊池（2000，16-17頁）．
67) 菊池（2000，162頁）．

は公的年金の引き下げについての菊池教授の見解からも窺われる．菊池教授は，一定の要件が充足されることを条件に，憲法25条の問題は生じないとの立場をとるから[68]，その前提となる一般論として，給付水準等にかかる社会保障立法に関しても立法府の裁量の幅は広く，それに対応して憲法25条2項の規範的制約は限定的なものと解していることになろう．けれども，菊池教授も憲法25条2項にいう社会福祉等の制度に属するものは具体的に何かは論じていない．

　社会保障法の基礎理論についても業績の多い倉田聡教授は，ドイツ法の研究成果を基盤としながら，従来の社会保障法学の主流が憲法25条論においてもっぱら国家の責任に着目して議論を展開してきたこと（社会保障法の法関係を国家と個人との対置関係として捉えてきた）に対して，国家と個人との間に介在する「社会」（倉田教授が具体的に念頭に置いているのは，中間団体としての健康保険組合等の社会保険の各種保険者や社会福祉事業である）の重要性を指摘する[69]．倉田教授の見解は，直接的には憲法25条の解釈としては展開されていないが，国家とは距離を置く「社会」に主体性を肯定するのであれば，論理的には憲法25条も「社会」に一定の役割を付与していると解することになろう[70]．

3. 以上の大まかな検討からは，高度成長期までの社会保障制度の構築・拡充期においては，憲法25条について，社会保障制度に関する国家の直接的な責任の規範的性格が強調され，荒木教授の見解に見られるように，給付・サービスの提供についても，少なくとも国が最終的な法的責任主体であるという捉え方が一般的であったことがわかる．そして現在においても社会保障法学の主流はこうした見解を支持しているといってよい状況と思われる[71]．また，適用対象者の範囲縮減や給付・サービス内容の見直し・水準の引き下げという方向での社会保障各制度の見直しについても，憲法25条を援用し

---

[68] 菊池（2002）．
[69] 倉田（2003）．
[70] 倉田（2005）参照．
[71] たとえば橋本宏子教授は，生存権の保障に関して，国家が必要な場合に国民に金銭給付をしたり，サービスを提供するのは国家の義務として捉えているようである（橋本，1997, 55頁）が，他方で，同教授は，国以外の主体が事業主体であったり給付・サービスの提供主体である制度も含めて社会福祉サービスを受ける権利と生存権との関係を論じているので，上述の給付やサービスを提供するのは「国家の義務」というときの「国家」の意味は曖昧である．

て批判する見解が多いことから，憲法25条による規範的制約が働くという見解が主流であるといえよう．

これに対して，高度成長期にあって，憲法25条2項の射程内の制度について立法府の裁量を肯定した籾井教授の見解は，その力点が憲法25条1項について強い規範性を付与するところにあった点や，社会保障法学説の主流からは強い批判があった点は留意する必要があるものの，高度成長期後の社会保障制度の再編成・改革に鑑みると，解釈論として卓見であったというべきであろう．1990年代からの社会保障制度の大きな見直しの波の中で展開された，新しい流れともいうべき堀教授をはじめとする諸家の学説は，その主張には差があるものの，大きな線で見たときには，（適用対象者の範囲の縮減や給付・サービスの内容・水準の引き下げ等を含む）制度設計に立法府の裁量を広く認める点ではほぼ一致を見ているといってよい．また，社会保障制度に関する国の役割を相対化し，制度の事業主体，給付・サービスの提供主体のあり方に着目して，その多様化の契機を肯定的に捉える立場が登場していることも注目すべきである．

2.3 小　括

以上に検討した社会保障法学の最近の展開は，先に概観した憲法学の状況，すなわち，憲法25条（とくに2項）が想定する社会福祉等の制度とは具体的には何を指すのか，社会保障の各制度の適用対象者，給付・サービスの見直しに憲法上の規範的限界があるのか，社会保障の各制度の事業主体や給付・サービスの提供主体について憲法25条の規範的制約はあるのかといった問題への関心は希薄という状況と対比すると，かなり対照的である．これは，憲法学の関心がもっぱら一般論としての違憲審査基準の解明にあり，具体的な社会保障立法や改革を前提とした現実的な憲法問題の分析にはそれほど力点を置いていないということに由来するものと思われる．社会保障法学は，これとは逆に，各種実定社会保障立法や具体的な社会保障制度改革立法等から出発して，その憲法上の理論的位置づけや違憲・合憲問題を検討する（はずである）ので，憲法25条の解釈に関しても，自ずから社会保障立法の展開に即した問題関心を持ち，議論を展開する．しかしながら，社会保障法学も，給付の内容や水準等の問題はともかく，1990年代以降の事業主体の見直し

を含む社会保障の制度設計のあり方自体にかかわる大きな改革の流れに関心を寄せて，憲法25条との関係を立ち入って検討するところまでは至っていないといえよう．

3］事業主体の変更と憲法25条

以上に見てきたように，制度設計に関する憲法25条2項の含意にしても，制度の事業主体や給付・サービスの提供主体と憲法25条との関係にしても，それを意識して議論している社会保障法学説は少数にとどまる状況である．また，それらの学説もどちらかといえば一般論・抽象的理論としての色彩が濃く，実際の社会保障制度再編成・改革の各種立法に即した検討を行うところまでには至っていない．けれども，前述した社会保障制度の改革の急展開，それも事業主体や給付・サービス提供主体の変更までも含む見直しの進行や，民営化の議論に鑑みると，より具体的な立法の動きや改革構想に密着した形で，憲法上の問題点を考察する必要性が高いといえよう．そこで，以下では，一例として，2006年の健康保険法改正を取り上げて考えてみよう．

3.1 政府管掌健康保険事業の全国健康保険協会への移管と憲法問題

1. 2006年改正によって，2008年10月から，現在の政府管掌健康保険事業は，全国健康保険協会が保険者となる事業へと移管され，事業主体（保険者）は政府（国）から，国とは切り離された公法人に切り替わる．そうすると，憲法25条1項2項一体説によるにせよ，1項2項分離説によるにせよ，理論的には，事業主体（保険者）が国でなくなることと健康保険制度にかかる国の責務との関係がどうなるかという憲法問題が提起されるはずである（以下では思考実験としての純理論的考察を行うこととし，いかなる形態の訴訟が可能かという論点は度外視する）．

まず，そもそも憲法25条が健康保険制度は国の直営であることを規範的に要求しているかが問題となる．わが国の公的医療保険制度は，健康保険制度のみならず，国民健康保険制度，公務員の医療保険制度（共済組合（短期給付）制度），後期高齢者医療保険制度（2008年4月から）等によって構成されている．かつ健康保険制度の保険者としては国以外に健康保険組合が存在し，

国民健康保険制度の保険者は市町村と国民健康保険組合であり，公務員の医療保険制度は共済組合が保険者である．これらのことが示すように，公的医療保険制度はもともと全体が国の直営とはなっているわけではない（憲法25条の「国」には地方公共団体を含むと解しても，健康保険組合や共済組合等がある）．また，既に見た通り，憲法25条をうけて設けられている社会保障制度には（旧）国民健康保険制度も含まれると解されていた（前述2.1.1参照）．さらに，ドイツ・フランスなどに代表される国々に見られるように，国の直営ではないビスマルク型の社会保険制度が社会保障制度の中核となりうる（倉田教授のいう「社会」の介在）．つまり，社会保障には様々なあり様が存在するのであり，憲法25条がそうした社会保障の多様なあり方を否定して社会保障制度を構成する諸制度は一義的に国の直営でなければならないという法規範を設定していると解するのは妥当ではない．したがって，憲法25条は公的医療保険制度が国の直営であることを要求しておらず，まして，健康保険制度に限って（健康保険組合管掌保険以外は）国の直営であることを要求しているとは解しえない．明示的にこのことを論じている学説は見あたらないようであるが，上記のような理解自体には異論はないであろう．したがって，政府管掌健康保険事業を国の直営事業から除外すること（全国健康保険協会管掌の健康保険事業に移管すること）自体は憲法25条に違反するものではあるまい（別の表現をすれば，そうした立法政策を採用しても立法府の裁量の逸脱・濫用とはならない）．

2. つぎに，2006年改正法4条による改正後の健康保険法は，全国健康保険協会の解散時にその管掌する健康保険事業の帰趨や権利義務関係がどうなるかについては何も定めていない（2006年改正法4条による改正後の健保7条の40参照．厚生労働省は解散を予定しないと説明している）が，このことが憲法25条に違反しないかが問題となりうる．

　国家公務員共済組合や地方公務員等共済組合については，それぞれの根拠法には組合の解散と権利義務の承継に関する規定はない．旧三公社の共済組合の解散の場合がそうであったように，ある共済組合を解散することになった場合に，改正法によって当該共済組合の解散と権利義務の承継を（経過規定で）定めるのが例である．ある共済組合を解散することとなったときに，組合員であった者の法的地位を解散後どうするかや，既に発生した給付受給

権，掛金債権その他の当該組合の資産・負債を誰に承継させるかは，一義的に決まるものではなく，そのときどきの関係諸制度の状況によって決定せざるをえないから，組合解散時の扱いを予め根拠法で定めないことには合理的理由がある．実際，共済組合解散時の処理に関する規定を置かない国家公務員共済組合法等が憲法25条違反であるとの説が唱えられたということは耳にしない．同様のことは，全国健康保険協会の解散についてもいえる．そうだとすると，2006年改正法4条による改正後の健康保険法が，全国健康保険協会解散時の法的処理について規定を設けていないことは憲法25条違反との評価はできない．

3. それでは，究極的には給付の法的責任を国が負うという見解（前述の荒木教授の説），健康保険組合は国の代行機関であるという説（前述のように，籾井教授がこのように説く），あるいは公的責任を前提に，法人（健康保険組合）が給付を代行するとの学説（前述の堀教授の見解）との関係を検討しよう．

従来は，健康保険組合が解散により消滅したときには，当該組合の適用範囲下にあった事業所に使用される被用者は政府管掌保険の被保険者となり（2006年改正法4条による改正前の健保5条1項），また，当該組合の権利義務関係を政府が承継した（2006年改正法4条による改正前の健保26条4項）．それゆえ，前記諸学説の説くところがそのまま妥当した．ところで，2006年改正法は，健康保険組合が解散したときには，当該組合の適用範囲下にあった事業所に使用される被用者を協会管掌保険の被保険者とし（2006年改正法4条による改正後の健保5条1項），当該組合の権利義務関係を全国健康保険協会に承継させる（2006年改正法4条による改正後の健保26条4項）が，前述したように全国健康保険協会の解散時の協会管掌健康保険事業の帰趨や権利義務関係については何も定めていない[72]．もし健康保険の給付の究極的な法的責任は国が負うという主張や，健康保険組合は国の代行機関にとどまるという理解[73][74]が，立法府を拘束する法規範性を持つという憲法25条の解釈を

---

[72] たとえば，ある健康保険組合の解散と全国健康保険協会の解散とが同時に起こる場合を想定すると，2006年改正法4条による改正後の健康保険法下では，当該組合の被保険者であった者の法的地位の帰趨や当該組合の権利義務関係の承継がどうなるかは不明である．

[73] 厳密に言えば，こうした理解が，健康保険組合の適用下にない被用者については国の直接的な責任が顕在化するという考えをも含意することが必要である．

[74] 実は，厚生労働省自体も，健康保険事業は国が行うべき事業であり（厚生労働省保険局

述べたものであるならば，健康保険組合解散時の保険関係や権利義務関係を（国ではなく）全国健康保険協会に承継等させる旨を規定するにとどまる 2006 年改正法は憲法 25 条と抵触するという帰結になるはずである．

　しかし，第一に，解散した健康保険組合の組合員を協会管掌保険の被保険者とすることや，当該組合の権利義務関係を全国健康保険協会に承継させることが憲法 25 条に違反すると解することはできないであろう．健康保険組合の解散と全国健康保険協会への権利義務との承継等によって，解散組合の適用範囲下にあった事業主や組合員であった者には，保険料率の引き上げや当該健康保険組合の独自給付を受給できる地位の喪失等の不利益が及びうるが，このことは憲法 25 条違反を構成するとは考えがたい．現行法でも，健康保険組合の解散と政府管掌保険への移管によって同じ問題が生じるが，それが憲法 25 条違反であるという見解は見られないからである．第二に，解散組合の権利義務関係を全国健康保険協会に承継等させるにとどまり，国への移管を定めないことは，前述したように，①健康保険組合の組合員以外の被用者についての健康保険事業を国の直営としないことは憲法 25 条違反を構成しないと解されること，②全国健康保険協会解散時の法的処理について定めていないことは憲法 25 条に違反しないと解されること，から言って，憲法 25 条に抵触すると解することはできない（つまり，立法府の裁量に属する）．結局，先に挙げた諸学説は，2006 年改正法 4 条による改正前の健康保険制度を前提として，その法制度の基本的仕組みを述べたにとどまるもの，または憲法 25 条 2 項が国の努力義務を定めていることから導かれる理念を明らかにしたにすぎないものと解するほかないであろう．

3.2　想定しうる将来の改革と憲法 25 条

　3.1 で行ってきた検討によれば，2006 年改正法 4 条による 2008 年 4 月からの政府管掌健康保険制度の全国健康保険協会管掌健康保険への移行は憲法 25 条との抵触の問題を発生させないということになる．しかし，仮定の話として，さらなる改革が行われたらどうかという問題が存在する．

=社会保険庁編，2003，1073 頁），健康保険組合は，本来国が行うべき健康保険事業を代行して行うものという考え方をとってきた（厚生労働省保険局=社会保険庁編，2003，192 頁）．

1. つぎのような例を考えてみよう．全国健康保険協会の資本金は国の出資で構成され（2006年改正法4条による健保7条の5），その健康保険事業の遂行に必要な費用の一部につき国庫負担（2006年改正法4条による改正後の健保151条）と国庫補助を受け（2006年改正法4条による改正後の健保153条），保険給付に関する行政処分の権限を持つ行政主体（公法人（公共組合））という位置づけになっている．もし，健康保険法のさらなる改正が行われ，健康保険事業の実施にかかる事務費の国庫負担を廃止したり，給付費の国庫補助を取りやめることとなったら，それは憲法25条に違反するのだろうか．

　もし，こうした国庫負担や国庫補助が憲法25条の定める国の努力義務の具体的な現れであると捉えるならば，国庫負担・国庫補助の撤廃は憲法25条に抵触するという結論になりそうである．実際，事務費の国庫負担に関しては，健康保険事業が国の行うべき事業であるので，国も事業の実施に必要な財源の一部を負担するという説明が行われてきている[75]．しかしながら，既に述べたように，憲法25条は健康保険事業を国の直営とする（給付費用を除く事業運営の経費（人件費を含む）の全額を国が負担する）ことを要求しているとは考えがたい．そうだとすると，憲法25条が健康保険事業の保険者に事務費についてその一部を国庫の負担とすることを国の義務としている（いい方を変えれば，立法府を拘束する）と考えることもできない．そもそも事務費の一部の国庫負担は健康保険組合については健康保険制度発足当初から，政府管掌健康保険については1942年から行われているものであり[76]，憲法25条の国の義務とは直接の関係を持たない．また，社会保険制度（とくに被用者社会保険制度）の場合，労使が拠出する保険料のみを財源として制度運営をするのがもともとの姿であったといっても差し支えない．現にわが国の場合も，政府管掌健康保険事業の財政危機のために1957年に導入されるまでは，給付費用についての国庫補助は行われてこなかった[77]．また健康保険組合に対しては国庫補助はない．したがって，政府管掌健康保険事業に対する給付費用の一部の国庫補助と憲法25条とは関係がない（いいかえれば，国庫補助は立法府の裁量に委ねられている）と解するのが妥当である．そうすると，

---

[75] 厚生労働省保険局＝社会保険庁編（2003, 1073頁）．
[76] 厚生労働省保険局＝社会保険庁編（2003, 1074頁）．
[77] 厚生労働省保険局＝社会保険庁編（2003, 1076頁）．

全国健康保険協会が行う健康保険事業に対する国庫負担・国庫補助を廃止すること自体は，憲法25条違反とはならないという帰結になる[78]．

2．では，より踏み込んで，全国健康保険協会を，たとえば都道府県単位の法人に分割する，あるいは全く別方向を指向して，民営化する（社会保険診療報酬支払基金のように民間法人化する，または郵政公社のように，可能な業務については株式会社化する）という改革は憲法25条をめぐる問題を発生させるであろうか[79]．

まず，前者については，健康保険組合の組合員以外の被用者にかかる健康保険の保険者が全国単一でなければならないという憲法上の制約があるとは考えがたいから，都道府県単位の法人とすること自体は憲法25条に抵触するものとは解されない[80]．しかし，後者については，憲法25条1項2項一体説に立つにせよ，1項2項分離説に立つにせよ，憲法25条2項が定める「社会福祉，社会保障」の向上・増進という国の努力義務と相容れるのかという問題と直面すると思われる．

被保険者等に対する医療や介護のサービスの提供は都道府県知事等の指定を受けた医師等の個人（診療所等），医療法人，社会福祉法人，非営利団体および営利企業（介護保険）に委ねられているが，公的医療保険の事業主体（保険者）は行政主体としての性格を持つものに限られてきた（公的年金保険も同様）．これは，社会福祉や社会保障という制度自体が，歴史的に国，地方公共団体または〔当該の国において公的なサービス事業を担う権能を付与されている〕労使等による社会的な自治団体によって運営される行政作用として把握されてきたということによる．社会保険の事業主体たる社会的な自治団体についても，管理・運営に対する行政当局の介入・監督（役員の人事も含む），財政に対する行政当局や国・地方公共団体の会計監査機関の介入・監督，強制加入を前提とする事業独占に鑑み，行政作用を営む主体として理解されているといえよう．もし，憲法25条2項が，そこにいう「社会福祉，社会保

---

[78] 国庫負担・国庫補助の廃止に伴って，保険料率の引き上げ，給付内容の見直しや水準の引き下げが行われれば，それらについては別途憲法問題を検討する必要が生じる．

[79] これは架空の話ではなく，2006年10月2日の報道では，自民党は社会保険庁の民営化に踏み込む方針と伝えられており，現実味のある想定である（ただし，その後公法人化の方針が採用された）．

[80] なお都道府県別の保険料率設定については，別途検討が必要である．

障」について上述のような事業主体像を前提として,その向上・増進に努めるべき義務を国に課しており,立法府の裁量権にも限界があるという解釈を採用するならば,全国健康保険協会の民間法人化や,より進んでその民営化は憲法25条に違反するということになろう.また,事業主体の民間法人化や民営化は,これまでの先例に鑑みれば,(当該法人等が従前は行政主体であった場合には)行政主体としての地位の喪失と事業独占の撤廃を伴うので,それでもなお憲法25条が想定する「社会福祉,社会保障」に該当するかも問題となる.

けれども,憲法25条2項は「社会福祉,社会保障」の事業主体について何らかの類型を前提としてしておらず,事業主体をどうするかは完全に立法府の裁量権に委ねられているという立場に立つと,事業主体を民間法人や株式会社とすることも憲法25条には何ら抵触しないという結論に到達しよう.また,憲法25条2項が挙げる「社会福祉,社会保障」の制度設計をどのようにするかは立法府の完全な裁量であると解するならば,事業独占を撤廃し,強制加入を維持しつつも,競争市場の中で民間保険会社等に,被用者のための医療保険を営ませるという仕組みにしたとしても,同項にいう「社会福祉,社会保障」に該当しうることになる[81)82).そして,先に見た憲法学の考え方や従来の社会保障法学の見解のように,国民の給付・サービスを受ける権利という視点からのみ憲法25条の規範的性格を捉えると,給付・サービスを受ける権利に影響が及ばないか,(給付・サービスの内容の縮減・引き下げを一定の条件の下で許容する立場では)給付・サービスの内容の縮減や引き下げが合理的といいうる範囲にとどまるものであるときには,事業主体を民間法人化・民営化しようと,事業独占を撤廃しようと,憲法25条とは抵触しないことになるはずである.他方で,憲法25条1項が保障する「健康で文化

---

81) この立場では,憲法25条が努力義務として課している国の責務は,競争市場の中で民間会社等によって営まれる医療保険の法制度を整備することにあるということになろう.なお,年金制度に関して,嵩(2006)が企業年金等の私的年金制度に対する国の役割としてほぼ同様のことを指摘している(嵩,2006,314頁).
82) より踏み込んで,強制加入も撤廃してしまったときはどうかという問題もある.公的年金制度については,厚生年金保険制度の民営化の議論の中で既に若干議論されており,また菊池教授によっても個人の自由という観点から議論が展開されている(菊池,2000,160-162頁等).

的な最低限度の生活」の保障を超える領域については，どのような制度を構築するかは完全に立法府の裁量に委ねられているという見解でも，論理的には同じ結論になるはずである[83]．

3. 本章では詳論することはしないが，適用範囲の縮小，給付・サービスの内容・水準の縮減・引き下げについても，憲法 25 条との関係では類似の論点が存在する．

たとえば，公的医療保険の一部負担金の負担率は今や基本的に 3 割となっているが，従来負担率の低かった健康保険の被保険者本人についていえば，これは給付水準の引き下げを意味するし，老人医療制度改正による医療受給者の一部負担金導入や 2006 年改正による後期高齢者医療保険制度の創設に伴う（後期高齢者たる）被保険者の保険料負担の導入は実質的には給付水準の引き下げということができる．これが憲法 25 条に違反するかが問題となりうる．もっとも，一部負担金の負担率は，国民健康保険では 5 割であったことを考えると，3 割負担としたり，高齢者について定率負担を導入することが直ちに憲法 25 条違反を構成するとは考えにくい．また，こうした給付水準の引き下げは，民間の保険会社の販売する医療保険の市場の拡大の道を開くものであって，ある意味では民営化という評価をすることも可能である（もっとも，外来医療の一部負担金をカバーする保険はモラル・ハザードの大きさのために販売されていないようであり，そうした問題のない入院医療について入院費の一部をカバーする保険がかなりの市場を形成しつつある）．また，療養型病床の長期入院を選定医療とし保険給付の対象から除外すること等も，間接的には民営化に繋がる意味がある．こうした改革も，給付水準の引き下げという視点から，あるいは公的医療保険の部分的な民営化という視点から，憲法 25 条との整合性を問うということも考えうる．

これらの点についても，前述のように，「健康で文化的な最低限度の生活」以上の領域では，憲法 25 条は，制度構築のあり様を（制度を作らないという選択も含めて）立法府の完全な裁量に委ねているという見解に立つと，（給付水準の引き下げ等には一定の制約が働くという立場をとらない限り）制度設計の変

---

83) 本文に述べたような観点からは，注 30 で述べたように，私見についてもなお一層の検討が必要である．

更や民営化には憲法上の制約は存在しないという結論になるはずである.

4］ おわりに

　憲法25条が社会保障制度改革との関係で有しうる含意，とりわけ国が社会保障制度について果たすべき役割について，2006年の健康保険法改正による政府管掌保険事業の全国健康保険協会への移管を主たる素材に，若干の考察を試みてみた．その考察の結果，とりあえずの結論としていえることは，違憲審査基準のあり方に関心を絞る憲法学はもちろん，社会保障の個別実定法により即した検討を行う社会保障法学も，事業主体や給付・サービスの提供主体の切り替えを含む大きな制度再編について，憲法25条が求める国の果たすべき役割という視点からは必ずしも十分には考察を深めていないということである．

　けれども，2006年改正による全国健康保険協会管掌健康保険の発足（2008年4月）や，社会保険庁の再編，その職員の非公務員化，さらには民営化もありうべしという議論の進展に鑑みると，憲法25条が「社会福祉，社会保障」の向上・増進について国に課している努力義務とは具体的にはどのようなものであるのか，各制度の事業主体や給付・サービスの提供主体について国が担うべき役割に関して，憲法25条は何らかの規範設定を行っているのか，憲法25条が挙げる「社会福祉，社会保障」には規範としての意義のある一定の「型」なり「像」があるのか[84]，といった点について，「生存権の理念」といった茫漠とした形ではなく[85]，法解釈論として突き詰めて検討

---

84) 籾井（1997, 147-148頁）が本文に述べたことに近い問題意識を持って議論を展開している．そこで，籾井教授は，「公的責任」を核とする社会保障の制度把握の見定めの鍵を社会保障制度の生成・展開の歴史に求める．筆者も共感を覚えるが，他方で籾井教授は，社会保障政策自体が時代の要求に対応し生成・展開してきた歴史的所産であり，「社会保障観」の見直しが迫られるのも歴史的必然であると述べている（籾井, 1997, 142頁）．そうだとすると，社会保障制度は時代の変化とともに変遷していく動的なものであって，過去の制度の生成・展開の歴史に縛られることはないはずである．したがって，籾井教授の議論でも，「公的責任」も時代の要求によって社会保障制度の把握の核とはならなくなりうることになる．

85) しばしば，社会保障立法の制定や改正に対する批判の拠り所として，「生存権の理念」ということがいわれるが，その内容は空虚で論者の価値観をそのまま移入してしまっていることが少なくない．しかし，そうした議論は，解釈論としてはあまりにも粗いという問題点を抱えているし，解釈論の裏付けのない，運動論的色彩の濃い立法政策批判となりがちである．

する必要がある．なるほど，本章で行ってきた検討は，3.1 の冒頭で述べたように訴訟形態を度外視した思考実験であり，なによりわが国では憲法裁判所等による法律施行前の抽象的憲法適合性審査が存在しないことに照らせば，実益に乏しいともいえる．しかし，法律案に関する内閣法制局や両院の法制局による審査ではその法律案の各条文の憲法適合性が検討されなければならないから，本章の問題提起を受けた検討が無益というわけではない．また，国民が選挙を通して立法府に対するコントロールを行うために国民に提供すべき基本的情報としても，本章で示唆した検討は重要なはずである．そして，そうした検討作業は，まさしく社会保障法学が真摯に取り組まなければならない課題である．

[文　献]

荒木誠之，1970，『社会保障法』ミネルヴァ書房．
岩村正彦，2001，『社会保障法Ⅰ』弘文堂．
岩村正彦，2002，「社会保障法入門第 39 講」自治実務セミナー 41 巻 5 号 9 頁．
岩村正彦，2004，「社会保障法入門第 59 講」自治実務セミナー 43 巻 6 号 8 頁．
遠藤美奈，2002，「『健康で文化的な最低限度の生活』再考——困窮者のシティズンシップをめぐって」飯島正藏＝川岸令和編『憲法と政治思想の対話——デモクラシーの広がりと深まりのために』新評論，105 頁．
遠藤美奈，2004，「『健康で文化的な最低限度の生活』の複眼的理解——自律と関係性の観点から」齋藤純一編『講座・福祉国家のゆくえ第 5 巻　福祉国家／社会的連帯の理由』ミネルヴァ書房，155 頁．
太田聰一，2001，「労災保険の課題——経済学の視点から」猪木武徳＝大竹文雄編『雇用政策の経済分析』東京大学出版会．
尾形　健，2001，「高齢者医療制度改革の構想（一）——憲法学の側から」法学論叢 150 巻 1 号 27 頁．
尾形　健，2002，「高齢者医療制度改革の構想（二）——憲法学の側から」法学論叢 150 巻 5 号 54 頁．
尾形　健，2000-2001，「福祉問題の憲法理論（一）（二）——現代正義論を手がかりに」法学論叢 147 巻 5 号 90 頁，149 巻 4 号 75 頁．
葛西まゆこ，2005，「生存権の規範的意義——憲法 25 条の裁判規範性をめぐる予備的考察」法学政治学論究 64 号 241 頁．
菊池馨実，1998，「生存権と介護サービス保障」民商法雑誌 118 巻 4・5 号 539 頁．
菊池馨実，2000，『社会保障の法理念』有斐閣．
菊池馨実，2002，「既裁定年金の引下げをめぐる一考察——法的側面からの検討」年金と経済 21 巻 4 号 76 頁．
倉田　聡，2003，「社会連帯の在処とその規範的意義——社会保障法における『個人』と『国家』そして『社会』」民商法雑誌 127 巻 4・5 号 612 頁．

倉田　聡，2005，「憲法『改正』と個別法律学習　社会保障法との関係──生存権，公私の役割分担」法学セミナー612号43頁．

厚生省保険局国民健康保険課監修＝国民健康保険中央会編，1989，『国民健康保険五十年史』ぎょうせい．

厚生省保険局編，1958，『健康保険三十年史　上巻』全国社会保険協会連合会．

厚生労働省保険局＝社会保険庁編，2003，『健康保険法の解釈と運用〔第11版〕』法研．

佐藤　功，1996，『日本国憲法概説〔全訂第5版〕』学陽書房．

初宿正典，2001，『憲法2　基本権〔第2版〕』成文堂．

嵩さやか，2006，『年金制度と国家の役割──英仏の比較法的研究』東京大学出版会．

辻村みよ子，2004，『憲法〔第2版〕』日本評論社．

中野妙子，2004，「年金制度のグランドデザイン第2部　スウェーデン」法律時報949号34頁．

中益陽子，2006，「拡大するイタリアの民間年金制度」日本労働研究雑誌552号67頁．

西村健一郎，2003，『社会保障法』有斐閣．

橋本宏子，1997，「福祉サービスを受ける権利と生存権」『定本憲法の21世紀的展開──針生誠吉先生古稀記念論文集』明石書店．

樋口陽一＝佐藤幸治＝中村睦男＝浦辺法穂，1997，『憲法Ⅱ』（注解法律学全集2）青林書院．

法学協会編，1948，『註解日本国憲法　上巻』有斐閣．

堀　勝洋，2004，『社会保障法総論〔第2版〕』東京大学出版会．

籾井常喜，1972，『労働法実務体系18　社会保障法』総合労働研究所．

籾井常喜編，1991，『社会保障法』エイデル研究所．

籾井常喜，1997，「総論的検討──社会保障法の理念と制度体系」日本社会保障法学会誌12号141頁．

八代尚宏，1998，「社会福祉の構造改革──市場を通じた供給基盤整備の方向」社会保険旬報2000号34頁．

渡邊絹子，2002，「ドイツ企業年金改革の行方」日本労働研究雑誌504号46頁．

『厚生年金保険法解説〔改訂版〕』2002，法研．

第5章 国有財産・公有財産に関する規制の緩和

碓井光明

1〕国有財産および公有財産を規律する法律

　国有財産について規律している主たる法律は，国有財産法である．また，国有財産の譲渡，貸付けなどについての特例を定める国有財産特別措置法が存在する．地方公共団体の財産（公有財産）については，地方自治法（以下，「自治法」という）が規律している．国有財産および公有財産は，それらを規律する法律は異なるものの，その規律の仕方はほとんど同じであるといってよい．それは，国有財産も公有財産も，国民または住民に税負担を求めて形成されたものであって，国民（住民）のために良好に管理されなければならない点において，共通しているからである（財政法9条2項，地方財政法8条を参照）．

　「国有財産」の範囲は，不動産（その従物を含む），船舶・航空機等（それらの従物を含む），地上権・地役権・鉱業権その他これらに準ずる権利，特許権・著作権・商標権・実用新案権その他これらに準ずる権利，株式・新株予約権・社債（短期社債等を除く）・地方債・信託の受益権およびこれらに準ずるもの並びに出資による権利である（国有財産法2条1項）．国有財産の範囲は，限定列挙されている．公有財産の範囲も，ほぼ同様に定められている（自治法238条1項）．

　なお，財政法9条の「国の財産」に「国有財産」が含まれることは当然であるが，それ以外に，物品管理法が規律する物品等の他の財産も含まれていることに注意する必要がある．地方公共団体の「財産」は，「公有財産」，物

品および債権ならびに基金から成ることが明示されている（自治法237条1項）．「国有財産」および「公有財産」に関して，その性質に着目して物品，債権等の他の財産と異なる特別な規律がなされているのである．

以下においては，「国有財産」と「公有財産」とを総称するときに，便宜上「国家財産」の言葉を用いることにしたい．

ところで，国家財産の原則的な規律を法律によって行う方式は，国についていえば，日本国憲法83条の「国の財政を処理する権限」に関する国会議決主義の具体化であり，地方公共団体については，憲法92条の地方公共団体の「運営」に関する事項としての位置づけによると理解される．しかし，法律（その委任に基づく政令を含む）によりどの程度まで詳細に定めるかについては，考え方の対立がありうる．国に関しては，細部については，旧大蔵省，現財務省の訓令によっている部分が多い．その方針決定には，旧国有財産中央審議会，現在の財政制度等審議会の関与する場合もある．

公有財産に関しては，自治法および自治法施行令（以下，「自治令」という）のほか，条例および規則による定めがある．また，条例によるべき旨を法律が求めている事項もある．自治法237条2項の「財産は，条例又は議会の議決による場合でなければ，これを交換し，出資の目的とし，若しくは支払手段として使用し，又は適正な対価なくしてこれを譲渡し，若しくは貸し付けてはならない」とする規定に例をみることができる．これを受けて「財産の交換，譲与，無償貸付け等に関する条例」のような名称の条例が制定されている．なかには，自治法96条1項8号の議会の議決に付さなければならない財産の取得または処分を定める規定，行政財産の使用料などを加えて同一の条例に定める地方公共団体もある[1]．そして，細部の事項は，「財務規則」，「財産規則」等の名称の規則による方法が一般化している．規則によっているのは，自治令173条の2が，「この政令及びこれに基づく総務省令に規定するものを除くほか，普通地方公共団体の財務に関し必要な事項は，規則でこれを定める」と規定していることによるが，それが財務事項規則専管主義と理解されてはならない．条例による規律も許されると解すべきである[2]．

---

1) たとえば，仙台市財産条例，大阪市財産条例など．大阪市条例は，普通財産の貸付期間，貸付料，貸付契約の解除等についても規定している．
2) 碓井（1999，174頁）．平岡（2004，86頁）をも参照．

2］行政財産と普通財産との違い

2.1 行政財産と普通財産との区別

　日本において，国家財産に関しては，行政財産と普通財産との区別が出発点である．この区別に対応して法の規律が異なるからである．

　国の行政財産は，公用財産，公共用財産，皇室用財産，企業用財産からなっており（国有財産法3条2項），いずれも，それぞれの行政目的に供されるものである．普通財産は，財政財産である[3]．地方公共団体の行政財産は，公用財産および公共用財産からなり，普通財産は「行政財産以外の一切の公有財産」である（自治法238条4項）．自治法には，企業用財産の観念が登場していないが，地方公営企業の用に供する資産，すなわち「企業用資産」の管理等について，地方公営企業法が特別の規律を加えている．ただし，同法は，自治法の一部特例を定めるものの，自治法の行政財産，普通財産等の規律を完全に排除するものではない．そして，企業用資産という場合の「資産」は，「公有財産」の範囲よりも広く，また，公有財産たる企業用資産が当然に行政財産であるわけではない[4]．

　行政財産と普通財産とを峻別する考え方が，日本の国家財産法を支配してきたといってよい．行政財産に関しては，行政目的を達成するため，あるいは，行政目的を阻害しないために，特別な強い規律がなされてきた．それは，「公法的規律」といってよいであろう．これに対して，普通財産については，基本的に私法による管理を前提にしつつ，なお公益目的により若干の特別の規律を付加するという方法が採用されてきた．

2.2 行政財産の規律

　行政財産に関しては，行政財産のままで貸付け，交換，売払い，譲与，信

---

[3] 普通財産は，旧国有財産法においては「雑種財産」と呼ばれていた．「行政財産以外の一切の国有財産」という現行国有財産法の定義からしても，雑種財産と呼ぶことにも理由があったといえる．

[4] 水道事業において，将来の建設改良財源に使用する目的をもって山林等を保有する場合の山林等は普通財産であるとされる（関根，1995，339頁）．この点において，国有林野の事業の用に供する国有財産がすべて企業用財産であるのと異なっている．

託,出資の目的とすること,私権を設定することは,禁止される(国有財産法18条1項本文,自治法238条の4第1項).これらの行為は,行政目的に供することと衝突ないし矛盾するからである.行政目的に供する必要性がなくなったときは,行政目的への用途を廃止し普通財産にしてから,貸付け,売払い等をすることになる.国の実施してきた事業について,その機能を維持したまま,民営化または民間に移管する場合には,いったん用途廃止をして普通財産としたうえで売払いまたは貸付けを行う迂回的方法がとられる(たとえば,かつての国立病院の民営化の場合).

しかし,行政財産についても,「用途又は目的を妨げない限度」において使用または収益を許可することができる(国有財産法18条2項,自治法238条の4第4項).これが「目的外使用の許可」と呼ばれてきた.この許可による行政財産の使用または収益については借地借家法の規定を適用しないこととされている(国有財産法18条5項,自治法238条の4第5項).

国の行政財産の使用許可の期間については,普通財産の貸付期間に関する国有財産法21条の規定が準用されるが,運用上は,行政財産の長期使用を認めると,その用途または目的を妨げるおそれがあるという理由で,原則として1年以内とする扱いがなされてきた[5].この使用許可期間に関する「運用上の制約」が,後に述べるさまざまな立法を必要とする理由の一つである.

使用許可をした場合にあっても,公共用または公用(国にあっては,さらに企業用もしくは公益事業の用)に供するため必要を生じたときは,許可を取り消すことができる(国有財産法19条による同法24条の準用,自治法238条の4第6項).地方公共団体にあっては,許可条件に違反する行為があった場合についても許可を取り消すことができる旨が明示されているのに対して,国有財

---

[5] 建部(1994,331頁).「国の庁舎等の使用又は収益を許可する場合の取扱の基準について」(1958・1・7蔵管第1号)6項は,許可の期間は1年以内としたうえ,法18条1項ただし書の規定に基づき地上権を設定できる場合については30年,法令に基づく無償使用である場合については5年とすることができるほか,1年以内とすることが著しく実情にそぐわない場合は,法21条または他の法律の定める期間内において,その必要の程度に応じて定めるものとしている.しかし,実情にそぐわない場合に必要の程度に応じて定めることを実際にはあまり認めてこなかったのであろう.行政財産たる土地の地下を地下鉄等の運輸事業の用に供する場合に30年,電力会社に電柱の設置のために使用させる場合等にあっては法令や電力会社の内規により定められた使用料の改定まで(最長30年)としていた(1960・11・16蔵管第2545号).

産法にはそれに対応する規定がみられない[6]．しかし，許可の附款として「撤回権の留保」を定めておくことにより同様の扱いが認められよう．

では，どのような場合に使用許可がなされているのであろうか．

実際には，「用途又は目的を妨げない」どころか，その行政財産の「用途又は目的」に積極的に適合する場合に使用許可する傾向がみられるといってよい[7]．すなわち「目的適合型使用許可」である[8]．これは，「用途又は目的を妨げない」ことを追求して，「用途又は目的を高める」方向さえも目指した結果なのかもしれない．法人化する前の国立大学の学生食堂を生活協同組合に使用させるような場合は，円滑な大学教育に不可欠な利用形態であったともいえる．また，「完全な目的内使用」も形式的には「使用許可」手続によってきたといってよい．地方公共団体の「公の施設」については，自治法および条例の規律により，そのような扱いがなされてきた．国にあっても，独立行政法人化する前の国立女性教育会館の宿泊施設の利用などは「完全な目的内使用」と位置づけられるべきものであった[9]．これらと別に，財産の有効活用の観点から，狭義の「目的外使用」も，今後は，渋々ではなく積極的に受け入れる姿勢が必要となろう[10]．

使用許可は，行政処分であって，契約の申込みに対する承諾ではない[11]．使用許可または使用許可取消処分に関する争いは，行政事件訴訟法による抗

---

[6] 当該財産を公共用または公用等に供する必要が生じた場合の取消しについては，19条が24条を準用しているので明示されている．

[7] 国における使用許可の具体的基準は，各省の訓令である各省所管国有財産取扱規則によっている．地方公共団体は規則等によっている．

[8] 目的適合型使用許可の類型の明確化を説くものとして，小幡（2001，792頁）がある．

[9] 森田（1997）は，国有財産法18条3項は，「目的阻害」の「外」にある行政財産の「使用」に関する許可の規定であって，「目的阻害」の「外」にあるならば，「目的外」の「使用」であろうと，行政外部者による「目的内」の「使用」であろうと，使用許可の対象として定めていると主張している．

[10] ただし，国において「収入支出統一の原則」，「歳入歳出混こうの禁止原則」（会計法2条）が採用されている結果，特別会計法等において別の定めがなされない限り，各省庁が目的外使用による収入を確保しても，それを直ちに当該部門の歳出に充てることができないので，収入確保のインセンティブは働きにくい．

[11] ただし，行政処分説で完全に一致をみているわけではない．都市公園法の公園施設の使用許可について，「公法上の契約関係」であるとし，管理許可を受けていた売店について「公法上の債権としての使用権」を有していたにすぎないとする裁判例がある（横浜地判平成元・10・30判例地方自治73号43頁）．旧国有財産法4条は，私権の設定を禁止したうえ「許可」の文言を使用することなく，「但シ其ノ用途又ハ目的ヲ妨ケサル限度ニ於テ其ノ使用

告訴訟として扱われ[12]，取消訴訟の場合は出訴期間の制限がある．

2.3 普通財産の規律

普通財産に関しては，貸付け，交換，売払い，譲与，信託，私権の設定が許容される（国有財産法20条，自治法238条の5第1項）．出資については，国の場合は，法律で特別の定めをした場合に限られるが（国有財産法20条2項），地方公共団体の場合は，その制約なしに認められる．これらのうち，貸付けについては，短期的な貸付けのほか，収入の確保を目的とした長期にわたる戦略的貸付けもありうる[13]．

普通財産は，私人が財産を有する場合と同じであるのかといえば，必ずしも，そうではない．国または地方公共団体に対して次のような制約を課している．

第一に，貸付けの期間について，国の場合は法律自体が規制している．土地および土地の定着物にあっては30年（植樹を目的とする場合は60年），建物その他の物件にあっては10年であり，更新を妨げないこととされている（国有財産法21条）．地方公共団体にあっては，法律または政令による期間制限はないが，地方公共団体の規則により期間制限をしている場合が多い．

第二に，交換についての制約がある．国有財産法によれば，「普通財産は，土地又は土地の定着物若しくは堅固な建物に限り，国又は公共団体において公共用，公用又は国の企業若しくは公益事業の用に供するため必要があるとき」に限って，それぞれ土地または土地の定着物もしくは堅固な建物と交換

又ハ収益ヲ為サシムルハ此ノ限ニ在ラス」と規定していた．その法状態において，美濃部（1940，843頁）は，この使用を私法上の使用契約と説明していた．公共用物については性質上私法上の使用契約は成立しえないが，公用物について公用に妨げがないと認めて使用権を設定することが可能であるというのである．

12) ただし，国有の行政財産の使用許可の申請を拒否した行為については，行政処分性を肯定する裁判例（富山地判平成11・12・13判例タイムズ1064号141頁）と行政処分に当たらないとする裁判例（青森地判平成4・7・28行政事件裁判例集43巻6＝7号991頁，千葉地判平成12・3・13判例地方自治206号84頁）とがある．公有の行政財産について行政処分性を肯定した例として，奈良地判平成14・3・29判例地方自治204号16頁がある．他に，住民訴訟の判決があるが，それは省略する．

13) 東京都中央区は，都心の学校跡地を区が出資する第三セクターに貸し付けて，その第三セクターが14階建貸ビル（日本橋プラザビル）を建設して賃貸料収入を確保し，区は第三セクターからの地代収入を獲得する方式を活用した．

することができる．「それぞれ」の文言があることから同種の財産との交換のみが許容され（27条1項本文），たとえば，土地と堅固な建物とを交換することはできない．また，価格の差額は，その高価なものの価額の4分の1を超えないものとされている（27条1項ただし書）．ただし，国有財産特別措置法によって，いくつかの例外が設けられている．そのうちで，一般的な例外として，「普通財産のうち土地又は建物その他の土地の定着物は，国又は公共団体において公共用，公用又は国の企業若しくは公益事業の用に供するため必要があるときは」，土地または建物その他の土地の定着物と交換することができるとされている（9条の3）．国有財産法の原則との違いは，堅固な建物に限らず建物一般が対象となること，同種財産である必要はないことの2点にある．このような一般的な例外は，特別措置法ではなく国有財産法27条の改正によるべきであろう．

公有の普通財産に関しては，自治法238条の5第1項において，明示的に交換が許容されている．しかし，交換については条例または議会の議決を要することとされている（自治法237条1項）．これを受けて，条例で定める場合を除くほか，財産の交換については議会の議決事件とされている（自治法96条1項6号）．実際には，条例において国有財産法27条に相当する内容が定められることが多い．しかし，条例において，その地方公共団体以外の者の所有する「同一種類の財産と交換することができる」とし，「価額の差額がその高価なものの4分の1をこえるときは，この限りでない」のように定める条例の規定（たとえば，神奈川県「普通財産及び物品の交換，出資，無償譲渡，無償貸付け等に関する条例」2条）があるときに，条例を改正せずに，個別議決によって他の種類の財産との交換が可能になるのか，同じく差額が4分の1を超える場合も個別議決によって可能になるのか，解釈問題が残される．このような条例の制限を逸脱する交換は，条例違反となり，議会の議決によっても許されないと解すべきであろう[14]．

普通財産を貸し付けた場合に，民法の規定および約定解除権の行使により貸付契約の解除が認められることはいうまでもないが，それに加えて，特別の法定解除権が認められる．公共用または公用（国にあっては，さらに企業用

---

14) 地方自治問題研究会編（2001，274頁）は，この趣旨の見解と思われる．

もしくは公益事業の用）に供するため必要を生じた場合における解除であり，この解除により借受人に生じた損失については補償請求権が明示されている（国有財産法24条，自治法238条の5第3項・5項）．

　普通財産の貸付けに関する争いの訴訟は，民事訴訟である．

3］ 規制の緩和

3.1　規制緩和の背景

　国家財産について特別の規律をする理由は，その財産としての良好な状態を維持し本来の効用を十分に発揮できるようにすることであるが，さまざまな理由から，その規制を緩和する必要が認識され，実際にも緩和する措置が講じられてきた．その背景となる理由は，次のとおりである．

　第一に，国家財産の有効利用を図る際に，私人の財産との間の垣根を取り去る必要が生じたことである．都市再開発法による市街地再開発事業の権利変換に際して，施設建築物の敷地となる土地につき地上権設定があったものとみなす場合（都市再開発法88条1項）に，この地上権の設定に国有財産法18条1項および自治法238条の4第1項の規定を適用しないとする都市再開発法88条6項は，古くからの例外規定であった[15]．信託[16]や合築に関する規定もそのような背景をもっている．

　第二に，政府部門が独占してきた業務に民間事業者が参入することを認め

---

[15] なお，敷地の共有化については，権利変換によっても，等価が担保されており権利の実質的内容に変更がないので処分には当たらないと解されている（都市法制研究会編，2004，414頁）．

[16] 国家財産たる土地の有効利用を図るために「土地信託制度」を「導入」すべきであるとして，1986年の法改正がなされた（改正後の国有財産法20条1項・28条の2以下，自治法238条の5第2項）．ただし，改正前において，土地信託が法的に許されていなかったとする消極説と，許されていたとする積極説とがありえた．改正当時の支配的な理解（たとえば，1986年1月10日国有財産中央審議会答申）は，消極説であった．信託は，国有財産法20条1項または自治法238条の5の普通財産に関する貸付け等の列挙類型のいずれにも該当しないというものであったと推測される．普通財産の運用類型ごとに要件，手続等に詳細かつ個別に規定されているからであるとされる（成田（1986，11頁），成田ほか編（加除式，4994頁（執筆＝磯部力））．なお，南（1984，14頁）を参照）．しかし，筆者は，信託に関する実際上の必要性の認識が弱かったために規定を欠いていただけのことで，必ずしも禁止されていたわけではないと考える．

るべきであるという流れが強くなっている。民間事業者の能力を活用することにより行政のコストを低減させることと，民間事業者の活動範囲を広めて経済の活性化を図るべきであるという考え方とが混合した結果といえる。広い意味の privatization である。また，公私協働の一場面でもある。PFI方式の公共施設の整備の場合の特例規定が典型的なものである。

3.2 公物管理法および「公の施設」との関係

国家財産法レベルの規制緩和を進める障害となるのが，個別の公物について規律する公物管理法（道路法，河川法等）である。公物管理法は，機能面からの管理法であり（私有公物も公物管理法の規制に服する），財産管理法である国家財産法とは別個の法体系が形成されている。そして，公物たる行政財産に関して規律を緩和しようとするときは，国家財産法のみならず公物管理法の規律を緩和しない限り目的を達成できない。従来は，公物管理法自体あるいはそれを所管する省の法解釈が国家財産法の規制緩和の障害になることが多かった。しかし，最近は，規制緩和による見直し作業のなかで，公物管理法を所管する省が「解釈」によって公物管理法の規律を弾力化する傾向も見られる。

地方公共団体の場合には，公物管理法とは別に，自治法によって「公の施設」に当たる施設に関しては，特別の規律を受けている。「公の施設」に関する自治法の規定（自治法244条以下）は，「住民の福祉を増進する目的をもってその利用に供するための施設」（244条1項）に関する「横断的な公物管理法」であるといってもよい。その結果，行政財産で，かつ，「公の施設」に該当し，さらに個別公物管理法の適用を受けることがありうる（三重の規律）。たとえば，地方公共団体がその所有財産を都市公園の用に供している場合は，行政財産として自治法の公有財産に関する規定，「公の施設」として自治法の「公の施設」に関する規定，さらに都市公園法の適用を受けるのである。

このような場合に，一般論としては，個別公物管理法の規定が優先適用される。たとえば，都市公園の使用許可に関しては，行政財産の使用許可よりも都市公園法の占用許可の規定（6条以下）が優先適用される。また，個別公物管理法の規定は「公の施設」に関する規定よりも優先適用されると解される。たとえば，都市公園も「公の施設」であるから，管理委託の制度が採

用されていた時点においては管理委託，指定管理者制度移行後は指定管理者活用の，それぞれ対象になるが，都市公園内の公園施設の管理については申請に基づく許可（管理許可）によって公園管理者以外の者に行わせることが可能である（都市公園法5条）．

こうして，複数の法体系の規律を受けるということは，それだけ規制緩和の障害となりやすいことを意味する．複数の法体系の全体が整合しないと，規制緩和が実現されないからである．

3.3 管理委託

管理委託に関しては，国と地方公共団体との間で，扱いの違いがある．

国にあっては，管理委託は，管理を国自ら行うことに対する例外であるから法律の根拠を要するという考え方に基づいて，1973年改正によって国有財産特別措置法10条1項が普通財産について，「各省各庁の長が当該財産の有効な利用を図るため特に必要があると認める場合には，その適当と認める者に管理を委託すること」を許容した[17]（それ以前は，旧軍用財産のほかは，個別法方式が採用されていたものである）．管理の委託を受けた「管理受託者」は，管理の目的を妨げない限度において，承認を受けて，当該財産を使用しまたは収益をすることができ（2項），その管理の委託を受けた普通財産の管理の費用を負担しなければならない（3項）と同時に，その収益は管理受託者の収入とする（4項本文）．そして，収益が管理費用を著しく超える場合には，管理受託者は，その超える金額の範囲内で各省各庁の長の定める金額を国に納付しなければならない（4項ただし書）．なお，管理委託の制度は一般的性質を有するのであるから，本来国有財産法に規定すべき事柄である．2006年改正により，ようやく国有財産法のなかに「管理の委託」に関する条項が盛り込まれた（改正後の26条の2）．その内容は，特別措置法10条をそのまま取り込むものである（これに伴い特別措置法10条を廃止）．当然の改正というべきである．

行政財産については，なおさら法律の根拠を要すると考えられている．そ

---

17) これが活用されている例として，横浜国際会議場の一部が株式会社に管理委託されている．

して，特定の財産について個別法律によって規定している場合がある[18]．

　管理委託を許容する例として，空港整備法は，第2種空港について，国土交通大臣による設置・管理を原則としつつ（4条1項），申請により地方公共団体に管理させることができるとし（4条2項），その場合には，当該空港内にある国有財産の管理を当該地方公共団体に委託するものとしている（14条1項）．この管理委託は，国土交通大臣から地方公共団体に管理を委託するものであって，私人に対する管理委託とは性質が異なるが，公物管理権と行政財産管理権とを一致させる立法例である．同様の立法例が若干存在する[19]．

　なお，病院経営の委託のように国の事務，事業の一部を外部に委託することができる場合にそれらの事務，事業を行うため必要な施設を提供すること，清掃・警備・運送等の役務を外部に委託した場合に役務の提供に必要な施設を提供することは，いずれも「使用又は収益」に該当しないとされてきた[20]．すなわち，行政財産に関する規制は，このような外部委託の障害にはなっていないのである．

　また，国と地方公共団体とを区別することなく管理を委ねることを許容する立法例がある．都市公園について，公園管理者（地方公共団体または国土交通大臣）以外の者は，①都市公園に公園管理者が自ら設け，または管理することが不適当または困難であると認められるもの，②公園管理者以外の者が設けまたは管理することが当該都市公園の機能の増進に資すると認められる

---

[18]　その例として，京都国際会議場に関し，「国有の会議場施設の管理の委託等に関する特別措置法」が，「当該施設の所在地をその区域とする地方公共団体その他その関係地方公共団体」に管理委託できる旨を定めている．京都国際会議場に関して，管理受託者は，その委託を受けた事務の全部または一部を「公益を目的として設立された法人で，資力及び人的構成がその事務を行なうのに適当と認められるもの」に委託することが許容されている（同法施行令3条1項）．

[19]　港湾法54条1項は港湾施設につき港湾管理者に，土地改良法94条の6は土地改良財産につき都道府県または土地改良区等に，それぞれ管理を委託することを許容している．また，職業能力開発促進法16条5項の定める障害者職業能力開発校の「運営委託」も管理委託の許容である．なお，郵政事業が国の事業として行われていた時点において，郵便貯金法（2002年改正前のもの）93条1項は，郵便貯金の普及のため周知宣伝に必要な施設（4条1項）の運営を認可法人たる郵便貯金振興会に委託するとし，その場合に，当該施設（代表的なものが郵便貯金会館（愛称：メルパルク））における国有財産の管理を振興会に委託するとしていた．運営委託と管理委託とを，概念上使い分けていたことがわかる．

[20]　「国の庁舎等の使用又は収益を許可する場合の取扱の基準について」（1958年蔵管第1号）2項ホ，ヘ．

もの，のいずれかであるときには，公園管理者の許可を得て，都市公園に公園施設を設け，または公園施設を管理することができるとされ（都市公園法5条1項），その期間は10年を超えることができない（更新するときの期間も同じ）とされている（同条2項）．公園施設の管理のみならず設置も可能とされている点に注目したい[21]．

地方公共団体に関しては，公有財産の管理委託としての一般的規定は見当たらない．しかし，おそらく，行政財産に関しては，特別の規定がない限り，その性質上管理委託になじまないと考えられてきたものと思われる[22]．そうした状況において，「公の施設」の管理委託の制度が存在した[23]．1991年改正前は，公共団体または公共的団体に対してのみ管理委託できるものとされて，管理受託者の公的性質が強調されていた．同年の改正により地方公共団体が50％以上出資している法人も対象とされた．

しかし，この点は，2003年の自治法改正により，指定管理者制度に改められた．規制緩和の要請から，一般の株式会社等にも管理業務を開放すべきであるという声が大きくなり，条例の定めるところにより，地方公共団体の指定する者（指定管理者）に公の施設の管理を行わせることができることとされた（自治法244条の2第3項）．指定は，期間を定め（5項），かつ，事前に議会の議決を経ることが必要とされている（6項）．

興味深いのは，一般的には，「行政処分から契約へ」，「公法から私法へ」という傾向があるなかで，この場面では「契約」から「行政処分」（指定行為）へという逆の動きがあったことである．これは，公の施設の使用許可のような行政処分も指定管理者に行わせることと関係があると理解されている

---

[21] 宮城県営宮城球場は，都市公園内の公園施設であるが，宮城県は，都市公園法5条による管理許可により，プロ野球の株式会社楽天野球団に管理させている．ちなみに球場は，2005年のシーズン開幕に向けて球団の費用において整備したうえで県に寄附されている．

[22] 普通財産の管理委託を禁止する実質的な理由を見出すことはできない．たとえば，普通財産のまま駐車場として収益を上げようとする場合に，管理委託が考えられる．もちろん，この場合に必ず「公の施設」としての設置のみが許されるとすれば，この議論は成り立たない．普通財産としての事業所用ビルを所有する場合の管理委託も考えられよう．この場合も，そのようなビルの所有自体が許されないとすれば，無意味な議論になる．

[23] 管理委託制度において，利用許可権限は委託に含めることができないとする見解が実務を支配していたがために（成田ほか編，加除式，5596頁（執筆＝稲葉馨），住民の日常的な利用について，管理受託者の担当者と別に地方公共団体の職員が利用許可の事務を行うという二重の構造になっていた．

ようである[24].

　この制度改正により，従来の管理委託方式は2006年9月以降許されないことになった．この改正によって大きな影響を受けているのは地方公共団体の出資法人，すなわち外郭団体である．公の施設の性質によっては，従来受託者となってきた外郭団体を指定しうる場合もあるが，一般には公正な指定基準に基づいて指定するのであって（公募して審査する方法が主流である），外郭団体も，株式会社やNPO等と競争状態に置かれるからである．

　ところで，「公の施設」の管理と行政財産の管理とが，完全に重なり合うわけではない．前者は機能管理であり，後者は財産管理である．この二つの系統の規律をどのように見るかが個別に問題となる．「公の施設」の管理方法の場面に応じて考察してみよう．

　第一に，すべての業務を地方公共団体が自ら行う方法がある．その場合にも，業務遂行のために一部の業務（たとえば清掃業務，受付業務，警備業務など）を民間事業者に委託することがあるが，それは行政財産の管理の委託ではない．

　第二に，包括的に管理を委ねるために，指定管理者を指定する方法がある[25]．もっとも，包括的管理といっても，それは，「公の施設」の「目的内の管理」であるから，行政財産の「目的外使用」の許可権限まで指定管理者に委ねることはできないと解されているようである[26]．しかし，狭義の目的外使用はともかくとして，「目的適合型使用許可」については指定管理者の権限とすることを許容することが合理的であろう．

　第三に，「公の施設」の用途を廃止して普通財産としたうえ，普通財産の貸付けの形式をとることもありうる．すなわち，民間事業者が地方公共団体

---

24) 市橋（2006, 166頁）．ただし，管理委託は自治法の「契約」に関する規定の適用される私法契約ではなく，「公法上の契約」であって，競争入札原則の適用などはないとされていたようである．委託の相手方が限られていたのであるから，競争入札に付しても競争の成立することは，ほとんどありえなかったのであろう．

25) 結婚式場等の用途の市民会館について，業者に行政財産の使用許可の形式をとって実質的に結婚式場施設の運営業務を委ねていたことが，自治法238条の4第4項に違反するとされた例がある（浦和地判昭和61・3・31判例時報1201号72頁）．現在であれば，指定管理者制度の活用によって適法になしうるであろう．

26) 2003年7月17日総務省の通知「地方自治法の一部を改正する法律の公布について」（総行行第87号），地域協働型マネジメント研究会編（2004, 22頁），三野（2005, 76頁）．

の普通財産の貸付けを受けて，従前と同じ形態の業務が遂行されることがありうる．いわゆる「公設民営」[27]の一例である．たとえば，公立病院の施設を医療法人に貸し付けるような場合である．この場合には，医療法人設置の病院にほかならない[28]．他方において，医療法人を公立病院の指定管理者に指定して，利用料金を指定管理者が収受できる方法を採用した場合には（自治法244条2第8項），医療法人は病院設置者である地方公共団体のために「公の施設」としての行政財産を管理しているのであって，自治法にいう貸付けを受けているのではない．

以上の仕組みによって，財産の果たしている機能はほとんど同じでありながら，一方は普通財産で，その貸付けについてもほとんど規制がないのに対して，他方は，行政財産で，かつ「公の施設」として，多くの規制を受けることになる．連続線上にある財産の活用状況について，ある線で区別することの不合理さがあるように思われる．

3.4 合築のために行う行政財産たる土地の貸付けの許容

国または地方公共団体が一定の相手方と1棟の建物を区分して所有するために，その相手方に行政財産たる土地を貸し付けることまたは地上権を設定することが許容されている（1973年の国有財産法改正および1974年の自治法改正）[29]．土地の需要が強いなかで土地を有効に活用する趣旨である．これが

---

[27] 「公設民営」の意義は，必ずしも一義的ではない．施設の設置のみならず施設の機能発揮に関する責任は設置者として地方公共団体が負い，管理についてのみ包括的に民間に委ねる場合は，指定管理者の指定によることになる．保育所の公設民営は，この方式によるものが多い．横浜市の「横浜市立みなと赤十字病院」は，この方式の病院である．これに対して，機能発揮の責任も含めて移転する場合のみを「公設民営」と称する場合もある．地方公共団体が資金や用地を提供して設立されている私立大学を「公設民営」の大学と呼ぶことが多い（たとえば，鳥取県と鳥取市による鳥取環境大学，沖縄県と同県北部12市町村による名桜大学など）．指定管理者手続の要否のみならず，施設の設置主体の判定と，それに基づく関係法令による申請義務者の判定に当たり，いずれの方式であるかを確定しなければならない．

[28] 市が，病院敷地を購入して病院用建物を建築し最新の医療機器を搬入したうえ，この土地建物を医療法人に賃貸し，医療機器等を無償で使用させた場合について，この土地建物は行政財産に当たらないとして貸付けを適法とした裁判例がある（奈良地判平成5・5・31判例タイムズ848号186頁）．東京都は，「都立病院改革マスタープラン」に基づいて都立病院の運営について財団法人東京都保健医療公社への移管を進めている．移管後も，東京都は，病院の土地建物を無償で貸し付けている．東京都保健医療公社は，東京都と東京都医師会が共同して設立した財団法人である．出えん金の98%は，東京都によるものである．

[29] 同じ目的を達成するのに，行政財産たる土地を合築の相手方と共有にする方法も考えら

「合築」の許容といわれている．ただし，その相手方は限定的である．

国有財産法は，地方公共団体を掲げ（18条1項ただし書き），その委任による政令は，次のように列挙している（12条の2）．

  1 特別の法律により設立された法人で国が出資しているもののうち財務大臣が指定するもの（1号）

      大蔵省告示によって，独立行政法人通則法2条1項に規定する独立行政法人および独立行政法人等登記令別表の名称の欄に掲げる法人とされている．

  2 港務局，地方住宅供給公社，地方道路公社および土地開発公社ならびに地方公共団体が50％以上出資している民法34条の法人（2号，大蔵省告示）

  3 各種共済組合

地方公共団体の場合も，同様に合築目的の行政財産たる土地の貸付けが認められている（自治法238条の4第2項，自治令169条の2）．相手方について，当初は，国有財産の場合と同様の定めであったが，土地の高度利用を一層推進する観点から[30]，1988年の自治令の改正によって，出資法人のなかに2分の1以上の出資を要件に，民法34条法人，株式会社および有限会社も含め，かつ，「公共団体又は公共的団体で法人格を有するもののうち，当該普通地方公共団体が行う事務と密接な関係を有する事業を行うもの」も含めた（自治令169条）．この密接事業法人には，たとえば，保育所を設置する社会福祉法人なども含まれる．

3.5 地上権の設定および立体的公物

土地の立体的利用を可能にするために鉄道，道路，ガスの導管，電気通信

    れるが，この「共有化」は，行政財産の処分に当たると考えられているのであろう（市川編，1971，227頁）．なお，共有形態で行政財産を保有することは一般的管理に支障をきたすので，共有にしても管理に支障がない場合，特別法によって共有になる場合以外は認められないとされる．許容される例として，建物区分所有法による区分所有建物の一部を行政財産として取得する必要があり，その敷地について共有者となることは，その行政財産の管理に支障がないので可能であると解されてきた（市川編，1971，237頁）．なお，注15）を参照．

30） 公有財産の有効活用等に関する調査研究会「行政財産の合築制度の見直しについて」（1987年2月）．

線路等の用に供する場合に，従来は使用許可の方式が用いられていた．1973年の国有財産法改正および1974年の自治法改正によって，前記の用途に供するために，国にあっては地方公共団体（地方公共団体にあっては，国，他の地方公共団体）および一定の法人に対して地上権を設定することが許容された．一定の法人は，その施設を設置することのできる鉄道事業者，道路会社，電気事業者，ガス事業者，水道事業者，電気通信事業者に限定されている（国有財産法施行令12条の3，自治令169条）．これにより，高架道路，地下鉄，上下水道，通信ケーブル等の施設のための地上権設定が可能とされている．

この方式を可能にするために，一定の公物管理法に立体的区域制度が設けられている．たとえば，道路の存する地域の状況を勘案し，適正かつ合理的な土地利用の促進を図るため必要があると認めるときは，「道路の区域を空間又は地下について上下の範囲を定めたもの」とすることができる（道路法47条の5）．これが「道路の立体的区域」と呼ばれる．同様に，「道路保全立体区域」（道路法47条の9），「河川立体区域」（河川法58条の2），「河川保全立体区域」（河川法58条の3），「河川予定立体区域」（河川法58序の5），都市公園につき「立体的区域」を定めた立体都市公園（都市公園法20条）の制度がある．そして，道路管理者は，道路の立体的区域とした道路と道路区域外の建物とが一体的な構造となる場合の建物（「道路一体建物」）の所有者と協定を締結して管理を行うことができる（道路法47条の6）．同じく，立体都市公園と，その区域外の建物とが一体的な構造となるときにも，同様の協定を締結することができる（都市公園法22条）．

3.6 PFI法

いわゆるPFI方式による公共施設の整備の場合には，事業者に国家財産の使用を認める必要がある．その場合に，行政財産についての規制が障害となることを避け，PFI方式を採用しやすくするために，「民間資金等の活用による公共施設等の整備等の促進に関する法律」（以下，「PFI法」という）も，国家財産法の行政財産に関する規律を緩和させている．2005年改正により大幅な緩和がなされた．改正後の法状態は次のとおりである．

第一に，選定事業を実施する者として選定された「選定事業者」（PFI事業者）に対して，国有または公有の行政財産を使用させる必要のある場合に，

貸付けによることを許容している（同法11条の2第1項，第6項）．

　第二に，選定事業者が1棟の建物の一部が当該選定事業に係る公共施設等である建物の全部または一部を選定事業者が所有しようとする場合（「特定建物」，すなわち合築建物の場合）に，必要があると認めるときは，行政財産である土地を，その用途または目的を妨げない限度において，貸し付けることができる（同法11条の2第2項，第7項）．これにより行政財産である土地の貸付けを受けた選定事業者が特定民間施設を譲渡しようとする場合に，必要があると認めるときは，その土地を，当該特定民間施設を譲り受けようとする第三者に貸し付けることができる（11条の2第4項，第9項）．さらに，その第三者が再譲渡しようとする場合にも，同様の扱いが認められる（11条の2第5項，第10項）．

　第三に，貸付けを受けた者が特定建物のうち選定事業に係る公共施設以外の部分（「特定民間施設」）を選定事業の終了後においても引続き所有しようとする場合において，必要がある場合にも，その行政財産である土地を，用途または目的を妨げない限度において，貸し付けることができる（同法11条の2第3項，第8項）．その特定民間施設を譲渡しようとする場合にも，同様の扱いが許容される（11条の2第5項，第10項）．

　第四に，特定施設の設置の事業であって選定事業の実施に資すると認められるもの（「特定民間事業」）の用に供するために，行政財産を，その用途または目的を妨げない限度において，当該特定民間事業を行う選定事業者に貸し付けることができる（11条の3第1項）．選定事業の終了後においても同様である（11条の3第2項）．これらは，合築以外の形態による民間施設の併設の場合にも貸付けを可能にするものである．選定事業者から特定施設の譲渡等を受けた第三者に対する貸付けも可能とされている（11条の3第3項，第4項）．さらに，特定民間事業の用に供するために，行政財産を，その用途または目的を妨げない限度において，特定民間事業を行う選定事業者に貸し付けることができる（11条の3第5項）．選定事業の終了後（6項），選定事業者が特定施設を譲渡しようとする場合（7項），それらの再譲渡の場合（8項）も同様である．

　譲渡または再譲渡の場合にも，行政財産たる土地の貸付けを許容して，最も経済合理性を発揮できる者が譲り受けることを可能にすることによって，

選定事業者となることへのインセンティブを高める狙いがある．こうした拡充によって，国家財産法の特例を定めるPFI法11条の2は12個の項，11条の3は9個の項からなる大きな条文となっている．なお，これらと別に，選定事業の用に供する間，国有財産または公有財産を無償または時価より低い対価で選定事業者に使用させることができる旨の規定も置かれている（12条）．

3.7　港湾施設の貸付け・管理委託

国土交通大臣の実施する港湾工事によって生じた港湾施設は，港湾管理者に譲渡することができるほか（港湾法53条），譲渡しない場合は，貸付けまたは管理委託を行うこととされている（54条）．また，港湾管理者が設立されたときに，国の所有に属する港湾施設で一般公衆の利用に供する必要のあるものは，港湾管理者に譲渡，貸付けまたは管理委託をしなければならない（54条の2）．公物管理権を有する者が，行政財産の使用許可ではない方法で使用できるようにする措置である．

さらに，2005年の「港湾の活性化のための港湾法の一部を改正する法律」により重要な改正がなされた．特定国際コンテナ埠頭を構成する行政財産である国有財産もしくは公有財産または外貿埠頭公社の岸壁等を特定国際コンテナ埠頭の認定運営者に貸し付けることができることとされた（改正後の55条）．これは，民間会社が荷捌き施設などの設備投資をしやすくするものである．なお，2006年には，港湾管理者の認定を受けた重要港湾特定埠頭の運営事業者に対して，特定埠頭を構成する行政財産を長期にわたり貸し付けることを許容する改正もなされた（改正後の54条の3第6項）．

このようにして，港湾の国際競争力を強め，あるいは海上物流の強化を目的として行政財産の貸付けを許容しているのである．

3.8　構造改革特別区域における特例

構造改革特別区域法は，地域の特性に応じて規制の特例措置を受けられるようにして地域の活性化を図ろうとする目的で2002年に制定された．同法により，構造改革特別区域内の漁港において漁港管理者により必要な資力および信用を有することその他の基準に適合すると認められた事業者が行う特

定漁港施設運営高度化推進事業または同区域内の港湾において港湾管理者により港湾管理計画に適合することその他の要件に適合すると認められた事業者が行う特定埠頭運営効率化促進事業のうち，促進する必要があると認めて，地方公共団体の申請に基づき内閣総理大臣が認定したものの事業に供するために，国または地方公共団体は，特定漁港施設または特定埠頭を事業者に貸し付けることができる (21条1項, 22条1項). 基準への適合または要件該当の認定に当たっては，公告，縦覧その他の当該貸付けが公正な手続に従って行われることを確保するために必要な措置を講じなければならない (21条5項, 22条5項).

4] 国有財産法・自治法の改正へ

4.1 財政制度等審議会の答申

2005年2月，財務大臣は，財政制度等審議会に対して，「最近の国有財産行政を巡る状況を踏まえた，今後の国有財産の制度及び管理処分のあり方について」諮問した. これを受けて，国有財産制度部会および国有財産分科会の審議を経て，2005年11月に「今後の国有財産の制度及び管理処分のあり方について——効率性重視に向けた改革——(中間答申)」が提出された. この答申の核心は，副題にもあるように，効率性を重視した国有財産行政への転換にある. 答申によれば，国有財産が国民共通の貴重な資源であり，かつ，国民経済上相当な規模に上ることに加えて，現下の厳しい財政事情等を踏まえた結果であるという. これを基に国有財産法の改正作業が開始され，2006年1月に，上記と同じタイトルの最終答申が出され，2006年1月召集の通常国会に国有財産法および自治法の改正法案が提出され，成立した.

最終答申は，効率性重視の観点から，効率性の向上を図るための具体策として，①既存庁舎等の効率的な使用の促進，②行政財産の民間利用の促進，③耐震性能を確保した庁舎等の効率的な整備の推進，④国家公務員宿舎行政，⑤国有財産の売却の促進を提案している. また，効率性の向上を図るための手続等の面における透明性および公平性の向上を図るための具体策として，①未利用国有地の売却手続の明確化，②優遇措置の運用の見直し，③コスト

分析等の定量的分析手法の導入，④情報提供の拡充，⑤政府出資の評価方法の見直し，を掲げている．さらに，「その他」として，国民の利便性の向上等を図る観点からの方策として，①地役権の導入，②国有財産の貸付料等に係る口座振替の導入，③国有財産法第13条に基づく国会議決の金額基準の見直し，を提案している．これらの提案のなかには，法改正を要することなく運用の改善により達成できる項目もあるが，多くは，現行法の規制を緩和する必要のあるものである．以下において，国有財産法改正の内容を取り上げるなかで，最終答申の考え方をみることにしよう．

4.2 行政財産の貸付対象の拡大

　最終答申は，「庁舎等の一部に生じた余剰床等について長期安定的な民間利用を促進する観点から，行政財産であることに配意しつつ，可能な限り民間ビルと同等の使用収益条件を整備する必要がある」という認識に立って，国有財産法において行政財産の貸付対象に庁舎等の余剰床等を追加し，借地借家法を適用させて安定的利用に向けた条件を整備し利用者の予見可能性を向上させ，行政財産の性格に応じた使用収益期間の設定が可能になるよう運用することが適当である，としている．一棟の庁舎等が不要となった場合の売却の支障とならないように，法定更新権のない定期借家権を活用し，借地権の設定については慎重に扱うこととすべきである，としている (6-7頁)．改正法は，国の庁舎等の使用調整等に関する特別措置法2条2項に規定する庁舎等について「その床面積又は敷地に余裕がある場合として政令で定める場合において，国以外の者（当該庁舎等を所管する各省各庁の長が当該庁舎等の適正な方法による管理を行う上で適当と認める者に限る．）に当該余裕がある部分を貸し付けるとき」を行政財産の貸付け可能な項目に入れている（改正後の18条2項4号．改正後の自治法238条の4第2項4号も同趣旨）[31]．

　さらに，答申は，「行政財産である土地に，利用者が空港ビルなど堅固な

---

31) 同時に改正された「国の庁舎等の使用調整等に関する特別措置法」は，国内部における手続を整備するために，財務大臣が，庁舎等の使用調整を行うことにより庁舎等の床面積または敷地に余裕が生ずると認められるときに，関係の各省各庁の長に対して，用途廃止，借受けの見直しと並んで，国有財産法18条2項4号の規定に基づき国以外の者に余裕部分を貸し付けることを求めることができるとし（改正後の4条6項3号），その場合には，あらかじめ財政制度等審議会に諮り，その意見を聴かなければならないとしている（4条7項）．

工作物を自ら設置する場合についても，利用者の予見可能性を向上させる観点から，新たに貸付対象に追加し，長期安定的に利用を認めることが適当である」としている（7頁）．これを受けて，改正法は，「国以外の者が行政財産である土地の上に政令で定める堅固な建物その他の土地に定着する工作物であって当該行政財産である土地の供用の目的を効果的に達成することに資すると認められるものを所有し，又は所有しようとする場合（国と一棟の建物を区分して所有する場合を除く）において，その者（当該行政財産を所管する各省各庁の長が当該行政財産の適正な方法による管理を行う上で適当と認める者に限る）に当該土地を貸し付けるとき」を行政財産の貸付対象として許容している（改正後の18条2項1号．改正後の自治法238条の4第2項1号も同趣旨）．

4.3 合築の対象の拡大・定期借地権の設定

答申は，合同庁舎化の推進に当たり，一定面積以上の敷地を確保することにより建築基準法に基づく容積率の割増特例などを活用し効率的な庁舎等の整備を図ることの妨げにならないように，「必要な敷地面積の確保が可能となるよう，国有財産法上，合築の相手方に国有地の隣接地の地権者を加えることが適当である」としている．その場合に，庁舎等の完成後における維持管理面などに支障が生じないよう，地権者全員の合意を要件とするなどの運用面の十分な配慮も必要であるとしている（10-11頁）．これを受けて，改正法は，「国が行政財産である土地及びその隣接地の上に国以外の者と一棟の建物を区分して所有するためその者（当該建物のうち行政財産である部分を所管することとなる各省各庁の長が当該行政財産の適正な方法による管理を行う上で適当と認める者に限る．）に当該土地を貸し付ける場合」を貸付け可能な場合に加えている（改正後の18条2項3号．改正後の自治法238条の4第2項3号も同趣旨）．

なお，答申に明示されていなかったことであるが，改正法は，合築のため行政財産である土地の貸付けを受けた者が当該土地の上に所有する一棟の建物の一部（「特定施設」）を国以外の者に譲渡しようとするときに，「当該特定施設を譲り受けようとする者（当該行政財産を所管する各省各庁の長が当該行政財産の適正な方法による管理を行う上で適当と認める者に限る．）に当該土地を貸し付けることができる」としている（改正後の18条3項，改正後の自治法238条の4第3項も同趣旨）．再譲渡の場合も同様である（改正後の18条4項．改正

後の自治法238条の4第4項も同趣旨).

　また，答申は，合築の場合など行政財産としての敷地を民間に貸し付ける場合に，相手方の事業等の実態に応じた多様な貸付形態を可能にすることが適当であるところ，一般の定期借地権（貸付期間50年以上）を活用しようとしても，その活用を国有財産法の貸付期間（土地等の場合最長30年）が妨げているので，一般の定期借地権の設定が可能となるよう改正をすべきである，としている（11頁）．これに対応して，改正法は，普通財産の貸付期間に関して，「建物の所有を目的として土地及び土地の定着物を貸し付ける場合において，借地借家法第22条の規定に基づく借地権の存続期間を設定するとき」は50年以上と定めている（改正後の21条1項2号）．これが19条により行政財産の貸付けの場合に準用されることになる．

4.4　未利用国有地等の売却を容易にするための交換制度の導入

　答申は，現行法において，国有財産の交換が厳しく制限されているが，売却困難な国有財産のうち立地条件の劣る無道路地，不整形地等について隣接地と土地の一部を交換して進入路の確保，土地の整形化等を行って処分を容易にするために，可及的速やかに，国有地の円滑な処分のために交換を可能とするとともに，借地契約の対象となっている国有地[32]の借地権を消滅させるために，借地権と底地である国有地の一部との交換を可能とすることが適当であるとしている（13-14頁）．これを受けて，国有財産特別措置法9条2項に，普通財産たる土地および土地の定着物（「土地等」）は，「所管する各省各庁の長が当該土地を円滑に売り払うため必要があると認めるときは，当該土地等の一部について，隣接する土地等の一部若しくは全部又は当該土地の上に存する借地権の一部と交換することができる」という条項が盛り込まれた．

4.5　地役権設定の許容

　答申は，行政財産である土地に地上権の設定が認められている場合に，地

---

[32]　借地権付きの土地が問題になるのは，無道路地，不整形地とともに，答申が述べるように，相続税の物納によるものである．

上権の設定には土地の分筆登記等を行う必要があるところ，民間においては，その必要のない地役権の設定が一般的に利用されているという認識に立って，「今後，長期安定的な利用が求められる公共的施設の設置のうち民間において一般的に地役権の設定が利用されているものについては，行政財産においても同様に，国有財産法上，地役権の設定を可能とすることが適当である」とし，「国有財産法上，公共的施設の存する期間に応じて地役権の存続期間の設定を可能とすることが適当である」としている（18-19頁）．改正法に，これに対応した規定が設けられている（改正後の2項6号．改正後の自治法238条の4第2項6号も同趣旨）．

5］ 弾力的思考による制度設計

5.1　行政財産と普通財産との間の壁の見直し

　日本の国家財産法は，一貫して行政財産と普通財産とを峻別し，行政財産に関する規制が不都合な場合に，個別に例外を認める立法措置をとってきた．しかしながら，そのような峻別が必要なのであろうか[33]．

　たとえば，国の企業用財産である国有林野については，1951年の国有林野法（同法は，1998年「国有林野の管理経営に関する法律」に改称された）制定時から国以外の者に対する貸付けが許容されてきた．現在の「国有林野の管理経営に関する法律」7条1項は，次の場合には，その用途または目的を妨げない限度において，契約により，貸し付け，または貸付け以外の方法により使用（収益を含む）させることができるとしている．

1　公用，公共用または公益事業の用に供するとき．
2　土地収用法等により他人の土地を使用することができる事業の用に供するとき．
3　同法6条の2第1項の計画（公衆の保健の用に供するための計画）に従って整備される公衆の保健の用に供する施設の用に供するとき．
4　放牧または採草の用に供するとき．

---

[33]　公有財産について問題を提起した文献として，遠藤（1991）がある．

5 その用途または目的を妨げない限度において，貸し付け，又は使用させる面積が5ヘクタールを超えないとき．

ここにおいては，特に第5号が，面積要件のみによって貸付先（または使用する者）の用途を問うことなく，当該国有林野の用途または目的を妨げないことを要件に，貸付け，その他の方法による使用を許容していることがわかる．この例からも，行政財産であることと貸付け等とが，当然に適合しないとはいえないのである．

国に関しては，各省各庁の長が，その所属する行政財産について管理する分担管理原則が採用されている（国有財産法5条）[34]．これに対して，普通財産については，管理・処分の権限が財務大臣に帰属している（6条）．このような構造において，行政財産については，財務大臣が直接に管理に乗り出すことができないため，法律により厳格に規制している面が強いと思われる．しかし，これからは，行政財産についても，使用許可という消極姿勢ではなく，行政財産としての機能を維持しつつ，積極的に財政収入をも確保する目的で利用する必要がある．そうした発想による場合には，財政財産としての普通財産との違いは相対的なものになるはずである．

地方公共団体においては，公営企業に属する財産を除いて，管理権が，分担管理ではなく長に集中しているのであるから，行政財産を取り出した法規制の必要性は，国の場合よりもいっそう低いといわなければならない．

これまでの立法方法は，必要に応じて行政財産についても「貸付け」という私法的利用関係を認めて，行政財産の貸付方式の制約を解除するものであった．しかし，法律により個別に制約を解除する方法は，機敏な対応を妨げている（省庁の要望が法改正として実現するまでに，通常は長期間を要する）．「行政財産」という大きな分類の故に，普通財産との間の壁が弾力的な対応を妨

---

34) 目的が共通でありながら，国家公務員宿舎は行政財産とされ，地方公共団体の職員宿舎は普通財産とされている．国家公務員宿舎については分担管理する必要のある場合があるという前提によるものと思われる．国家公務員宿舎法4条は，官舎の設置は原則として財務大臣が行うとしつつ，各省庁の所属職員のみに貸与する目的で設置する宿舎で，事業特別会計の負担において設置する場合などに限定して各省各庁の長が設置することを認めている．しかし，郵政事業の国からの分離などによって分担管理の必要性は次第に失われており，大部分は「合同宿舎」で十分となれば，業務上等において特別に必要とされる宿舎（国家公務員宿舎法4条3号にいう「特別の事情がある場合」）を除いて，普通財産として財務省管理としても不都合はないはずである．

げているといわざるをえない.

そこで，この壁を見直す場合に，複数の方法が考えられる.

第一に，行政財産と普通財産との区別を廃止する大胆な方法である．国の省庁は，公用または公共用に管理している財産を自らが否定するような私権設定をすることは考えにくい．また，地方公共団体にあっては，財産の処分等について議会の議決によって慎重な対応を求めることができる．

第二に，現行の行政財産のうち，一定のものを行政財産から分離して多様な利用を可能にする方法である[35]．これにより，たとえば，狭義の行政財産，中間財産および普通財産の3分類などが考えられる．どのような基準で分類するかについては，その有用性により確定すべきであろう．

これとは別に，行政財産のなかで，公共用財産と公用財産との間に区別を設けて，公用財産については，公用を妨げない限度において，多様な利用を可能にする方法もありうる．たとえば公立学校の講堂で休日や夜間に学校としての使用予定のないときに講演会や演奏会のために使用を認めることには，使用に伴う費用問題を別とすれば，それほど制約を設ける必要はない．

第三に，行政財産の分類・区分を維持したうえで，その規律の手法を変える方法がありうる．一般的に行政財産についても貸付けの途を開いたうえで（すなわち法律による禁止をなくしたうえで），行政財産の貸付けの決定については，特別の手続を要するとする方法（国にあっては財政制度等審議会の答申を経て財務大臣が承認[36]するなどの方法）も検討されるべきである．法律による一律の規制から「手続による規制」へと変える発想が必要である．地方公共団体の場合にも，議会の議決に先立って諮問機関の答申を経ることも検討されてよい．

5.2 行政財産による収入の確保

行政財産についても，その用途または目的を妨げない限り，収益の確保を図ることを可能にする必要がある．すでに，地方公営企業の用に供する行政財産たる土地については，地方公営企業法35条の委任に基づく政令である

---

[35] 神奈川県平成15年度部局共同研究チーム（2004, 102頁）．
[36] 承認は，個別方式のほか，一定の類型のものについて一括承認もありえよう．一括承認のものは，一定期間運用後に政令等に引き上げることも考えられる．

同法施行令26条の5（1989年追加）が，その用途または目的を妨げない限度において，国，他の地方公共団体，自治令169条の表の第1号の下欄に掲げる者（自治法23条の4第2項により行政財産たる土地を貸し付けることのできる相手方），民法34条法人，株式会社，有限会社および総務大臣の指定する法人に対し，「当該土地の用途として適切と認められる建物又は施設の用に供させるため，当該地方公営企業の収益の確保に寄与する場合に限り，これを貸し付けることができる」としている[37]．これは，公有地の一層の有効活用を図り，文字通り「地方公営企業の収益の確保」に資するための対応であるといわれる．株式会社等も，制限なしに含まれていることに注意しておきたい．ただし，用途としての適切性の判断が必要であるうえ，一定の事項について留意しなければならないとされる[38]．

最近，地方公共団体において，行政財産を私人に利用させて収入の確保を図る動きが強まっている．財政制度等審議会答申も「現在は制限されている営利を主たる目的とする使用収益を可能とすることが適当である」と述べているが（7頁），この「制限」が法令による制限なのか運用上の制限なのか明らかでない．地方公共団体のなかには，国に先行して実施している実態がある．その具体例には，次のようなものがある．

第一に，庁舎の駐車スペースについて，庁舎訪問者のない休日に一般の人々の利用に供することによって駐車料金を確保する．これは，休日にのみ公用財産から公共用財産に転換したわけでもない．

第二に，行政財産を活用して企業の広告・宣伝等の場を提供して，収入を確保する方法である．すなわち，行政財産に広告を認めることによる使用料[39]，「公の施設」に私企業の名称を冠することによる命名権（naming

---

[37] 詳しくは，諸橋（1992）を参照．
[38] 関根（1995，365頁以下）．
[39] 横浜市の例（地下道壁面，磯子区総合庁舎入口脇の外壁など）について，横浜市広告事業推進担当（2006，64頁以下）を参照．道路施設については，道路としての本来価値と別の「広告媒体としての価値」，すなわち広告価値があるという考え方で，その広告媒体を利用する権利（広告権）の対価を広告料として歳入できるとし，また，市役所本庁舎の広告付き玄関マットについてはマット制作費・リース代の負担のほか庁舎床面の目的外使用料を払うというものである（齋藤，2005，165頁；横浜市広告事業推進担当，2006，66頁以下）．埼玉県も県営住宅壁面への広告事業者を募ることにした．広告事業者選定審査基準によって選定される．

right)[40] の対価などの収入を図る動きが進みつつある．これまで行政財産は「中立性」を保つべきであるなどの理由から，このような収入確保については，行政財産の用途を妨げないとしても「目的」を妨げるものとして，否定する見解が多かったが[41]，法律自体で規制されているとみるのか，運用レベルの問題であるのか判然としない点があった．法律により当然に禁止されているわけではないと解されるので，国の省庁または地方公共団体が弊害ないと判断する限り，このような収入の確保を図ることは妨げられないというべきである．もちろん「手続による規制」を加えることは差し支えない．

さらに，今後の方向として，次のような方法も考えられる．

第一に，行政財産たる土地の有効利用を図るために，高層の建物を建てて，余剰階を貸し付けて収入を確保することも考えられてよい．建物について行政財産と普通財産との合築ということになろうか．

第二に，庁舎や「公の施設」についてのリースバック（または売却後リース）による資金調達を可能にすべきであるという提案もなされている．これは，民間の本社ビルを活用した資金調達方法などに学んだものである[42]．しかし，非常時の資金調達手段として途を開く必要があるかもしれないが，後年度の歳出を決めてしまう点において，健全財政主義の観点からは望ましくないと思われる．

5.3　普通財産の処分等による収入の確保

財政状況の厳しい中で，普通財産の売却等により収入を確保する方策が工夫されている．それらの代表例を挙げると次のとおりである．

第一に，土地の定価売却である．普通財産の売却は，通常の「契約」に関

---

40) 最も代表的なものとして，横浜国際総合競技場（その法的位置づけは横浜市公園条例に基づく新横浜公園の総合競技場である）につき「日産スタジアム」とし，年4億7,000万円，5年間で総額23億5,000万円の契約をした例がある（詳しくは，横浜市広告事業推進担当，2006，109頁以下）．命名権の設定自体は行政財産の使用ではなく，普通財産たる「商標権に準ずる権利」であるという解釈である．宮城県の宮城球場（その法的位置づけは，県立都市公園条例に基づく宮城野原公園の有料公園施設である）は，命名権設定により「フルキャストスタジアム宮城」と改称された．他にも，多数の命名権が設定され，また募集中のものも多い．

41) 庁舎等の利用していない屋上に特定商品を広告するためのネオン塔を設置させることは，行政財産の目的を妨げる例であるとする見解がある（建部，1994，324頁）．

42) 神奈川県平成15年度部局共同研究チーム（2004，103頁）．

する規制に従って一般競争入札による原則になっている．しかしながら，国にあっては，相続税の物納財産たる土地の売却を促進するために，一時，公募抽選方式の定価売却を実施した．これは小規模宅地について一般国民が購入しやすくするための措置であった．会計法のうえでは随意契約であり，随意契約制限主義の下において，「予算決算及び会計令臨時特例」に特別の規定を設けて実施したものである（ただし，2002年改正により廃止され，最低売却価格事前公告方式が採用された）．地方公共団体においては，自治法および自治令に特別の規定を設けたわけではなく，自治令167条の2第1項2号の「その性質又は目的が競争入札に適しないもの」に該当するという解釈に基づく措置である[43]．

第二に，証券化による売却の促進方式である．財産を売却するにあたり，「証券化」を条件にして，競争入札または公募方式によって売却の相手方および売却代金を決定する方法である．売却を受ける事業者が証券を発行して資金を調達しやくすることで，国や地方公共団体も有利な売却代金を手中にできるようにしようとする方法である[44]．

第三に，一定の財産についてリースバック方式を採用して，いったん売却資金を手中にしたうえ，所定期間リース料を払って，その財産を復帰させるという方法がある．地方公共団体のなかに，この方式を利用した例がある[45]．この方式は，一時の財政資金を得るメリットがあるが，方法次第では，実質

---

[43] 公募抽選定価売却方式を採用する背景には，複数の理由が考えられる．第一に，地価の上昇期には競争入札により地価を上昇させることが望ましくないとする政策意図があった．旧自治省が公募抽選方式を合法と回答した際の理由であったという（太田，1997，27頁）．第二に，小規模住宅用地の場合に最終需要者が参入しにくく，入札慣れした業者等ばかりが参入し，結果として最終需要者に渡るときは中間マージンを上乗せした高い価格になってしまうことを避けたいとする政策意図である．第三に，売却を促進したい事情があるときに，この方式により売却率が高まるという判断である．

[44] 国は，2000年度に，東京都内の相続税物納財産の売却にあたり証券化を条件とする競争入札を実施した．新潟県も，東京都内にある県職員宿舎用地を売却するにあたり証券化の手法を活用した（2006年4月公募公告）．

[45] 神奈川県は，競輪場用地として株式会社に賃貸している土地および道路公社に貸し付けている土地のほか，県職員宿舎についても活用した．地方公共団体の職員宿舎が普通財産扱いであるために可能だったといえる．利益を生み出している不動産をリースバック方式の主な対象にしたという（西野，2000，77頁）．なお，同県は，賃借料等の負担を軽減するために2005年度にリース対象財産の買戻しのため332億円の予算を計上した．職員宿舎の相手方は，財団法人神奈川県厚生福利振興会という外郭団体で，同財団法人の購入資金は金融機関から借り入れ，県が金融機関との間で損失補償を約していた．

的には「公債の発行」およびその「償還」と同様の性質をもつことがある[46]．そうでなくとも，後年度負担を発生させるものである．その意味において，この方法を用いることについては，前述したように健全財政主義の観点から慎重でなければならない．

5.4 「公の施設」該当性の問題

地方公共団体の設置する施設が「住民の福祉を増進する目的をもってその利用に供するための施設」，すなわち「公の施設」に該当するかどうかは，条例設置主義の適用，指定管理者制度の適用があるかどうかなどを左右する．地方公共団体がテーマパークや路外駐車場（駐車場法10条以下）[47] のような施設を設置するときは当然に「公の施設」にしなければならないのか，公の施設にすることなく普通財産に属する施設として収益の獲得を目指すことができるのか，必ずしも十分に議論されていない論点である．たとえば，公営墓地（霊園）は公の施設で公共用財産であるという理解によって，外部に管理を委ねるには指定管理者により，また，墓地利用者に対しては使用許可によっているようである[48]．幸いにも，国と異なり，地方公共団体の行政財産の貸付期間については法令の制約がないので，地方公共団体が，その財産の目的に応じて長期的な利用に着目した使用許可がなされている[49]．

ところで，現在「公の施設」とされているもののなかには，本来の「公の施設」との間に相当な開きがあり，かつ，さまざまな制約を受ける行政財産として扱うことが適切でないものも散見される．たとえば，千葉県の日本コンベンションセンターは，幕張の国際展示場であって，住民に限定されない

---

46) 神奈川県は，割賦方式の買戻しにすると「起債によらない資金導入」と誤解されかねないなどの理由から，単なる賃借方式にしたという（西野，2000，76頁）．
47) 東京都は，「東京都駐車場条例」により八重洲駐車場ほかの路外普通駐車場を「公の施設」として設置し，指定管理者を指定している．
48) 東京都は，都立霊園について，高い公共性と利用者の信頼を確保し安定したサービスを提供するために，公募方式ではなく特命方式により財団法人東京都公園協会を管理者に指定している．
49) 東京都は，東京都霊園条例により，「長期収蔵施設」については30年の使用期間としている（11条）．これに対して，横浜市は，墳墓地の使用期間は「永年」としている（横浜市墓地及び霊堂に関する条例施行規則4条1項1号）．もちろん，「永年」であっても，一定の事由（目的外使用，使用料滞納など）が生じた場合は，使用許可の取消し（撤回）が可能とされている（同条例13条）．

大規模な展示場として利用されている．また，同じく千葉県の「かずさアカデミアホール」は，国際的な学術会議等の用に供されるものである．これらは，地域の活性化を図る施設である点において，理念として行政財産の位置づけをすることは妥当であるが，住民の利用に供するための施設というには，あまりに広く外に目を向けた施設であり[50]，典型的な「公の施設」の観念からはみ出しているように思われる．一方において，その重要性に鑑みるならば，条例設置主義を要する点においては，「公の施設」の設置と同じ手続を踏むことが望ましいが，他方において，このような施設は，相当程度収益を上げることを目的としても差し支えないものである．また，この種の施設には，売店等を置くことは当然に必要なことであって，それを「目的外使用」などと呼ぶことは不自然である．行政財産としての制約の下に置くことが必ずしも適当ではない施設である．

これに関連して，地方公共団体が普通財産を民間事業者に無償で貸し付けて，その民間事業者が公園事業の用に供することができるのかどうかが問題とされた事例がある．岡山県のチボリジャパン事件（岡山地判平成14・3・13判例地方自治232号35頁）である．同事件について，筆者が「同一の土地又は建物等を用いて，『公の施設』として位置づけることなく，かつ，住民の福祉の増進に寄与する施策を実施することが禁止されるわけではない」とする意見書を提出したことに対して，厳しい批判を受けた[51]．岡山県が出資者の一員となっているチボリ公園事業は，チボリジャパン社の事業であると同時に，広い意味で岡山県が住民の福祉の増進のために展開している事業でもある，その限りで県の行政活動の一環でもあると理解してよいと考える．しかし，前記批判論によれば，当時の管理委託制度の下においてではあるが，そのような施策を行うには，「自ら公の施設たる公園を建設し，その管理運営を委託する」ほかはなく，普通財産の貸付けの方法を用いることは管理委託制度の脱法行為であって違法と解すべきである[52]，という．この見解を推し進めると，おそらく現行の指定管理者制度の下においても違法であること

---

50) 「千葉県日本コンベンションセンター国際展示場設置管理条例」および「千葉県かずさアカデミアホール設置管理条例」は，いずれも，これら施設を「公の施設」と位置づけている．
51) 岡田（2003, 51頁）．
52) 岡田（2003, 61-62頁）．

に変わりはないであろう．ただし，指定管理者となりうる者について従前の管理受託者の要件が外されたので，「公の施設」として整備したうえ指定管理者に管理を委ねることの障害はなくなっている．また，その施設整備について，民間資金を活用するためにPFI方式を用いることもできるであろう．

問題は，「公の施設」とチボリ公園との性質の違いである．県が推進した狙いは，住民がその施設を利用すること以上に，全国あるいは外国からも多数の来場者が訪れて，当該地域の活性化に貢献することにある．それが結果として住民の福祉を増進することになるという政策判断である．そして，そのような政策を実現するために土地の貸付けを無償にすることも直ちに違法とされるわけではない[53]．事業用に用いることのできる施設（たとえば，結婚式場施設）を地方公共団体が整備して，それを普通財産として民間事業者に貸し付けることは十分に考えられる（公設民営の一形態）[54]．しかも，そのような方式は，すでに相当程度活用されているようである[55]．

5.5 公物管理法の解釈問題

民間の事業者による国家財産の利用機会を増やすために，国家財産法の規律が緩和されたとしても，公物管理法（および関係する事業法）が歩調を合わせない限り目的を達することはできない．このことは，とりわけPFI方式を利用しようとする場合および指定管理者制度活用の場合に問題となる．

PFI方式の場合は，すでに述べたように，国または地方公共団体は，選定事業の用に供するために行政財産を選定事業者に貸し付けることができる．

---

[53] 岡山地裁判決は，チボリ公園は，岡山県民のための憩いの場というよりは，むしろ，岡山県の観光の振興を図る等の経済的効果を目的として建設された，県外人に対してもアピールのできる魅力的な観光拠点として建設されたものとしての性格が強いと認められる，と認定している．そして，「県民及び県外の観光客を対象とした大型観光資源として意味を持ち，その経済効果による地域振興の効果や，岡山県の知名度及びイメージの向上等の効果を有していると認められる」として，無償貸付けに自治法232条の2の適用があるとしても，知事に公益上の必要性の判断に裁量権の濫用または逸脱があったとは認められないとした．
[54] 浦和地判昭和61・3・31判例時報1201号72頁の事案も，普通財産処理が可能であろう．
[55] たとえば，東京都は，東京国際フォーラム施設を普通財産として，東京都が51%出資する株式会社東京国際フォーラムに貸し付けている．小田原市は，雇用・能力開発機構から取得したリゾート施設のスパウザ小田原をヒルトン・インターナショナル社に貸し付けている．貸付期間は5年で（更新可），賃料は年間売上げの12.5%かつ年額4億3,000万円を下らないこととしている．

選定事業の対象になる「公共施設の整備等」は、「公共施設等の建設、維持管理若しくは運営又はこれらに関する企画をいい、国民に対するサービスの提供を含む」とされている（PFI法2条2項）．行政財産の貸付けが意味をもつのは、「維持管理若しくは運営」とそれに含まれる「国民に対するサービスの提供」である．ところが、これらの機能については、公物管理法および事業法による規律が存在する．事業法のみによる規律の場合（たとえば、鉄道事業）は、国家（国または地方公共団体）による独占が定められていない限り、民間事業者への委託について制約はない．

水道事業の経営は原則として市町村とされているが、市町村以外の者も市町村の同意を得て水道事業を営むことができるとされているので（水道法6条2項）、PFI事業者も、厚生労働大臣の認可を受けることにより、水道事業を営むことができる（水道法6条1項）．指定管理者も、同様である．他方、公共下水道の場合は、民間事業者に行わせることはできないと解されている．下水道法3条1項により、公共下水道の設置、改築、修繕、維持その他の管理は、市町村が行うこととされているからである．

国土交通省の見解によれば、河川の場合は、河川の管理自体は河川管理者の権限であって、その委託は考えられないが、災害対応、計画の策定などの行政的判断を伴う業務および行政権の行使を伴う業務以外の、建設・維持修繕工事の実施等は民間事業者が、受託者または指定管理者として行うことも可能とされている．道路の場合も、同様と解されている[56]．しかし、「競争の導入による公共サービスの改革に関する法律」に基づく施策の進展に伴い、河川の管理や道路の管理自体の委託を法解釈または立法措置により可能とされる日が近づいているのであろうか（本書1章を参照）．

6〕おわりに

本章は、国家財産に関する法規制を緩和する最近の立法の動向について概観するとともに、なお、そのような政策を推進すべきであると述べてきた．

---

[56] 各省庁の見解を収録した資料として『PFIの現況等に関する資料集』（内閣府民間資金等活用事業推進室、2004）がある．

そのことは，決して国家財産を無駄にしてよいことを意味しているわけではない．むしろ，国家財産の有効活用を促進し，国家財政の運営の改善に資することを目的とするものである．こうした本来の目的を基本にするときに，国家財産形成の原点における問題点に言及しておかざるをえない．

それは，真に必要な場合に国家財産として保有するという姿勢の重要性である．年金福祉施設等について，多額の資金を投下して施設を整備しながら，利用されないまま，ただ同然で売却されたことは記憶に新しいであろう．どんなに資金を投下しても，収益を上げる見込みのない資産は市場においては全く評価されず，時価評価は著しく低いものになってしまうのである．取得原価主義評価と時価評価との乖離は，当該国家財産が国家にとって必要であることが認識される限りにおいて正当視できるのであって，不要な財産である場合には，国家資金の浪費にほかならない．

なお，国家財産法の対象にしなかったが，国または地方公共団体の分身的な法人の財産に関する法のあり方が問題になる．

国の独立行政法人，国立大学法人，地方独立行政法人は，国または地方公共団体から独立した法人ではあるが，国または地方公共団体の任務の一端を担うものである．その機能との関係において，これらの法人の財産に関する規律のあり方が問われる．一方において，これらの法人の財産の規律も，国家財産法に準じたものが望ましいとする考え方があろう．他方において，「独立」法人形態によって，その自主的な運営が好ましいとする政策判断に基づく以上は，財産についても当該法人の信認義務の範囲内で自主的判断により最も適切な方法を選択できることが望ましいという考え方があろう．

独立行政法人通則法は，主務省令で定める重要な財産を譲渡し，または担保に供しようとする場合は，主務大臣の認可を受けなければならないと定めているが（48条1項本文．この規定は，国立大学法人法35条により国立大学法人等に準用されている），それ以上の規律はなされていない．地方独立行政法人法も，条例で定める重要な財産を譲渡または担保に供しようとするときは，設立団体の長の認可を受けなければならないとし，長は，その認可をするには，あらかじめ評価委員会の意見を聴くとともに，議会の議決を経なければならないとしている（44条）．国または地方公共団体の組織として業務を遂行してきた際に行政財産と位置づけられたものについて，国家財産法として

の規律がなくなったものとして，自由に貸付け等ができるのかどうかが問題である．行政財産と普通財産との間の壁をなくすべきであるとする考え方からは，財産の譲渡は別として，効率的な財産利用を促進することこそが望ましいといえよう．

[文　献]

市川広太郎編，1971，『国有財産法実務精義』大蔵財務協会．
市橋克哉，2006，「公の施設の指定管理者」三橋良士明＝榊原秀訓編『行政民間化の公共性分析』日本評論社，156-173頁．
碓井光明，1999，『要説　自治体財政・財務法［改訂版］』学陽書房．
遠藤文夫，1991，「地方公共団体の財産制度の改革に関する覚書」香川法学10巻3＝4号365-385頁．
太田　寛，1997，「地方自治体における財産処分の実務」地方財務518号23-34頁．
岡田雅夫，2003，「第三セクターによる公の施設の管理について」原野翹ほか編『民営化と公共性の確保』法律文化社，51-65頁．
小幡純子，2001，「公物法とPFIに関する法的考察」塩野宏先生古稀記念『行政法の発展と変革　上』有斐閣，765-898頁．
神奈川県平成15年度部局共同研究チーム，2004，『神奈川県における資産の流動化について』神奈川県自治総合研究センター．
齋藤紀子，2005，「財源は稼げ！　横浜市広告事業のチャレンジ　第1回」地方財務616号165-177頁．
関根則之，1995，『改訂　地方公営企業法逐条解説』地方財務協会．
建部和仁，1994，『平成6年改訂　国有財産法精解』大蔵財務協会．
地域協働型マネジメント研究会編，2004，『指定管理者制度ハンドブック』ぎょうせい．
地方自治問題研究会編，2001，『地方自治問題解決事例集』ぎょうせい．
都市法制研究会編，2004，『改訂6版　逐条解説都市再開発法解説』大成出版社．
成田頼明，1986，「公有地への土地信託の導入」自治研究62巻7号3-22頁．
成田頼明ほか編，加除式，『注釈地方自治法〈全訂〉2』第一法規．
西野典彦，2000，「神奈川県におけるリースバック方式による財産の活用」地方財務553号75-82頁．
平岡　久，2004，「地方公共団体の長の規則に関する若干の考察」小高剛先生古稀祝賀『現代の行政紛争』成文堂，77-96頁．
南　博方，1984，「国公有地の土地信託」ジュリスト827号12-15頁．
三野　靖，2005，『指定管理者制度』公人社．
美濃部達吉，1940，『日本行政法　下巻』有斐閣．
森田寛二，1997，「国有財産法の理解に関する疑問（上）」自治研究73巻12号3-12頁．
諸橋省明，1992，「地方公営企業の資産の有効活用等について」都市問題研究44巻7号31-42頁．
横浜市広告事業推進担当，2006，『財源は自ら稼ぐ！――横浜市広告事業のチャレンジ』ぎょうせい．

第6章　韓国の国家財産法の現況と立法政策的課題

金　性　洙

1］問題の提起

　近年，韓国の国家財産法制は大変革期を迎えている．依然として，伝統的な行政財産と財政財産という二分法が確固として存続しているにもかかわらず，道路等の各種社会間接資本への民間資本の投資が活性化するにつれ，講学上の公物と行政財産，行政財産と社会基盤施設との間の概念的区別と実益が次第にその意味を失いつつある．実際に成長潜在力を拡充するため社会間接資本に対する投資が求められているものの，同時に，これが国と地方自治団体の慢性的な財政負担につながらないよう望んでいる韓国政府の政策目標を踏まえると，所有権を中心とする伝統的な国家財産法制は大きな意味をもち難い．道路や駅舎等の建設に当たって，より少ない国家財源を投入し，国民がより快適に利用できるとともに，これらの施設をより効率的に管理できる制度や法制が存在するとすれば，「誰がこの施設の所有権をもつのか」という問いは，本質的問題ではないということである[1]．

---

1)　近年，韓国ではこのような点に着目し，民間投資事業の基本目標を次のように大きく五つに設定し推進している．第一に，民間投資の対象施設および事業施行方式の多様化である．このために対象施設を既存の道路，鉄道，港湾等の交通施設中心から教育，文化，福祉施設等といった生活基盤施設にまで拡大しており，事業方式も，従来のBTO方式中心から施設リース型のBTL方式が主に活用されている．第二に，投資主体を，建設業者以外にも金融機関，個人投資家，施設運営専門業者等の投資活性化を積極的に誘導している．第三に，投資者間の実質的な競争を促進するよう事業施行条件を合理化する方策である．このため，事業の施行者が事業提案費用を軽減できるように，提出される設計図書を基本計画（現行の基本設計）水準に緩和している．第四に，民間投資運営システムを持続的に効率化するため，

言い換えれば,「所有権中心の国家財産法制」から「機能志向の基盤施設法制」へと,伝統的な国家財産法と公物法の地形が変わりつつあるのである.しかしながら,韓国において一種の流行のように広がりを見せている民間投資制度は,少なからぬ問題を孕んでいるのも事実である.特に,国は低迷している景気を底上げするため社会基盤施設に巨額の財源を投入する一方,再選を意識した地方自治団体の首長もバラマキ事業や無理な事業を推進しており,この過程で国および地方自治団体いずれもが,大きな財政負担を負わざるを得ない.つまり,正確で科学的なシミュレーションなどを通じた社会基盤施設に対する需要予測がなされておらず,上記のような政治的考慮が働いており,全体的には民間投資事業に対する国民や住民の不信感は高まっている[2].特に,このような国民または住民の不満や不信感は,相対的に高い利用料に対する紛争として現れることもある.このように政治・社会学的な側面だけでなく,社会基盤施設への民間投資事業について,利用者である国民または住民と事業者間の法律関係の性格,料金徴収権をはじめとする事業者の法的地位,事業の収益性維持のための国および地方自治団体の財政支援の法的限界,民間の投資する社会基盤施設をめぐり国等と事業者との間で締結される実施協約の法的性格や紛争解決方策等,多岐にわたる法的問題は,いまだ整理されていない状態である[3].

　韓国において伝統的な国家財産法制と関連して急激な変化を見せているもう一つの分野として,地方上水道施設を中心とする水道関連法制が挙げられる.2006年度から水道市場が開放されることになっているが,すでにこの

　　民間投資事業の適格租税制度を活用し,道路通行量の推定の標準化指針を設けている.第五に,企業が民間投資事業をより容易にする環境を造るため,不要な行政手続を縮減し,協商期間を短縮するなど,事業を推進する時間と費用負担を最小限にとどめるように工夫している.企画予算処(2005,105頁).

2) 交通需要の予測結果は,当該事業の事業性分析と対象事業の推進如何および投資の優先順位の決定等の妥当性を評価するに当たって重要基準である.特に,民間投資事業において,交通需要の予測結果は民間投資事業により推進するか否かを決める決定的な判断基準であり,施設規模や事業時期の決定はいうまでもなく,使用料,建設補助金,最小運営収入保険金等を決定する基本資料として活用されている.現在運営中の四つの民間投資道路の2003年度の予測通行量に比べた実質通行量を見ると,仁川空港高速道路の通行実績は予測通行量の41.5%にすぎず,天安―論山間の高速道路も47.1%,ソウルの牛眠山トンネルは21.0%で,通行実績があまりにも低調である.リゼチョル(2005,13頁).

3) これに対する詳細な議論は,ユンソンチョル(2004,117頁).

数年前から水道産業の合理化のための政策課題が懸案として浮き彫りになっている．地方自治団体の所有する水道施設は，水道水の生産や供給という目的に供与された典型的な公物（公共用物）であると同時に，地方財政法や同法施行令により，行政財産のうち公共用財産に分類できる．現行法上，地方自治団体の直営事業として遂行される地方上水道事業は，その規模の零細性や経営上の不合理性とともに，地方自治団体にとって大きな財政的圧迫要因になっている[4]．社会基盤施設に対する民間投資を通じ，行政財産と財政財産との区別が相対化されるのと同様に，地方自治団体の立場からは，水道施設の所有権が誰にあるのかという問題はそれほど重要ではない．言い換えれば，地方自治団体は，より効率的で顧客志向的水道事業ができれば，施設に対する民間投資や民間に対する広範囲の委託も代案になりうるのである．

現在，韓国においては水道施設に対する民間投資は本格的に行われておらず，水道産業の市場開放化に伴う水道事業の競争力を向上させるため，水道法の明文規定を通じ，韓国水資源公社や環境管理公団等の公共部門の専門事業者への水道施設管理権の委託が認められている．もちろん，この場合，水道施設管理権は依然として地方自治団体が保有する．しかし，このような制限的委託契約は，事業者がより積極的に効率的事業を遂行するうえで限界でもある[5]．したがって，水道市場に参入する公共部門の専門事業者は，より包括的権利と義務を付与する譲与契約の必要性を強調しており，さらに，地方自治団体の所有する水道施設を専門事業者に譲渡することによって，地方自治団体は事業者の意思決定や企業運営に一定の持分をもつか，利益を分与される手法を提案している．

---

[4] 水道産業は多様な技術が要求される資本集約的装置産業であり，効率性を追求するのには規模の経済の確保が求められる．しかし，韓国では水道産業が行政区域別に分かれ，広域上水道事業者である韓国水資源公社をはじめ168社の事業者が乱立している状態である．このうち，ソウルをはじめとする7大特別市・広域市は相当な規模の経済を確保しているが，残りの160の水道事業は市・郡単位で運営されており，平均給水人口は13万人程度である．特に，人口30万人以下の市・郡の場合，1日当たり平均4万6,000リットルの水道水を生産し給水しているものの，年80億ウォンにも及ばない水道料金を賦課している状態であり，このような零細な規模では，地方自治団体ごとの競争力の確保は現実的に無理である．金性洙ほか（2004, 36頁）．

[5] 金性洙ほか（2004, 138頁）．

しかしながら，このような出資方式は水道事業者の法的地位の変動を意味しているが，まだ水道法にはそれを認める規定は存在しないため，この水道法の改正が喫緊の立法課題として浮上している．そこで，本章では韓国における民間投資と水道法の改正問題を中心に，所有権を中心とする伝統的な行政財産と財政財産の二分法が揺れ動いている状況や，その結果としての今後の立法的課題について分析し評価することとする．しかし，このような立法政策的課題を提示し解決策を導くためには，まず，伝統的な国家財産法制に対する法理論的アプローチを通じ，行政財産と財政財産，公物の概念に対する正確で普遍的な定義が必要である．

2] 国家財産法に関する概念的考察

2.1 韓国の国家財産法の体系

韓国の行政法の文献においては，行政財産と公物の概念が正確に区分されていない．言い換えれば，行政財産や財政財産は講学上の公物論に含まれており，「所有権中心の国家財産」と「機能中心の公物論」とが，概念的に重なっていると考えられる．行政財産と財政財産，国家財産と公物との概念上の差異は後述することにする．とにかく，韓国においては国や地方自治団体，その他の公法上の組合や公企業のような公共団体の所有する物件や財産は，直接または間接的に行政目的のために供与されたものを指すと理解されている．そのうち，いわゆる公物 (öffentliche Sachen) は，国または公共団体の所有する物件や財産が直接的に行政目的の達成に寄与するものを指す[6]．

国有財産法によると，国有財産は次のような範囲の財産であり，国の所有するものを指すとされる（3条1項）．すなわち，①不動産とその従物，②船舶・浮標・浮桟橋・浮船渠および航空機とそれらの従物，③政府企業または政府施設で使用する重要な機械と器具，④地上権・地役権・鉱業権・その他これに準ずる権利，⑤株式（新株取引権を表す証書も含む．以下，同じである），出資に伴う権利，社債券，特別法により設立された法人が発行した債券，国

---

6) 金性洙 (2004b, 703頁).

債証券，地方債証券，投資信託または開発信託の受益証券と外国または外国法人が発行した証券としてこれに準ずるもの，⑥特許権・著作権・商標権・実用新案権・その他これに準ずる権利，⑦不動産信託の受益権である．なお，国有財産法は国有財産を行政財産，保存財産および雑種財産に区分しているが[7]，このうち，行政財産が典型的公物に該当するものとみている．なお，保存財産も当該の公物の保存を通じ，これに特有な行政目的を達成するものであるので，広い意味で，公物の概念に属する．一方，雑種財産は国または地方自治団体が所有または管理する財産とはいうものの，直接的には公共の目的に供与されるものではないため，公物の概念には含まれ難い．

公物という概念は，実定法上の用語ではなく，講学上成立し，発展してきたものである．また，公物の範囲やその種類があまりにも多様であるため，単行法で規定するにも現実的に難しいため，道路法や河川法等の個別法により規律されている．国や地方自治団体または公共団体が自らの所有する財産や物件を，まるで個人の地位のように，民法によって使用・収益・処分する場合には，ひとえに間接的な手法で行政目的に寄与することになる．通常，このような財産または物件を財政財産（Finanzvermögen）と呼ぶ．財政財産の例としては，国や地方自治団体が直営する事業体，現金，有価証券，企業に投資した持分等，一定の利益を創出するものが含まれる．広い意味での財政財産には，国有財産法上の雑種財産も含まれると考えられる．この財政財産は，すべて民法や商法の規律の下に置かれる．もちろん，場合によっては，財政財産も国有財産法等による規律を受けるが，公物法の適用対象ではない．したがって，韓国の行政法の文献においては，一般的に，財政財産は行政法の領域から除外されている[8]．

---

7) 国有財産法4条において，国有財産は次のように分類されている．まず，国有財産はその用途によって，行政財産，保存財産，雑種財産に分けられる（1項）．このうち，「行政財産」は次の種類の財産を指す．すなわち，①公用財産：国が直接その事務用・事業用または公務員の住居用に使用しているか，使用しようと決定した財産，②公共用財産：国が直接その公共用として使用しているか，使用しようと決定した財産，③企業用財産：政府企業が直接その事務用・事業用または当該企業に従事する職員の居住用として使用しているか使用しようと決定した財産（2項）を指す．なお，「保存財産」とは，法令の規定によるか，その他の必要によって国が保存する財産をいい（3項），「雑種財産」とは，行政財産および保存財産以外のすべての国有財産をいう（4項）．

8) 金性洙（2004b, 704頁），洪井善（2005, 338頁）．

財政財産に比べ，国や地方自治団体または公共団体が直接的に行政目的に使用するのが公物であることはすでに述べた通りである．この公物は大きく二つに区分されるが，行政主体が自らの業務遂行の必要で使用する公用物と，広く一般公衆の便益に提供される公共用物がそれである．この公用物と公共用物は直接行政目的のため使用される公物であるので，財政財産に対して行政財産（Verwaltungsvermögen）と呼ぶ．したがって，公物法上の公物とは，公用物と公共用物を意味し，行政財産の内容になる．公用物の例としては，行政官庁の庁舎，軍部隊またはこれらの施設内で使用される各種の備品と装備が含まれる．公共用物には，国民または住民のすべてが原則的に使用できる道路，公園，河川，水路等がある．もちろん，学説によっては，公物の概念に財政財産を包含する場合もあり，この見解によると，広義の公物概念が成立する．なお，一部の見解には，公物の概念を公共用物に限定するものもあるが，この場合には狭義の公物の概念が成立する[9]．

　しかしながら，基本的には民商法の規律を受ける財政財産を公物の概念に包含できないのと同様に，原則的に公法の規律対象である公用財産を公物の概念から除外するのも合理的な根拠はない[10]．

　以上で考察してきたように，韓国の国家財産法制は，これを規律する国有財産法が行政財産と財政財産を概念的に規定せず，その用途別に行政財産，財政財産，雑種財産として区別し，主として機能論的な観点を考慮する立法態度を見せている．

2.2　国家財産の概念

　行政財産と財政財産とを包含する国家財産（Staatsvermögen）は，所有権を中心とする民法上の概念に由来する．これにより，国家財産とは，財産的価値のある権利と物件の全体として，国が使用・収益・処分できるものを指す[11]．そして，国の使用・収益・処分権の核心は所有権であり，この意味において，国家財産は個人の財産と本質的に異なるものではない[12]．実際に，

---

9)　洪井善（2005, 336頁）．
10)　金性洙（2004b, 705頁）．
11)　Medicus（1997, Rdnr. 198），Larenz/Wolf（1987, §21, Rdnr. 2）．
12)　Stern（1980, §51, S. 1257）．

国家財産の概念は，ドイツで民法を基とする私法秩序の歴史的な発展過程とその軌道を共にしており，これは今日までも維持されている．このように民法秩序を基に国家財産の概念が成立し発展しているが，伝統的にこれを行政財産と財政財産として二分することは，実定法上の根拠をもっているのではなく，かえって，ドイツの法学や財政学の文献上の議論の結果といえる[13]．

しかしながら，国家財産法が歴史的に発展する過程において，ドイツの場合も，国家財産を所有権より機能論的な観点から法的に規律しようとする公物論との区別が曖昧になり，行政財産の概念や範囲についても，かなりの不明確性と異論が存在するのが事実である．このような事実は，現在の韓国の国家財産法制を簡略に考察する過程においても，すでに明らかになっている．このように，法学や財政学の分野における学問的な議論を通じ，国家財産法を体系化しようとする努力はLorenz von Steinにより行われた．彼は1860年に出版した有名な財政法の教科書で，国家財産（実際に，彼は国家財産，Staatsvermögenという用語より，国家財物，Staatsgutという用語を好んで用いている）を，国家所有財産（Staatsbesitz）と国家管轄財産（Staatsdomänen）とに区分している[14]．国家所有財産とは国の一般的な課題を実現するために行政が直接的に所有し，使用する財産であると理解する一方，国家管轄財産とは国の所有する不動産や国が企業活動を通じ利益を創出する施設等を指すとしているのである．

国家財産に対するSteinの分類法は，その後，MayerやBluntschliを経てLabandにより今日の行政財産と財政財産の二分法として固まっている[15]．すなわち，行政財産は直接的に行政目的の達成のため国の所有する財産であり，財政財産は国の財政的な収入源をなす財産である．このようなLabandの見解は，その後ヴァイマール時代にまで継承され，今日も多くの学者たちがこの概念を使っており，SteinやLabandの国家財産法制は依然として健在である．去る1959年，ドイツ連邦憲法裁判所は「プロイセン文化財産財団の設立等のための法律」に関する事件において，国家財産を行政財産と財政財産に区分することは，すでにドイツ行政法では普遍的見解にな

---

13) Fleischmann（2002, S. 35）.
14) Stein（1860, S. 180）.
15) Laband（1909, S. 372）.

っていることを明らかにしている．ドイツ連邦憲法裁判所は，財政財産とは，その財産的価値により間接的な方法で行政目的の実現に寄与する財産であり，行政財産は，その目的や使用を通じ直接的に行政目的を実現する国家財産であると判示している[16]．

以上，ドイツの国家財産法の発展過程を通じて見たように，行政財産は次のような二つの創設的要件をもっているのが分かる．まず第一に，形式的な要件として，行政財産は国の所有する国有財産であり，国はその処分権を行使できるものでなければならない．第二の要件は機能的なこととして，行政財産は直接的に行政的課題を遂行するための目的をもつ国の財産である．もっとも，この要件は「直接性」と「行政的課題」という二つの法的概念を同時にもっているため，多少不明確な点があり，後述するような，公物概念との区別を難しくする側面をもっている．

2.3 行政財産と公物概念の区別

すでに述べたように，ドイツをはじめ韓国においても，行政財産と公物との間の概念の区別が明確とはいえない．ときには公物が行政財産と同一の意味として使われたり，または公物が行政財産を包含する，より上位の概念として理解されたりする．結局，このような概念上の混乱は，多くの場合，国家財産法を体系的に理解するに当たって相当な障碍要因になると理解する学者も多い[17]．公物の概念も，国家財産と同様に，実定法上の用語ではなく，行政法学の文献等が創造し発展させたものといえる．ドイツの場合も，公物は道路法や河川法のような個別法で言及されているだけである．行政法の文献上，公物は二つの概念的要素をもっていると見ている．第一に，行政目的のために使用される物件として一定の対象が存在することである．第二の要素は，この物件（その所有権は国がもつこともあり，個人の場合もある）を行政主体が公的目的に使用できるようにする一定の公法上の地位を付与する行為である[18]．いわゆる公用指定（Widmung）は公物管理庁の公用指定行為という行政処分を通じ行われる場合もあれば，ときには直接法律によるか，ま

---

16) BVerfGE 10, 20, 37.
17) Schmitz (1966, S. 21).
18) Papier (1998, S. 19), Axer (1994, S. 29ff.).

たは慣習法上の公用指定が行われる場合もある．そして，この公物は，行政主体が直接に行政目的を達成するため使用する公用物と，外部的に一般公衆の使用のため供される公共用物とに区分される．なお，一般公衆の使用に供される公共用物の利用関係は，その性格によって一般使用，許可使用，特許使用に区分される．

2.3.1 理論的区別

行政財産と公物とは，これを規律する法の対象性にその根本的な差異を見せている．まず，国家財産または行政財産を規律する法律関係の体系は，国を一種の法人格の主体として理解し，主として財産の譲渡，賃貸者等に関連する権利能力や行為能力の問題を取り扱っており，これは伝統的に予算会計法をはじめとする財政統制の対象になる[19]．したがって，国家財産法は，典型的な財政法関係として国家内部関係を規律しており，国と個人の間の外部的法律関係は主な考慮対象ではない．これに対し，公物法は伝統的に行政法の領域に属している[20]．公物法の目的は，公物特有の行政目的を達成するのに妨害となるすべての行為を除去し，公物の適切な使用のため，これを効率的に管理することにある[21]．このため，公物法には，特に公共用物を中心として，行政庁と一般国民との間の利用関係をどう規律するかが中心的な問題として登場する．

2.3.2 公用指定と事実上の使用

すでに述べたように，国家財産としての行政財産の場合，国の所有権を中心とする民法上の法律関係が中心をなす．しかし，公物の場合には利用関係が重視されるため，国の所有する行政財産が公物になることがあるばかりでなく，場合によっては，私人の所有する財産が公物のための公用指定行為を通じて公物になることもできる[22]．すなわち，公用指定行為とそれに相応する公用目的のため，私人の所有する財産権は使用や収益または処分権が制限される．結果的に，公用指定や公物に対する行政主体の支配権が私有財産権を制限することはできるが，これを全面的に剥奪することはできず[23]，

---

19) Wacke (1950, S. 94ff.), Friauf (1999, Rdnr. 16).
20) Papier (1998, Vorwort, S. V), Kromer (1985, S. 13).
21) Axer (1994, S. 23, 53).
22) Stern (1964, S. 183, 189), Maunz (1933, S. 91).

このような公法的制限が財産権の主体の受忍限度を超える特別な犠牲と判断される場合には，これに対する適切な補償が行われなければならない．したがって，公用指定後にも公物に対する私人の民法上の権利は存続し，これは，どのような場合にも国家財産や行政財産になることはできない．

このように，純粋に財産権者の地位という面からすると，公物は行政財産の概念より広義のものであるといえる．一方，公物の場合には必ずこれを特定する行政目的に供与する公用指定行為が本質的な要素であることはすでに述べたとおりである．しかし，国の財産に対して，行政財産としての性格を付与する場合には，この財産が事実上行政目的に使用されているという事実だけで十分である．国の特定の財産または物件を事実上一定の行政目的に使用するという意思だけでも，これを行政財産と認定することができる．その理由は，大部分の財産や物件に関し，まだ公用指定行為はなされていないが，事実上行政目的に使用されているからである[24]．

2.4 財政財産概念の本質的曖昧性

すでに何回も述べたように，財政財産とは，行政財産とは違い，これから収益が発生するとか，単に間接的方法で行政目的に寄与する財産を指している．これには国の保有する現金，債権，雑種財産等が含まれることもすでに述べた．このようなやや抽象的な概念定義とは別に，実際に財政財産は，その概念が非常に曖昧な側面があり，行政財産との区別が明確でない場合もある．特に，国の所有する林野のような雑種財産や国が相当の資本的持分を所有する公企業または私企業の場合，一般的に財政財産として分類されている．しかし，このような形態の国家財産を，行政財産と財政財産のうち，どちらかの一つに分類するのは少なからぬ問題がある．その理由は，このような公企業等は，状況によって，ときには経済政策的な考慮を重視し，ときには利益の追求に，より比重を置くためである[25]．

---

23) Langer (1961, S. 24), Hardinghaus (1966, S. 22).
24) 言い換えれば，公用指定という外部的効果を発生する法的行為は，国家財産法のような国家内部を規律する法体系においてはあまり意味がないためである．このように，事実上の使用という観点からすると，行政財産を，公物よりもっと広範囲のものとみることもできる．
25) Schmitt (1990, §11, S. 506).

また，民法および私法の形式で管理される財産を財政財産に，公法の形式で管理または使用される財産を行政財産に分類することも説得力が乏しい．その理由は，組織上の法形式は株式会社の形態をとっているものの，実際には国が100％の持分を持っている場合，これを財政財産に分類するのは意味がなく，公企業の形態のうち，韓国の水道事業のように地方自治団体が直営企業により管理・運営する場合には，これを純粋な行政財産としてみることができないためである．言い換えれば，収益事業をその目的とする国家財産の場合，これを単純に財政財産と見るのは，このような財産が，相当に，より直接的な方法で行政目的に使用されているということを見逃す結果につながる[26]．

一方，一般的に行政財産として分類される国家財産も，行政目的以外にかなり収益性の側面ももっている．たとえば，道路占用や公園を礼式行事（結婚式）に賃貸するときは，明らかに公物の管理費用を考慮することになるからである．このようにみると，財政財産の概念は，本質的にあまりにも曖昧であり，それは，政府の財源調達方式が従来の直営や専売制度から国民の納付する租税に依存する租税国家化の傾向によって，それ自体の独特な性格をこれ以上維持できなくなっていることによるのである[27]．

2.5 小　括

国家財産を行政財産と財政財産とに二分し，それぞれまったく違う法的取扱をすることはLorenz von Stein以後，ドイツの行政法理論や判例が維持してきた一つの法的伝統であるといえる．しかし，すでにドイツにおいても，統一後，国の財政負担を緩和し国家財産管理の効率性を向上させるため，行政財産に関する大々的な売却が行われる一方，財政財産の概念にも本質的ともいえる多くの不確実性が含まれるようになっている．韓国においても，概念的には行政財産と財政財産の二分法を受け入れてはいるが，国家財産に対

---

26) 韓国の水道施設がその代表例である．事実上，韓国の水道施設は地方自治団体の直営事業ではあるが，住民に水道水を供給するという非常に重要で直接の行政目的を追求するためである．一方，水道事業は直営形態の公企業ではあるものの，事実上，利益の追求はその目的から排除されている．

27) Schmitt (1990, S. 31).

する機能論的アプローチが強調される中で，公物との区分が曖昧になりつつある．そこで，韓国では1990年代に本格化した民間投資制度や様々な公企業に対する民営化措置に伴い，ドイツの行政法や財政学的研究の産物である行政財産と財政財産の分類法が，果たして国家財産法を明確に説明できる概念的道具なのかが問われている．

もちろん，韓国の民間投資制度や水道施設に対する民間委託制度等は，国および地方自治団体の財政的負担を緩和し，道路等の社会基盤施設に対する管理や運営上の効率性を高めるための新しい法制度である．だが，このような新しい現状により，従来の公物法も予想し難い三角構図の法律関係が形成されている．つまり，第一に，事業者と国または地方自治団体との間には実施協約等を通じ投資や委託のための法律関係が形成される．第二に，民間資本を投資した事業者とこれらの施設を利用する国民や住民との間の法的利用関係が成立する．第三に，国および地方自治団体と住民の間の原始的な公共的法律関係は依然として存続する．このような新しい国有財産法，民間投資法，民間委託法等により複雑に構成された法的関係が，行政財産と財政財産の二分法を克服し，国家財産法の体系に新しい法的関係を設定できるのか，あるいは，いわゆる社会基盤施設法がこれに対する新しい代案を提示できるのか，に関する本格的な検討が求められている．

3] 社会基盤施設に対する民間投資法

3.1 韓国における民間投資事業と民間投資法

韓国においては去る1960年代以後の急激な産業化と経済成長に伴う経済規模の飛躍的な成長にもかかわらず，社会間接資本に対する投資は微々たる水準にとどまっていた．足りない社会間接資本に対する投資は韓国経済の競争力を弱体化させるという指摘があったが，結局，国と地方自治団体の財政状況は画期的な状況の反転を期待することはできなかった．したがって，韓国の民間投資制度は，社会間接資本施設に対する慢性的な投資不足を解消するための一種の苦肉の策として始まった[28]．韓国においては1968年以後93事業が，主として鉄道，港湾，空港部門において行われているが，その規模

や対象は零細性を免れていない[29]．

　その間，民間投資事業が活性化されなかった理由としては，次のようなことが挙げられる．第一に，初期の投資費が膨大で，資本の懐妊率が大きいのに比べ，事業の成功如何が不確実なことである．第二に，一般市民の公共性に対する要求が大きく，参入企業に対する収益性を制度的に保障することが難しい．第三に，オープンで公正な手続により事業者を選定する制度が十分ではなく，財閥に対する特恵の論争に巻き込まれる可能性がある．第四に，金融産業の遅れで，民間投資事業への必要資金が適時に供給できないうえ，これを補完する制度的整備も不十分である[30]．民間投資制度を運営するための法的・制度的整備が十分にできていない状態では，このような問題の根本的な解決を期待することができなかった．そこで，金泳三大統領の文民政府のとき，社会間接資本企画団がスタートし，企画団が中心になって民間資本誘致促進法の試案を作成することとなった．これにより，企画団は関係部署等との協議を経て，公聴会等を開催し関連機関や業界，学界の意見を収斂し，再び関連部署間の会議を通じ，1994年1月14日，全文74条附則2条にわたる「社会間接資本施設に対する民間資本誘致促進法」を立法予告し，それが1994年8月3日に国会を通過した．以後，この法律は，外国資本等の民間投資を活性化し，国家競争力を強化するとの趣旨で，1998年「社会間接資本施設に対する民間投資法」に，2005年には，再び「社会基盤施設に対する民間投資法」（以下，民間投資法という）に，その名称が変更されている．

---

28) これについての詳細な議論は，ベドクゾン／金性洙／ユピョンジュン（1995）．
29) 道路の場合には，民間が必要事業費を全額負担し，ソウル―仁川間，彦陽―蔚山間に高速道路が建設されたが，建設直後，韓国道路公団が引き受けることになっており，なお元曉大橋も収益性が低調であったためソウル市に寄付採納している．なお，港湾や空港は民間企業が単独または数企業がコンソーシアムを結成し，港湾の場合には韓国コンテナの釜山・光陽埠頭および仁川港セメント流通基地建設事業が民間投資を通じて行われており，空港の場合には大韓航空の金浦第2庁舎および航空会社の専用ターミナルの新・増築工事等が推進されている．
30) 金性洙（1996, 262頁）．

3.2 社会基盤施設の概念と法的性格

3.2.1 社会基盤施設——国家財産なのか,公物なのか

民間投資法2条1号は,社会基盤施設の概念を「各種の生活活動の基盤となる施設,当該施設の効用を増進させ,または,利用者の便宜を図る施設および国民生活の便益を増進させる施設」と定義し,45施設を挙げている[31].しかし,民間投資法でいう社会基盤施設は,国家財産法の体系から見ると,行政財産をその対象としていないことは明らかである.社会基盤施設というのは,主として社会間接資本をその対象にし,国民または地方自治団体の住民の利用上の便宜を図る施設である.社会基盤施設の所有権は国がもつ場合もあるが,大部分の施設所有権は私人が保有するので,社会基盤施設は,一般に所有権に中心をおく国家財産法の体系に属するというより,むしろ機能論を中心とする公物法の体系に近いものと考えられる.もっとも,社会基盤施設のうち,道路,港湾,河川従物等の場合には,公用指定を通じ公共用物として使用される場合もあろうが,大部分の社会基盤施設は,公用指定行為を経ないで,単純に事実上国民や住民等の使用に供されるので,これらが公共用物の法的性格を有するとみることは難しい.

結果的に,社会基盤施設は,行政庁の公用指定行為を通じ公共用物の性格をもつ公物とともに,事実上の公共目的に利用される施設を含むので,公物より上位の包括的概念といえる.社会基盤施設のうちには,貨物ターミナル,倉庫,観光団地,さらに,青少年修練施設,樹木園や自然休養林まで多種多様であり,直接的に行政目的の実現のため使用される施設ではないという点から,行政財産の性格をもっていないものも含まれることはすでに説明したとおりである.ただし,これらの施設を国や地方自治団体が所有する場合,直接的な方法で行政目的のために使用される国家財産,すなわち,行政財産に分類されるかについては,より詳細な考察が必要である.

---

31) 道路法2条および3条の規定による道路および道路従物,鉄道事業法2条1号の規定による鉄道,都市鉄道法3条1号の規定による都市鉄道など.

3.2.2 社会基盤施設事業の方式

(1) 所有権の帰属の形態

民間投資法4条は，民間投資事業の推進方式と関連して社会基盤施設の所有権や帰属関係を規定している．これによると社会基盤施設の帰属は，次のようになる．第一に，竣工と同時に当該施設の所有権が国または地方自治団体に帰属し，事業施行者に一定期間の施設管理運営権が設定される，いわゆるBTO（Build-Transfer-Operate）方式，第二に，竣工と同時に当該施設の所有権が国または地方自治団体に帰属し，事業施行者に一定期間の施設管理運営権が設定されるものの，その施設を国または地方自治団体等が協定で定めた期間賃貸し使用・収益するBTL（Build-Transfer-Lease）方式，第三に，竣工後一定期間は事業施行者に当該施設の所有権が認められ，その期間満了時に施設の所有権が国または地方自治団体に帰属するBOT（Build-Own-Transfer）方式，第四に，竣工と同時に事業施行者に当該施設の所有権が認められるBOO（Build-Own-Operate）方式，第五に，民間部門が民間投資法9条の規定により事業を提案し，または12条の規定により変更提案をする場合に，当該事業推進のためにBTO，BOT，BOO以外の方式を提示し，主務官庁が妥当であると認定し採択する方式，第六に，その他，主務官庁が民間投資法10条の規定により樹立した民間投資事業基本計画により提示する方式等である[32]．

(2) 社会基盤施設は財政財産なのか

このような事業施行と関連する多様な形態の社会基盤施設の帰属と所有方式のうち，韓国で主として活用されているのはBTO，BTL，BOT，BOO方式であるので，これらが国家財産法において財政財産の範疇に該当するのか否かを検討する必要がある．まず，原理論的に社会基盤施設の所有権が国

---

32) 主務官庁が提示する方式には，次のような例があげられる．第一に，BLT（Build-Lease-Transfer）方式は，事業施行者が社会基盤施設を竣工した後，一定期間他人にこれを賃貸し，賃貸期間終了後，施設物を国および地方自治団体に譲渡する方式である．第二に，ROT（Rehabilitate-Operate-Transfer）方式は，国および地方自治団体の所有する既存施設をリモデリングまたは他の方法で改修・補修した事業施行者に一定期間この施設に対する所有権を認定する方式である．第三に，ROL（Rehabilitate-Operate-Lease）方式は，工事完了と同時に当該施設の所有権が国および地方自治団体に帰属し，事業施行者は一定期間の管理運営権を認定され，当該施設を他人に使用・収益させる方式である．

または地方自治団体に帰属するとしても，これらは行政庁の直接的に行政目的の実現のために使用されるのではないので，行政財産に分類することはできず，むしろ機能論的な立場から，公物（公共用物）に近いということはすでに述べたとおりである．それゆえ，これらの社会基盤施設は，主として公共用物であり，間接的に行政目的の実現に寄与するため，いったん，これらの所有権が国や地方自治団体に帰属するならば，財政財産に分類するのもそれほど無理ではない．もっとも，伝統的に財政財産のもう一つの概念的要件としての「収益性」部分に執着する場合には問題になりえる．その理由は社会基盤施設のすべてが収益性を追求することではなく，韓国においては現実にこれらの施設が国または地方自治団体に相当な経済的損失を与えているためである[33]．

　言い換えれば，伝統的な財政財産の収益性は，韓国においては社会基盤施設と関連して次の二つの理由から概念の本質的な要件ではないと考えられる．第一に，近代国家が国家の営利活動を原則的に否定的な観点から見ており，財源調達を国民の租税に依存する租税国家へ移行する過程で，その厳格性が色あせている．第二に，韓国の民間投資法上の社会基盤施設を運営する過程で，需要予測が的確に行われなかったため，現在かなりの経済的損失が発生している．もちろん，このことは民間投資法や事業施行者がある程度想定できたことかもしれないが，決して最初から意図したことではない．つまり，官民合同法人が事業者となる場合，国または地方自治団体のような公共部門も，民間投資事業を通じ一定の収益を期待できるのであり，また，それが実際に官民合同法人を設立するきっかけになっている．そこで，「収益性」の要件が，社会基盤施設の場合にもある程度予定されているとするならば，たとえ赤字が発生してもこれらを財政財産に分類することに，それほど大きな

33）上で述べたように，このような予測交通量に実際交通量は達しておらず，最小運営収入の保証のため，政府は莫大な財政資金を投入しなければならない状況にある．一例として，仁川空港高速道路の場合，最小運営収入保証のため2002年から2004年まで2,936億ウォンが一般財政から補てんされたが，これは仁川空港高速道路の建設に投入した民間投資額1兆4,602億ウォンの20.1％にも達する金額である．この事業は20年間民間が運営することになっているが，通行料の不足で毎年1,000億ウォンが補てん費として支払われると，民間事業者は投資額すべてを回収した上に，莫大な利益を得ると予想されている．リゼチョル（2005，15頁）．

問題はない．

　特に，民間投資法4条が規定する事業施行方式と関連する所有権の帰属にその基準をおくと，BTO方式とBTL方式の場合，竣工と同時に当該の社会基盤施設の所有権が国または地方自治団体に帰属するため，これは国家財産法上の財政財産としての性格を有しているといえる．なお，BOT方式により事業を施行する場合にも，いったん，社会基盤施設の竣工以後，事業施行者に一定期間所有権が認められるが，期間満了時には国または地方自治団体にその所有権が移転されるため，その時点からは国の財政財産に編入されると考えられる．しかしながら，韓国の民間投資法により建設され運営される社会基盤施設は，所有権に中心をおく概念ではなく，所有権の概念とは関係のない公物のように，主に機能論に重点を据えた概念であるといえる．むしろ，社会基盤施設は公物法で伝統的にいう公共用物よりずっとその範囲が広く，国民または地方自治団体の住民の利用上の便宜や生活の便益を図るため建設され運営されるので，公物に比べても，より機能論的な観点が浮き彫りになるといえる．

(3)　施設使用権と施設管理運営権の法的性格

　民間投資法4条1号と2号で規定するBTOおよびBTL方式の場合，事業施行者は自らの資本を投資したにもかかわらず，竣工と同時に社会基盤施設の所有権が国または地方自治団体に帰属するため，資本投資家としての法的地位が不安定であり，かつ，投資に伴う費用回収が難しい可能性もある．また，このような不安定な法的・経済的な地位のため，民間投資が活発に行われない可能性があるので，民間投資法は事業施行者に施設使用権と管理運営権を付与している．民間投資法25条1号により，事業施行者はBTOまたはBTL方式で民間投資事業が施行される場合，実施協定を通じ，民間投資事業費の総額内で当該施設の竣工後一定期間これを無償で使用または収益できる．これは資本を投資したにもかかわらず，その施設の所有権が国等に帰属するので，事業施行者に施設使用権を付与し，投資に相応する経済的利益を保証するためである．そこで，施設の所有権は形式的に国または地方自治団体にあるにもかかわらず，当該社会基盤施設を実質的に使用または収益する者は事業施行者であるので，所有権のみを中心として，国または地方自治団体の財政財産に分類することはあまり意味がない．

ここでいう実施協定とは，民間投資法により主務官庁と民間投資事業を施行しようとする者との間で事業施行の条件等に関して締結する契約である（2条6号）[34]．民間投資法25条4号は，事業施行者に対し，社会基盤施設を他人に賃貸等で使用させることのできる民法上の権限とともに，通行料を徴収できる公法上の権利をも付与している．この場合，使用料，使用料の徴収期間，その他使用料に関する必要な事項は大統領令で定める．しかし，この使用料の賦課・徴収権限は，単純な民法上の賃貸借等による賃貸料でなく，公的課金に準ずる公法上の権限であり，使用者である国民に義務を賦課する事項であるため，事業施行者は使用料に対する詳細な事項を主務官庁に提出するようにしている（施行令23条2項）．以上のように，事業施行者の行う施設使用権の内容は広範囲ではあるものの，施設所有権は依然として国や地方自治団体がもっているため，当該の社会基盤施設は形式的に財政財産の性格を喪失するものではない．

　韓国の民間投資法は，事業施行者に施設使用権を付与するとともに，民間投資法26条により，主務官庁に登録して，このような施設使用権を一種の物権として不動産に準ずる権利と看做すこととしている．すなわち，社会基盤施設の主務官庁は，BTOまたはBTL方式で施行される社会基盤施設を事業施行者が無償で使用または収益する期間は，この施設を維持・管理し，施設利用者から使用料を徴収できる社会基盤施設管理運営権（管理運営権）を，事業施行者に設定できる（26条1項）．なお，主務官庁の設定する管理運営権は，主務官庁に登録すると物権としてみなされ，民法の不動産に関する規定が準用される．すでに言及した施設使用権は，事業施行者と主務行政官庁との間に締結された実施契約により，その権利内容が定められる一方で，管理運営権は主務官庁への登録という行政処分を通じ設定される公法上の権利である．ただし，前にも述べたように，管理運営権は，公法関係が成立するにもかかわらず，民間投資法27条1項により物権とみなされ，民法上の不動産に関する規定が適用される．

---

[34]　ところが，実施協定は，事業施行者に対し，竣工した社会基盤施設に関する単純な使用・収益等，民法上の権利を付与するにとどまらず，これらの施設を利用する一般国民や住民に使用料等を賦課・徴収できる高権的権限を付与するため，一種の公法上の契約（öffentlich-rechtlicher Vertrag）と考えられる．

民間資本を投資する事業施行者に対して，施設使用権以外に管理運営権という物権を付与する理由は，社会基盤施設の資本的懐妊率が大きいので，中・短期的に投資者を保護するためである．言い換えれば，施設利用権は事業施行者の投資資本で建設された施設を自ら利用するか，他人に利用させ使用料等の対価を徴収することによって，投資費を回収することにその目的がある．これに比べ，管理運営権は使用価値より交換的価値に重点があり，これは物権として担保の提供や有償譲渡を通じ，事業施行者に資本の融通ができるようにする目的をもっている．しかしながら，このような管理運営権の変動は，社会基盤施設を利用する国民やこれを最終的に監督する国等に及ぼす影響が大きいため，管理運営権を分割または合併，処分しようとするときには，前もって主務官庁の承認を受けなければならず，管理運営権を目的とする担保権の設定・変更・削減・処分の制限は，主務官庁に備えられている管理運営登録原簿に登録することによって，その効力が発生する（17条2項，28条1項）．しかしながら，管理運営権も単純な物権にすぎないものであり，事業施行者はこれを担保権の対象にすることはできるが，BTOまたはBTL方式の民間投資事業の場合，依然としてその所有権は国または地方自治団体に帰属するので，これは形式的に依然として国または地方自治団体の財政財産に属する．

4〕韓国国家財産法の懸案課題──水道産業合理化のための水道法の課題

4.1　問題の提起

　現在，韓国の水道産業は，国内外の様々な複雑な要因により形成された挑戦に晒されている．まず，国内の水道産業は，世界でほとんど唯一，広域上水道，地方上水道，下水道等，水の処理段階によって垂直的に細分化されており，水の自然的な流れに沿った体系的で効率的な管理が難しい状態にある．特に，地方上水道の場合，全国167市・郡ごとに水平的に分化され，ソウル特別市をはじめとする7広域地方自治団体を除いては，平均給水人口が10万人足らずの零細規模で運営され，水道事業者の競争力を向上させるのに大きな障害要因になっている．良質の水道水を生産し需要者に供給するために

は，高度の専門従事者が確保されてこそ可能なことであるが，現在，韓国において，地方上水道事業者である地方自治団体が劣悪な財政状況にあるため，施設・装備・従事者養成のための投資が適切に行われていないのである．実際に，地方自治団体が法定標準従事者を確保している浄水場は約50%にすぎず，上水道事業に従事する地方自治団体の公務員は一種の循環的人事異動職なので，その専門性や使命意識が乏しい．また，地方自治団体の劣悪な財政状況により，老朽化した上水道管の改良・補修・交替等，施設の改修・補修のために適切な時期に必要な投資が行われていないため，水道施設の運営管理に非効率や浪費問題が生じている．

このような韓国の地方上水道の構造的問題とともに，サービス産業に関する市場開放が活発に議論されている状況の中で，従来は一種の公益事業として国の保護を受けてきた情報通信，ガス，電力をはじめとするエネルギー，上下水道等のユーティリティ産業についても市場開放への圧力が激しくなりつつある．特に，水道水の場合には世界的に進行している開放化によって，少数の多国籍の水企業が世界の水市場を急速に蚕食している．このような国内外の状況下で，韓国の水道事業の競争力を確保し効率性を向上させるために，近年，韓国の水道法は大きな変化を求められており，このことから，地方自治団体の所有する水道施設という一種の財政財産法体系の大幅な変化が予測される．まず，韓国においては地方上水道事業の効率性を向上させるため，水道法17条3項を設け，水道事業者である地方自治団体は大統領令の定める専門機関に水道事業を委託し運営できると規定し，同法施行令および施行規則では，専門事業者等の公共部門に対する委託経営を許容している．

しかしながら，実際に水道管理市場ではこのような単純な管理委託契約だけでは，開放を目前に迫られている韓国の水道産業を画期的に合理化することはできないとの主張がなされている．つまり，受託者による包括的で戦略的な投資を許容し，既存の管理委託契約を超える広範囲の権利と義務を含む，いわゆる譲与契約が現行法上可能なのか，必要な場合，これを導入するための法的根拠を早急に設けようとする見解も提示されている．さらに，地方自治団体の所有・管理・運営する水道事業のすべてを公共部門や民間部門に移譲する案，すなわち，地方自治団体の所有する水道施設の所有権を公共部門または民間事業者に譲渡する，いわゆる類型的出資形態を認めろとの主張も

繰り返し提起されている．もう一つの代案として，水道施設の所有権は地方自治団体が引き続き所有しながら，水道法3条24号で規定されている水道施設管理権を公共部門または民間部門に移譲する，いわゆる無形的出資形態を考えることができる．ここで水道施設管理権とは，水道施設を維持・管理し，それから生産された原水または浄水を利用者に供給し，利用者から料金を徴収する権利をいう．

水道法には水道施設管理権の法的性格について直接的な規定はないが，他の法律では，これと類似する性格の権利について，民法上の物権に準ずるとみなされている．したがって，このようないわゆる有形出資および無形出資の形態は，韓国の地方自治団体が水道施設という一種の公共用財産または財政財産の所有権または管理権を変更し，水道事業の競争力を向上させ，住民により良質の地方行政サービスを提供するという目的をもっている．韓国ではまだこれに関連する立法的な裏づけはないが，早いうちにこれに対する立法作業が本格化することになると考えられる．また，この過程は地方自治団体のレベルで，財政財産を含む国家財産法制に根本的な変化をもたらすことになると思われる．

4.2 現行の地方上水道事業の法的性格

韓国の地方上水道事業が運営される法的形態は，地方自治団体の一般行政組織または地方直営企業である．例として，ソウル特別市の場合，水道事業を管掌する組織は上水道事業本部である．これは，広い意味において地方公企業に該当する形態ではあるが，いわゆる直営企業であり，地方公社や地方公団のような独立的な法的形式ではない．地方公企業法による地方直営企業は，地方自治団体が行政機関型（たとえば，上水道事業本部，水道局，水道課，上水道事業所，公営開発事業団）として直接設置・運営する形態（2条1項）であり，狭義の地方公企業を指す．地方直営企業の職員は地方公務員であり，行政機構の一部として一般行政組織と混在している．したがって，地方直営企業は他の地方行政機能と明確に区別されず，制度的に特別に決められる例もほとんどない[35]．もっとも，地方公企業法が適用され，財政部門におい

---

35) グォンヒョンシン／リサンヨン／リゼソン (2001, 607頁).

ては特別会計の設置を通じて独立採算制が実施されるなど,多少の財政的独立性が維持されているが,特に人事面においては循環的人事異動制度等,ほとんど他の行政部署と同様の形態を維持している.

　韓国の地方上水道事業が,ほぼ例外なく地方自治団体の直営による公企業型を維持しているのは,地方自治法上,伝統的に上水道・下水道の設置および管理(9条2項2号ザ目)と簡易給水施設の設置および管理(チャ目)が地方自治団体の事務として規定されていることに起因する.もちろん,地域住民の日常的な生活と密接に関連する上水道や下水道等の設置および管理業務が,当該の地域を管轄する地方自治団体の重要な責務であることを法的・論理的に否定する根拠はない.もっとも,ここで注目したいのは,地方自治法において上水道の設置や管理が地方自治団体の事務として規定されているのは,必ずしも地方自治団体がこれを直接設置・管理することを意味するのではないということである.言い換えれば,すでに地方公企業法は,簡易上水道事業をはじめとする上水道事業を地方直営企業の形態とともに,地方自治団体から組織上独立する地方公社や地方公団のような間接方式で経営できることを規定しているためである[36].さらに,地方上水道事業の主体である地方自治団体が施設管理権を公共部門および民間部門に委託することも可能であり,その所有権および施設管理権を他人に出資する方式とともに,これを民営化する方式を通じて事業者を変更することもできる.その理由は,憲法をはじめ,地方自治法,地方公企業法,水道法等の関連法が,このような多様な方式を明確に禁止する規定を設けておらず,水道法では単に上水道事業の主体を列挙しているにすぎないからである.

　それでは,地方自治法9条2項4号ザ目やチャ目に規定されている上水道の設置や管理が地方自治団体の事務であるということは,どういう意味なの

---

[36]　去る2002年5月,行政自治部は「地方上水道広域公社化推進団」を構成し,数回の議論を経て,7大特別・広域市は独立公社化を推進し,他の市・郡は23程度の地域別に公社化することを政策基調として決めた.まず7大特別・広域市の場合,自主的に現在の自治団体の直営企業から公社へ転換し,該当の地方自治団体は地方上水道事業者の地位から出資者の地位へ変わるとともに,上水道事業本部の従事者はその身分が公務員から地方公社の職員に変わることになる.このように7大特別・広域市において公社化が推進される理由は,現在,上水道事業本部の形態で水道事業を行っており,それなりの給水人口の規模,施設容量,収益規模等で一定の競争力を備えていると評価されるためである.金性洙(2004c,85頁).

か。これは，地方自治団体が上水道の設置や管理を通じて，地域住民に良質の水道水を十分に供給しなければならない最終的責任を負っていることであると理解できる。したがって，住民に良質の水道水を供給するのは，地方自治団体がもっている地方自治法上の責任であると同時に，憲法117条に規定されている住民の福利に関する事項として，上水道の設置や管理事務が完全に民営化されない限り，法律や憲法の改正によっても，これを地方自治団体から剥奪することはできない。もっとも，ここで注目すべきことは，上水道の設置および管理の具体的な形態や運営主体に対し，地方自治法や憲法には何ら規定もないので，上水道の設置および管理業務を必ずしも地方自治団体が直接遂行しなければならないとの法的・論理的な必然性はないという点である。したがって，地方自治団体は，水道法等の関連法規がこれを許容すれば，水道事業を営業とする個人や法人等に上水道施設の設置・管理を行わせることができる。しかし，地方自治団体は，上水道の設置および管理を自ら行うか他人に委託するかにかかわりなく，どういう場合にも，良質の水道水を地域住民に供給できるようにする事務について，憲法や地方自治法，その他関連法律上，不可譲・不可侵の最終的責任を負っていると解釈する方が，憲法や地方自治法の関連規定に関する合理的な解釈であると考えられる。

したがって，地方自治団体が他人に上水道の設置や管理に関する業務を委託するとか，その所有権および施設管理権を出資した後，このような委託管理や出資方式が自ら直接行うよりもむしろ効率性のない場合や住民に良質の水道水の供給ができないと判断される場合には，いつでも管理権の受託者や所有権または施設管理権を被出資者から回収できる。その理由は，すでに述べたように，現行の憲法や地方自治法上，上水道の設置および管理に関する業務は地方自治団体の固有の権限に属しているためである。

4.3 水道施設に関する委託契約（水道法17条3項）

4.3.1 委託に関する法的根拠と管理機関

すでに述べたように，水道法17条3項は，地方自治団体である水道事業者は水道事業を効率的に運営するため，大統領令の定める専門機関に水道施設を委託し運営できると規定している。これに基づいて，水道法施行令22条の2においては，地方自治団体が水道施設を委託できる専門機関として，

①韓国水資源公社法による韓国水資源公社,②環境管理公団法による環境管理公団,③地方公企業法による地方公社および地方公団,④水道施設を運営・管理する能力のある機関として環境部令の定める機関,が規定されている.また,環境部令で定める水道法施行規則9条の2(水道施設の委託機関)においては,水道法施行令22条の2第4号の「環境部令の定める機関」として,①建設産業基準法による土木建築工事業者の法人,②エンジニアリング技術振興法による建設部門上下水道分野および環境部門水質管理分野のエンジニアリング活動主体の法人が規定されている.

この規定により,韓国水資源公社,環境管理公団,地方公団や地方公社のような公共部門の専門事業者(以下,専門事業者という)は,水道事業サービスの管理業務を委託され,いわゆる「水道管理市場」に進出できる機会を法令上付与されている[37].なお,近年,実際に忠清南道論山市は,水道法上の地方上水道の事業権をもっていない専門事業者に,その管理運営権を上の規定により委託し,水道管理市場に進出する最初の事例を提供している[38].したがって,水道法,同法施行令と施行規則により,専門事業者が委託経営の形態で市場に参入できる法的・制度的要件が設けられていると評価できる.結局,現行の法制度の下でも,水道管理のための市場は形成されており,公共部門内の競争は理論的に可能であると考えられる.もっとも,現実的に水道管理市場の供給者として主導的役割を担う公共部門の事業者が存在せず,委託管理により水道事業の効率性を増進させるという積極的意思をもつ地方自治団体が需要者として出てこない状況なので,市場を通じた効率性の向上や改善という目標はほとんど実現されていないのが現状である.

しかし,ここで注目すべきことは,環境部大臣の部令である水道法施行規則により,すでに公共部門のみならず土木建築工事業者の法人や建設部門上

---

37) ここで「水道管理市場」という概念は,水道施設管理権を中心とする供給と需要が発生する市場を指す.言い換えれば,水道管理市場は基本的に水道管理サービスとこれに対する代価である委託手数料等が需要者と供給者の間で取引される市場といえる.水道サービスを供給する地方自治団体のうち,財政,技術,人力等の側面で競争力が低く,適正水準の価格に良質の水道水を供給できない水道事業者は,水道管理市場が形成される場合,需要者となる.一方,既存サービスと関連する競争力を備えている事業者は管理サービスに対する競争力を活用し一定の利潤を創出できるので,供給者として登場することになる.

38) 金性洙ほか(2004, 2頁).

下水道分野および環境部門水質管理分野のエンジニアリング活動主体の法人等，民間部門の専門機関の参入も法的に認められている点である．言い換えれば，これまでは水道管理市場の需要者と供給者が十分に形成されておらず，委託管理業務が活発に行われていないが，すでに法制度は公共部門のみならず民間部門の専門機関にも広く市場参入の可能性を開いているのである．

4.3.2　水道施設委託の法的性格

水道法17条3項は，地方自治団体の水道事業者が水道事業を効率的に運営するため専門機関に水道施設を委託し運営できる機会を開いているが，ここで水道施設の委託経営はどのような法的性格をもつ行政作用なのかが問題になる．水道施設の運営委託業務は，すべて委託機関である地方自治団体と受託機関である専門事業者等の専門機関との間の契約で行われているが，この委託行政の概念やこのための契約の法的性格を積極的に究明する必要がある．水道施設事業の委託という行政作用は，政府組織法6条1項と3項等でいう行政権限の委任または委託に該当すると考えられる．前記の規定により，行政機関は法令の定めるところによってその所管事務の一部を補助機関または下級行政機関に委任するか，他の行政機関・地方自治団体またはその機関に委託または委任することができ，この場合，委任または委託を受ける機関は，特に必要とされるときには法令の定めるところにより委任または委託を受けた事務の一部を補助機関または下級行政機関に再委任できる（1項）．なお，行政機関は法令の定めるところにより，その所管事務のうち，調査・検査・検定・管理業務等の国民の権利・義務と直接関連のない事務を地方自治団体でない法人・団体またはその機関や個人に委託することができる（3項）．

一般的に，行政権限の委任や委託は，管轄行政官庁がその権限のすべて，または一部を，他の行政機関等に実質的に移転し，受任機関の権限で行使させることをいう[39]．このような意味において，水道法17条3項により，水道管理施設に関する委託がある場合，受託者である公共部門の専門機関は，既存の水道事業者である地方自治団体から水道管理業務に関する権限や義務の委託を受け，これを対外的に遂行する．水道の設置や管理は地方自治法の

---

39) キムドンヒ（2005，22頁），パクユンフン（2005，38頁），キムナムジン／キムヨンテ（2005，23頁）．

規定する地方自治団体固有の行政的課題であり，これを遂行するための地方自治団体の権限や義務は，典型的な行政機関の所管事務であることは明らかであるので，これを他人に委任または委託する場合には，前記の政府組織法の規定が適用されると考えられる．これと関連して興味深いのは，すでに，政府組織法6条3項では，所管事業のうち，管理業務のような非高権的行政作用（nicht-hoheitliche Verwaltungstätigkeit）を地方自治団体でない法人や団体または民間部門に委託できることを規定していることである[40]．

4.3.3 委託契約の法的性格

委託契約は，水道施設の管理に関する委託をその内容にするため，その性格は民法上の債権契約である．したがって，出資のような物権的譲渡行為ではないので，住民から使用料を徴収する地方自治団体の権利や義務はそのままである．すなわち，使用料の決定権と賦課および徴収権は，依然として地方自治団体が保有する．そこで，債権的・私法的契約により，直接専門事業者に使用料の徴収権という一種の高権的権限を付与することは現行法上認められていないと考えられる．現在の委託契約において，地方自治団体と専門事業者との間に締結される実施契約は，使用料の賦課や徴収に関連する検針，料金の告知，顧客管理業務等の技術的事項のみを専門事業者の義務として定めているだけである．もちろん，このような技術的な業務を通じ，専門事業者は「使用料の賦課と徴収に準ずる権利」を行使でき，顧客が滞納する使用料問題を地方自治団体と共同の努力で，より効果的に解消することができる．

なお，現行法上，地方自治団体の手数料賦課に対する不服方法は，一般的な行政訴訟法の手続によるので，被告は地方自治団体の長である．しかし，地方自治団体が自ら業務遂行のための権限を私人に委託する場合，委託する権限の範囲や行使手続等を前もって法律で詳細に規定するのが一般的である．特に，使用料の賦課や徴収のような高権的行政作用（hoheitliche Verwaltungstätigkeit）は，住民の自由や権利を侵害し制限する行為なので，法律留保の最小限の侵害留保（Eingriffsvorbehalt）の立場から当然に法律の根拠が要求

---

[40] 関係法令は調査や管理業務等の主として技術的・専門的性格の業務を，地方自治団体ではない法人や団体，その他の私人に任せて施行するようにすることを管理委託として説明するのが一般的である．特に，この場合の私人を公務受託私人（Der Beliehene）と呼ぶ．金性洙（2004b，131頁）.

される．したがって，委託契約により，専門事業者に料金の賦課・徴収権を付与するためには，水道法や下水道法においてこれに関する法的根拠を設けなければならない．専門事業者は料金賦課について顧客と行政法上直接的権利義務関係をもつことはないので，手数料の賦課のような行政処分の権限は依然として地方自治団体が保有し，これに対する不服は行政訴訟手続によることになる．結論的に，委託契約は料金の賦課と徴収という行政上の権力関係を規律することはできず，使用料の賦課についての行政上の法律関係の当事者は地方自治団体とその住民である顧客のみである．

4.4 上水道施設管理権の有償譲渡による出資（いわゆる無形出資）

すでに述べたように，現行の水道法17条3項による施設管理の委託契約は，現在の上水道施設をその対象にするため，新規投資を行ったり，大々的な施設の改修・補修が必要な場合に，再びこれを契約の内容に追加・変更しなければならないなど，積極的な水道事業の拡張には限界がある．なお，地方自治団体の長および地方議会，地域住民の政治的考慮や要求が激しくなる場合に，委託契約の内容を随時に変更または修正しなければならないなど，委託管理の安定性や継続性を保障することは難しい[41]．ここで水道施設管理権を出資するという意味は，地方自治団体が単独または共同で，一種の物権としての性格をもつ既存の水道施設管理権を専門事業者等に有償で譲渡することによって，物権的委託関係が成立することをいう．上水道施設管理権の有償譲渡の形式をもつ出資を通じて，地方自治団体はその持分により専門事業者とともに水道施設を共有する一方，受託者である専門事業者は地方上水道事業に対する共有持分に見合う地方自治団体の経営権を保障する．

4.4.1 水道施設管理権の法的性格

地方上水道事業者である地方自治団体が水道施設管理権を有償で譲渡し出資するためには，まず，これが譲渡のできる独立の意味の財産権なのかというのが問題になる．これについて，水道法には水道施設管理権の法的性格に関する直接的規定を設けられておらず，単に3条24号で「水道施設管理権

---

[41] この問題点を改善するため，近年，全州市等の一部地方自治団体は，当該の水道事業に対する負債を引き受けることを条件として，水道施設の管理運営権である水道施設管理権を韓国水資源公社に出資し，専門事業者がこれを委託管理することを希望している．

とは，水道施設を維持・管理し，その生産された原水または浄水を供給される者から料金を徴収する権利をいう」と，その概念が定義されている．これについて，韓国水資源公社法 19 条 1 項が，「建設交通部大臣は水道施設の管理権を，環境部大臣は下水終末処理施設の管理権を，専門事業者に対して設定することができる」と規定し，施設管理権を専門事業者に付与できることにしており，その法的性質について 20 条 1 項が「施設管理権はこれを物権と看做し，この法律に特別な規定のある場合を除いては民法の不動産に関する規定を準用する」とし，物権の一種と看做している．

なお，19 条 2 項は，専門事業者が施設管理権の設定を受けたときは，大統領令の定めるところにより，建設交通大臣または環境部大臣にこれを登録するようにし，物権変動について規定している．また，韓国水資源公社法 20 条 1 項は，施設管理権を処分可能な物権として認めているものの，同時に 2 項は「施設管理権は譲渡・出資および抵当権の目的とする場合以外にはこれを処分することができない」とし，法律上の処分に関する制限を加えているので，結論的に，施設管理権は「制限的目的で処分できる特殊な物権」としての性格をもつ．したがって，たとえば，施設管理権は，上記規定で明示されていない処分目的である賃貸借の対象にすることはできない．

もちろん，この規定は専門事業者の施設管理権の設定に関する性格を規定したものであり，水道法による地方上水道事業の施設管理権の法的性格を直接規定するものではないため，両者は，その法的性格が違いうるという反論もできる．しかしながら，公共施設の管理権は，実定法上の特殊な性格を有する物権として規定されるのが一般的である[42]．水道施設管理権と類似するすべての施設管理権は関連法規により物権として認められ，民法上の不動産に関する規定が準用されているので，水道施設管理権も譲渡や出資のできる通常の物権として看做すのが妥当である．ただ，水道法上の明文規定はないが，上水道施設は，民間資本を誘致し建設する社会基盤施設や有料道路と

[42) 例として，社会間接資本施設に対する民間投資法 27 条 1 項は，水道施設管理権と類似する運営権を物権として看做し，同法に特別な規定のある場合を除いて，民法の不動産に関する規定を準用することにしている．なお，有料道路法も 11 条で，有料道路管理権を物権として看做しており，同法に特別な規定のある場合を除いて，やはり民法の不動産に関する規定を準用している．

は違って，地方自治団体が所有し管理する施設として水道施設の管理や運営のための目的のみに，その処分が制限される特殊な物権としての性格を有していると考えられる．

4.4.2 施設管理権の出資に関する法的根拠と適法性

施設管理権という権利が，一般的に出資や譲渡が可能な物権としての性格を有しているとしても，現行の水道法や関連法規がこれを実際に地方自治団体に認めているかは，別途の検討が必要である．これについては，現行法の解釈上，地方自治団体の施設管理権に関する出資が可能であるとの肯定的見解と，そうでないとの否定的見解がある．

(1) 肯定的見解

これは，地方自治団体の管理・運営する上水道施設を専門事業者等の他人に出資できるという見解であり，その法的根拠として地方財政法15条1項と韓国水資源公社法4条4項が挙げられる．地方財政法15条1項は，「地方自治団体は法令の規定により出資できると定められている団体，地方公企業法による地方公社・地方公団または地方自治団体を会員とする公益法人以外の団体について出資を行うことができない．ただし，地方自治団体が地方公企業法第2条の規定による事業を地方自治団体以外の者と共同で行う場合にはこの限りでない」と規定し，公益法人に対する地方自治団体の出資の可能性を認めている．また，韓国水資源公社法4条4項は，「国はダム建設および周辺地域支援等に関する法律第2条の規定によるダム使用権，水道法第3条の規定による水道施設管理権および下水終末処理施設管理権を，地方自治団体は水道施設管理権を，公社に出資できる」と規定し，地方自治団体が専門事業者に出資することを認めている．

同時に，肯定説は出資の可能性に関する法的根拠として水道法8条1項と17条の2とを挙げている．まず，水道法8条1項は，「水道事業は国・地方自治団体または韓国水資源公社が経営することを原則とする．ただし，地方自治団体等の代わりに民間事業者により水道水を供給することが必要であると認められる場合はこの限りでない」と規定し，例外的に民間事業者による水道水の供給可能性を開いている．また，水道法17条の2では，「国および地方自治団体は水道事業にかかる費用の全部または一部に対し民間資本を誘致できる」と規定し，水道事業に必要な民間資本の誘致可能性を認めている．

地方自治団体が専門事業者に対して水道施設管理権を出資できるという肯定論は，このような実定法上の根拠とともに，水道事業者と施設管理権とを分離する二分法を主張する．これによると，水道法は水道施設の所有と運営体制とを分け，その所有は国または地方自治団体に付与する一方，管理・運営は民間資本の投資または専門機関による委託運営ができるようにしており，代表的に水道法8条1項においては，水道事業は国・地方自治団体および韓国水資源公社が運営することを原則とし，例外的に民間事業者による水道事業の運営ができるよう民間の参入を保障している．なお，水道法17条の2においては，水道事業に必要な施設投資費の一部またはすべてに関し民間資本の誘致を認めており，民間資本の投資施設は，社会基盤施設に対する民間投資法により，民間部門が水道法上の水道施設管理権に準ずる管理運営権を保有できると規定している．

　なお，「水道施設管理権は，水道事業者がこれを保有する」と規定する水道法17条1項本文は，同条の標題および但し書との解釈の均衡上，「水道施設の維持・管理は，水道事業者がこれを保有する」と看做し，水道法3条が規定している水道施設管理権の概念とは違って，事実上の維持・管理を意味しているとして制限的に解釈すべきである．なお，水道法17条3項によって，地方自治団体から出資を受けて運営するか，委託契約を締結して運営するかにかかわらず，地方上水道施設に関する所有権は地方自治団体が引き続き保有し，韓国水資源公社は自己の責任の下に施設物に関する改修や水道水の供給，水質管理，使用料検針，料金告知，顧客管理等を行うなど，事実上の委託範囲において両者間の実質的差異があるわけではない．

　最後に，韓国水資源公社法9条1項2号の，地方上水道および簡易上水道に関する韓国水資源公社の直接参入を排除する規定は，専門事業者が同事業に関する事業認可を直接受けて水道事業者になることができないことを意味するものであり，事実上，地方自治団体から水道施設の委託を受けて間接的に管理・運営するのを禁止するものではない．水道施設を維持・管理し需要者から料金を徴収できる水道施設管理権は水道事業者の有する権利ではあるが，水道施設の所有権および料金承認権（認可官庁）は引き続き地方自治団体に留保されるので，水道事業権とこれとを分離し水資源公社に出資できる．単に，現行法上，出資形態による委託管理を可能とする明示的規定が欠けて

いるにすぎない．

(2) 否定的見解

　地方自治団体が水資源公社等の専門事業者に水道施設管理権を出資する方式でこれを譲渡できないという見解は，水道に関する基本法である水道法3条8号と韓国水資源公社法9条1項2号を，その根拠として提示する．まず，水道法3条8号が，「地方上水道とは，地方自治団体が管轄の地域住民・近隣地方自治団体またはその住民に原水または浄水を供給する一般水道であり，広域上水道および簡易上水道以外の水道をいう」と規定し，地方上水道事業者として地方自治団体以外の他の事業者の参入を明示的に禁止している．なお，韓国水資源公社法9条は水資源公社の事業範囲に関し規定しているが，1項2号で「水道施設（一般水道のうち，地方上水道および簡易上水道を除外する）の開設と利用に関する次の名目の事業，イ．水道施設の建設，ロ．水道施設の使用および維持・管理，ハ．水道施設の使用および維持・管理等のための施設整備」とし，地方上水道事業および簡易上水道事業を専門事業者の事業領域においても明示的に排除している．

　これについて，韓国水資源公社法14条4項は，「地方自治団体は水道施設管理権を水資源公社に出資できる」と規定しているので，水道施設管理権は特殊な物権として出資できる点を踏まえると，おそらく上の規定により，これが許容されるのではないかという疑問が提起される．しかし，韓国水資源公社法9条1項2号により，専門事業者は，広域上水道の水道施設の維持や管理等の業務は遂行できるが，地方上水道と簡易上水道の維持や管理権は法律上明示的に排除されるので，地方自治団体は，結果的に地方上水道の水道施設管理権を専門事業者に出資できないと考えられる．また，水道法17条3項は地方自治団体が公共部門の専門事業者に水道施設を委託する規定であり，韓国水資源公社法9条4項は専門事業者が国または地方自治団体から事業の委託を受けこれを施行できる根拠規定であるので，水道施設の出資とは別に，地方自治団体と専門事業者との間の水道施設の委託関係を特別に規定しているといえる．

　このような規定の趣旨を踏まえると，地方自治団体が専門事業者に地方上水道の水道施設管理権を適法に委託できるものの，出資の可能性を明示的に排除しているので，物権的委託である出資は容認されていないと考えられる．

(3) 判　　断

　以上，現行法上，地方自治団体が水道施設管理権を専門事業者に出資する方式が法的に許容できるかどうかについて，肯定説と否定説それぞれの論旨を紹介した．結論からいうと，現行法上，このような出資方式は認められ難い．前記の規定は，例外的に民間人が水道水の供給者になることのできること，水道事業に必要な施設投資費の全部または一部について民間資本の投資を認めている．しかし，水道法8条1項後段で，地方自治団体等の代わりに民間事業者による水道水を供給することが必要と認められる場合というのは，肯定説の主張のように，決して個人に水道施設管理権の出資による民間参入を認めていることではないことを留意すべきである．言い換えれば，後段の規定は，個人が地方自治団体の代わりに「単純な水道水の供給」という制限的な用役提供の義務を担保することを意味するだけであり，施設管理権の出資によって水道事業に関する全般的管理・運営業務を行うことではない．これは水道法17条3項の想定する単純な水道施設の委託関係を民間に開放する規定にすぎず，地方上水道事業の事業者の地位に変更があることではない．

　したがって，肯定説の主張するように，地方自治団体から出資を受けて運営するか，委託契約を締結し運営するかにかかわらず，地方上水道の施設についての所有権は地方自治団体が保有し，韓国水資源公社は自己責任の下で施設物についての改修と水道水の供給，水質管理，使用料検針，料金告知，顧客管理等を行い，事実上の委託管理においては両者間の実質的差異は存在しないという見解は，水道法17条3項によるいわゆる「債権的委託関係」と出資による「物権的委託関係」との区別を理解していないといえる．もっとも，水道法8条1項後段は，これまでの水道施設の委託契約は，韓国水資源公社等，主として専門事業者のみがその対象になっているが，将来，水道管理市場が形成され活性化される場合には，民間事業者にもその門戸を開放できる可能性を念頭に置いた規定であるので，地方自治団体が他人に水道施設管理権を出資し，一定の範囲で水道事業に対する共同経営を目的とする制度と違うことは明らかである．

　なお，水道法17条の2が規定している民間資本の投資制度は，特にそれが韓国で一般化されているBTO方式やBTL方式の場合には，地方自治団体自らの所有または管理する社会基盤施設に関し必要な資本の全部または一

部を民間から調達し，民間事業者に一定の範囲の管理運営権を認めることである．もちろん，これにより民間事業者は一種の物権である管理運営権を行使するという点で，元利金の償還権等の単純な債権的権利以上を行使できる．しかしながら，重要なことは，民間投資の場合，その主体はいつも地方自治団体のような公共部門であり[43]，仮に水道施設という社会間接資本施設に民間資本を投資し個人が管理運営権を持つとしても，水道法上，水道事業の主体は依然として地方自治団体であり，所有権も地方自治団体に帰属する．

言い換えれば，民間資本の投資が行われた後も，水道事業者の変更はなされず，この点で実質的に水道事業権者の地位変更を伴う出資制度とは根本的に区別される．地方自治団体が韓国水資源公社等の専門事業者に対して水道施設管理権を出資する場合には，地方自治団体が料金の決定権等の制限的規制権は行うものの，資本的構成や経営の側面で水道事業の中心は専門事業者に移ることになる．したがって，地方自治団体や国等の公共部門がその事業を主体的に遂行し，民間資本を投資した個人に多様で広範囲のコントロールと規制権を行使させる民間投資制度とはその性格を異にしているのである．

(4) 料金徴収権の問題

現行法上，出資方式が可能であるという肯定論は，水道法17条3項によって地方自治団体から出資を受けて経営するのか，委託契約を締結し経営するのかにかかわらず，地方上水道施設に関する所有権は地方自治団体が引き続き保有し，専門事業者は自己責任の下で施設物に対する改修と水道水の供給，水質管理，使用料検針，料金告知，顧客管理等を行い，事実上委託範囲において両者間の実質的差異はないという点を強調している．しかし，水道施設の委託関係は一種の債権的委託契約であり，韓国水資源公社等の専門事業者が地方上水道の管理や運営において非常に制限的役割だけを果たすことができるという限界が存在する．その代表的な例が料金の徴収権である．

もちろん，委託関係においても，専門事業者が検針業務と料金の告知等の徴収業務を事実上代行しているが，料金徴収権者は委託契約の内容上，依然として委託者である地方自治団体である．料金の徴収は委託契約以外の非権力的管理業務とは違い，一種の公権力の行使であり，高権的行政作用（ho-

---

[43] 金性洙 (2004a, 415頁).

heitliche Verwaltung) に属するので，これを単純な債権的契約によって受託者である専門事業者が行使することはできない．水道法上，水道施設管理権の内容には料金の徴収権が含まれているが，これは契約の内容により，検針と料金の告知等の単純な管理業務だけがその対象になっている．したがって，この場合には専門事業者が付加価値税法上，委託業務という一種の用役を供給することになるので，付加価値税の納付義務を負うことになり，最終的には水道料金に転嫁され，消費者である地方自治団体の住民の負担につながるという問題を抱えている[44]．

　これに比べ，地方自治団体が水道施設管理権を専門事業者に対して出資する場合には，いわゆる物権的委託に該当するので，当然，料金の徴収権という公権力行使の権限も専門事業者に移転する．水道施設管理権の出資により，専門事業者は物権の施設管理権を地方自治団体の保有する持分とともに，共有形態の所有権を取得するものであり，この料金の徴収権は債権的委託形態ではなく，施設管理権を共有する所有者としての自らの権限である．この場合，専門事業者は地方自治団体のために用役を供給する者ではなく，付加価値税法上の水道事業者としての法的地位を取得し，自らの事業として水道水を供給する事業者であるので，付加価値税法12条1項2号（水道水の供給）により，付加価値税の納付義務が免除されると考えられる．

4.5　上水道施設所有権の有償譲渡による出資（いわゆる有形出資）

　地方自治団体が水道法上の水道施設管理権を韓国水資源公社等の専門事業者に出資する無形出資とは違って，地方自治団体の所有する水道施設の所有

---

[44]　これについて，付加価値税法12条1項2号は，「水道水供給の付加価値税が免除される」と規定しており，また付加価値税法基本通達12-0-1（水道水の定義）によると，「水道水は水道法上の水道事業者が導管により供給する水と水道法上の水道事業者に直接供給する水道事業（工業用の水道事業および専用水道を含む）用の水（原水）をいう」とし，水道事業者の供給する水道水は免税の対象になると規定している．ところが水道産業専門事業者が自治団体の委託を受けて水道水を供給する場合には，用役の供給に該当し付加価値税の納付義務を負うので，結局これは水道料金に転嫁され，消費者の住民の潜在的抵抗要因になる．つまり，これは水道施設管理権の市場形成を通じた効率的上水道事業を難しくする要因として残ることになる．もちろん，このような付加価値税の負担は，出資形式を通じて水道産業専門事業者が地方上水道事業を行う場合にも依然として問題になる．したがって水道法の関連規定を改定し，出資形式の場合に水道事業者が水道産業専門事業者であることを明らかにする立法的措置が求められる．

権を韓国水資源公社等に出資して譲渡する方式を有形出資と呼ぶことができる．したがって，所有権そのものを譲渡する有形出資は無形出資の方式を超える積極的な形態であるものの，現行の水道法や韓国水資源公社法は，このような有形出資方式に関する十分な立法的な根拠を与えていない．そのため，無形出資ができるようにするため必要な立法的課題は，有形出資の場合にも同様に要請されると考えられる．つまり，地方自治団体が韓国水資源公社等の専門事業者に有形出資の方式で水道施設の所有権を譲渡するためには，水道法および韓国水資源公社法等の改正が先行しなくてはならない．

　これに加えて，有形出資の場合には，地方自治団体が行政財産として所有する水道施設そのものを韓国水資源公社等に移転するので，地方財政法上の行政財産である水道施設の用途を廃止し，これを雑種財産に変更して初めて可能であるという問題がある．これについて，地方自治団体の所有・管理する公有財産の処理を規定している地方財政法と同法施行令は，まず公有財産の種類として行政財産や保存財産および雑種財産を区分している（地方財政法施行令78条1項）．このうち，地方上水道施設は地方財政法施行令78条1項1号ナ目で規定している公共用財産に該当する公有財産と看做される．ここで「公共用財産は地方自治団体が直接に公共用に使用するか，使用すると決めた財産と，使用を目的に建設中の財産」であるので，水道施設は典型的に地方自治団体が直接上水道事業に使用するため建設する施設として，公共用財産に該当する[45]．

　このように水道施設は地方自治団体の行政財産，特に公共用財産であるので，その所有権を他人に出資するためには，まずその公用廃止行為を行い，その用途を雑種財産へと変更しなければならない．これについて，地方財政法施行令87条は，「地方自治団体の長は次の事由に該当する際には，当該財産の一部または全部に関し，その用途を変更または廃止（当該財産を雑種財産にすることをいう）しなければならない．①道路・河川・堤防・溝渠等の公共用財産が事実上公共用として使用されなくなったとき，②公用財産または企

---

45) もちろん，国家財産法の体系からすれば，地方自治団体の所有する水道施設は，行政庁が直接に自らの行政目的に使用する財産ではないので財政財産に分類できるが，韓国の地方財政法は，すでに述べたように，機能論的国家財産法概念に立脚し，これを行政財産，そのうちの公共用財産と看做すことになる．

業用財産が当該の行政目的のため使用する必要がなくなったとき，③保存財産が当該の行政目的に使用しなくなったとき」と規定している．しかし，一部においては，上記規定の用途廃止要件として行政財産が事実上使用されなくなったときや，使用する必要がないときを挙げており，この場合，出資対象になる水道施設は水道水の供給という用途をそのまま維持しているので，用途廃止は不可能であり，水道施設の所有権が出資できないという否定的見解が提示されている[46]．

しかし，すでに述べたように，水道施設の所有権を専門事業者に出資する場合には，すでに水道施設は公有財産や行政財産・公共用財産としての地位を喪失するものと考えられる．言い換えれば，地方財政法施行令78条1項1号ナ目で規定する行政財産・公共用財産としての上水道施設は，地方自治団体が「直接」上水道事業に使用するか，使用すると決めた財産と，使用するため建設中の財産であり，この場合，地方上水道事業の事業者は地方自治団体であることを前提にしているためである．したがって，地方自治団体のもつ上水道施設の所有権を専門事業者に出資する方式で譲渡する場合には，上水道事業者は専門事業者に変更されるとともに，上水道施設は地方財政法の規定する行政財産・公共用財産として存置する必要のない場合に該当する．

結論的に，地方自治団体は自分の所有する上水道施設の用途を廃止し雑種財産に転換し，韓国水資源公社等の専門事業者にこれを出資し譲渡することができる．この場合でも，地方自治団体は専門事業者と水道施設の所有権を共有し，その持分によって施設管理権の出資の場合より，もっと広範囲にわたって専門事業者の経営に参入できる機会が保障されなくてはならない．

5] おわりに

以上で考察したように，韓国には伝統的に行政財産と財政財産の二分法が存在しているものの，所有権を中心とする国家財産法制よりも，むしろ公物法を中心とする機能的国家財産法制がより一般化されていると考えられる．ここに近年，社会基盤施設に対する民間投資制度が活性化されるにつれ，伝

---

[46] 金性洙ほか（2004，12頁）．

統的な国家財産法はすでに現実的に崩壊または瓦解されたという評価もあるが，それが決して言い過ぎではないことは明らかである．特に，民間投資法上の社会基盤施設は，このような機能論的国家財産法制をさらに加速化すると考えられる．端的にいうと，次のような結論を下すこともできる．つまり，「社会基盤施設の所有権が誰にあるのかがどうして重要なのか．その施設を国民がより便利に，また安全に利用できればそれで十分ではないか．国や地方自治団体が行政目的に使用する施設を必ず自ら所有する必要があるのか．民間人が所有し運営する公用物をより快適に利用でき，賃貸料は支払うが，自分が自ら管理する場合の必要費用より低額であれば，これに勝ることはない」と．

もちろん，このような柔軟な考え方を基にする国家財産法制が必ずしもバラ色だけでなく，韓国の民間投資法は多くの問題点を抱えている．しかしながら，実用的で合理的な考え方をもっている韓国の若い世代は，建設に莫大な資金がかかり，毎年，市の財政に大きな圧迫要因になるほどの管理費用のかかる市庁舎が，自分の納める税金で維持されていることを納得し難い．その巨大な庁舎内で，果たしてそれに対応するほどの市民を幸せにする行政が行われているのか．彼らの経験則を通じてそうではないとすれば，所有権を中心に国の管理する国家財産法制は，すでに韓国の若い世代には受け入れ難い．したがって，韓国の国家財産法制の変化は，公共部門の財政負担を減らし，行政の効率性を向上させようとする国家戦略だけでなく，このような国民意識の変化や実用的な考え方がその底流に流れていることを見逃すことができない．

同時に，伝統的な行政財産と財政財産の二分法は，韓国の水道事業の例で見るように，世界化・開放化という外部的ショックと，サービスの合理化や行政改革の必要性という内部的必要により，徐々にその存立の根拠を失いつつある．この場合にも，水道施設の所有権を誰がもつのかという問題は重要ではない．むしろ，地方自治団体が水道施設管理権の委託を超え，譲与契約や施設管理権の出資とともに水道施設の所有権を他人に譲渡するということは，ある意味において，「何か持っているのが力である」という伝統的な国家権力がもはや根本的に変化しつつあることを実感させる．国家経営の合理性や柔軟な考え方が優勢になり，最後まで国の任務として残ると期待されて

いた伝統的な郵便業務さえ，永遠に憲法的に国の手元から離れたドイツの例があるではないか．このような現象が続くと，もはや水道産業の場合にも本格的な民営化が議論される段階が訪れると考えられており，水道事業が完全に民営化されると，国家的任務の脱国家化が完成され，地方自治団体の上下水道の設置や管理における権限や義務についての地方自治法の規定はなくなるであろう．そうすると，たとえ教科書上においてのみ維持されてきた行政財産と財政財産の区別は，「虎公たちの喫煙談」のように，久しい前のこととして記憶されるであろう．

[文　献]

企画予算処，2005，「社会基盤施設に対する民間投資法・施行令・基本計画」韓国開発研究員公共投資管理センター．
金性洙，1996，「公共部門と民間部門間協力のための法的課題――韓国における民資誘致論を中心に」公法研究 24-5，韓国公法学会．
金性洙，2004a，『一般行政法』法文社．
金性洙，2004b，『個別行政法』法文社．
金性洙，2004c，『地方上水道事業の効率的な公社化推進戦略の研究』韓国地方公企業学会．
金性洙ほか，2004，「地方上水道の効率化事業モデル及び価格政策研究」Work Shop 資料，ソウル大学校行政大学院．
キムドンヒ，2005，『行政法Ⅱ』博英社．
キムナムジン・キムヨンテ，2005，『行政法Ⅱ』法文社．
グォンヒョンシン／リサンヨン／リゼソン，2001，『韓国の地方財政』図書出版ヘナム．
パクユンフン，2005，『行政法講義（下）』博英社．
ベドクゾン／金性洙／ユピョンジュン，1995，『民資誘致論――都市及び社会公益施設を中心に』博英社．
洪井善，2005，『行政法原論（下）』博英社．
ユンソンチョル，2004，「公共施設に対する民間投資法制に関する研究」成均館大学校博士学位請求論文．
リゼチョル，2005，「民資誘致事業の問題点と改善方案」国家予算政策処事業評価懸案分析第 7 号．

Axer, Peter, 1994, Die Widmung Schlüsselbegriff des Rechts der öffentlichen Sachen, Berlin.
Fleischmann, Oliver, 2002, Die verfassungsrechtlichen Rahmenbedingungen der Veräußerung von Verwaltungs-vermögen zur allgemeinen Haushaltsfinanzierung, Berlin.
Friauf, Karl Heinrich, 1999, § 90 Staatsvermögen in; hrsg. von Isensee u. Kirchhof, Handbuch des Staatsrechts, IV, Heidelberg.
Hardinghaus, Herbert, 1966, öffentliche Sachherrschaft und öffentliche Sachverwal-

tung, Berlin.
Kromer, Michael, 1985, Sachenrecht des öffentlichen Rechts, Berlin.
Laband, Paul, 1909, Deutsches Reichsstaatsrechts, 5. Auflage, Tuebingen.
Langer, Gottfried, 1961, Ausgangslinien für eine Erörterung zu der Frage des Verwaltungseigentums, Tübingen.
Larenz, Karl/Wolf, Manfred, 1987, Allgemeiner Teil des Bürgerlichen Rechts, 8. Auflage, Muenchen.
Maunz, Theodor, 1933, Hauptprobleme des öffentlichen Sachenrechts, München.
Medicus, Dieter, 1997, Allgemeiner Teil des BGB, 7. Auflage, Heidelberg.
Papier, Hans Juergen, 1998, Rechts der öffentlichen Sachen, 3. Auflage, Berlin/New York.
Schmitt, Reiner, 1990, öffentliches Wirtschaftsrecht - Allgemeiner Teil, Berlin/Heidelberg/New York.
Schmitz, Bernhard, 1966, Die Unterscheidung zwischen Finanz- und Verwaltungsvermögen im Lichte des modernen Rechts- und Wirtschaftsstaates, Hamburg.
Stein, Lorenz von, 1860, Finanzwissenschaft 11 (2. Aufl.), Leibzig.
Stern, Klaus, 1964, Die öffentliche Sache; in; VVDStRL 21 (1964), S. 183, 189, VVDStRL 21.
Stern, Klaus, 1980, Staatsrecht der Bundesrepublik Deutschland Band II, München.
Wacke, Gerhard, 1950, Das Finanzwesen der Bundesrepublik, Tübingen.

［訳　金香子（東京大学大学院法学政治学研究科博士課程）］

[III] 法形成の主体

第7章 経済団体等による法の形成・執行と利益相反問題

江頭憲治郎

1〕問題の所在

　本書の全体を通ずるテーマ，すなわち「政府と民間の役割の流動化」および「それ相互の境界の再構築」を考える場合，法的な視点からする主要な問題の一つは，法的ルールの形成および法の執行（enforcement）における政府と民間との間の役割分担の再構築である．

　民間による法形成には，「個々の経済主体」が行うもの，たとえば，個々の経済主体が契約を締結すること，あるいは，自治法である団体の定款を策定すること[1]等もあるが，経済団体とか専門家団体がそれに果たす役割も

---

[1] 平成17年に制定され，平成18年5月1日に施行された「会社法」（平成17法86号）の特徴が，従来に比較しての「当事者自治」の拡大であることは，一般に指摘されるところである．会社法における当事者自治の拡大には，三つの局面がある．第一は，機関設計の多様化である（江頭，2006，284頁）．第二は，「定款自治」すなわち定款で定め得る事項の拡大であり（会社29条），①全株式譲渡制限会社において株主の権利につき「属人的定め」をなし得ること（会社109条2項），②譲渡制限株式の一般承継人（相続人等）に対し会社が株式の売渡しを請求できること（会社174条），③全株式譲渡制限会社では役員の任期を10年まで伸長できること（会社332条2項・334条・336条2項），④取締役会に書面決議を認めること（会社370条），⑤全株式譲渡制限会社では監査役の監査範囲に業務監査を含むか否かを選択できること（会社389条1項），⑥会計監査人設置会社でかつ取締役の任期を一年とする等の一定の要件を満たした会社は剰余金の配当等の決定を取締役会の権限とできること（会社459条）等が新たに定款で決め得る事項とされた．第三は，その他の形の各会社の選択肢の拡大であり，⑦種類株式の株式内容を定款に規定せず，株式発行時までに株主総会または取締役会において定めることができる範囲の拡大（会社108条3項），⑧合併等の組織再編行為における対価の自由化（会社749条1項2号・758条4号・768条1項2号）等がこれに当たる．

小さくない．約款には業界の統一約款が多いし（谷川，1966，150頁；山下，1985，9頁），経済団体・専門家団体が会員の遵守すべき Code of Conduct を策定するとか，仲裁機関などの裁判外紛争解決のための機構を団体として設ける（町村，2006）等のことがあるからである．

　もっとも，経済団体の行動様式は，国によりいろいろである．相対的には，日本の経済団体は，自分の手でルールを作ることに熱心でない．すなわち，日本経済団体連合会に代表される日本の経済団体は，政府の手によるルール形成に際しては強力な圧力団体として行動するものの，自分の手でルールを作成することについては消極的である．たとえば，コーポレート・ガバナンスに関し，EU 諸国では，イギリスの統合規範（Combined Code）[2] をはじめ，各国の経済団体が何がしかのものを策定しているが，日本の主要経済団体には，そうした動きは乏しい[3]．

　しかし，経済団体の中には，ルールの作成・執行を主要な任務とするものもある．たとえば証券取引所（金融商品取引法の施行後は「金融商品取引所」となる）はその一つであって，その策定する上場規則等を通じての上場会社への規律づけは，証券取引所の不可欠の役割である．また，上場会社等への規律づけを任務とする民間の団体等の中に，専門家および専門家団体まで含めると，たとえば公認会計士・監査法人・公認会計士協会は，上場会社等への会計監査・監査証明を通じてルールの執行を行うものである．そして会計ルールの作成は，公認会計士の団体とは別法人（財団法人財務会計基準機構の中の企業会計基準委員会）[4] が行っているが，実際には，常勤者である副委員長

---

[2] イギリスの統合規範については，日本コーポレート・ガバナンス・フォーラム編（2001）参照．

[3] たとえば，日本経済団体連合会は，1991 年以来「企業行動憲章」（2004 年 5 月最終改正）を策定し，会員企業に対し企業倫理の確立を求め，不祥事を起こした会員に対しては「不祥事を起こした会員に対する日本経団連としての対応および措置」（2006 年 5 月最終改訂）に基づき処分を行うことを定めているものの，企業行動憲章の内容は，経営トップに対し「（同憲章のうたう十原則の実現のため）実効ある社内体制の整備を行うとともに，企業倫理の徹底を図る」こと等を要請するにとどまり，具体的に何を行うべきかは，各会員企業の判断に委ねている．

[4] 財団法人財務会計基準機構および企業会計基準委員会は，「一般に公正妥当と認められる企業会計の基準」の調査研究および開発等を目的に 2001 年に設立された．わが国の会計基準は，証券取引法の制定（昭和 23 年）以来，当初は経済安定本部に設置された企業会計制度対策調査会，後には大蔵省に設置された企業会計審議会により作成されてきた．ところが，1990 年代，バブル経済の崩壊後に金融機関等の倒産が続出する中で，日本の会計基準に対

が公認会計士である等，公認会計士が重要な役割を果たしている[5]．

本章では，民間による法の形成・法の執行の一局面として，証券取引所および公認会計士・監査法人の役割を，とくにその利益相反問題に焦点をあてて述べたい．当該利益相反問題を取り上げる理由は，第一に，この問題は，日本のみならず，世界中で現在ホットな争点になっていることがらだからである．第二に，世界中で問題とされながら，各国の事情・根深い問題背景等が必ずしも同一ではなく，興味ある比較の対象を提供するからである．

2］公認会計士・監査法人と利益相反問題

2.1 最近の事件

最近のわが国には，マスコミでも大きくとりあげられ，公認会計士・監査法人による監査の信頼性を揺るがす事件が三件あった．

第一は，西武鉄道の有価証券報告書の虚偽記載をめぐる事件である．すなわち，2004年10月に，西武鉄道（上場会社）は，同社の有価証券報告書に記載されたコクド（非上場会社であるが，「大会社」［会社2条6号］として会計監査人設置義務がある［会社328条］）が保有する同社株式の比率・43パーセントは虚偽であり，正しくは65パーセントであると公表した．そうであると西武鉄道の少数特定者（コクドを含む十大株主）の持株比率が東京証券取引所の基準・80パーセントを上回ること，および，当該虚偽記載は30年余り継続し

する外国の不信が強まり，1999年3月期以後，英文で作成された日本企業の財務諸表には，「この財務諸表は日本の会計基準で作成されている」旨の警告（レジェンド）を付すことが当時の米国の五大会計事務所から要求される等の事態が生じた．そこで，会計基準の内容だけでなく，わが国の会計基準の作成主体についても見直しが行われることになり，会計基準の設定が民間機関である財務会計基準審議会（FASB）によって行われている米国に習い，わが国でも，独立の民間機関である企業会計基準委員会が会計基準の開発・設定を行い，金融庁に置かれる企業会計審議会は，それを法制化する役割のみを行うことになった．財団法人財務会計基準機構は，法人会員（上場会社，監査法人等）および個人会員（公認会計士等）の支払う年会費により運営されている．こうした会計基準設定主体の変更は，法的ルールの形成に関する政府と民間の役割分担の変更の興味ある一例である．

5) 平成18年7月現在の企業会計基準委員会の委員13名の内訳は，公認会計士3人（うち常勤者1人），上場会社経理担当者3人，学者3人，投資家等関係者（銀行・証券・生保・証券取引所）4人（うち常勤者1人）である．

ていたこと等の理由により，同社株式は，2004年12月に上場廃止となった．

　西武鉄道における名義株の存在およびその点の有価証券報告書の虚偽記載は，西武鉄道の会計監査人が監査すべき「財務情報」ではない[6]．したがって，そのこと自体は，直接に会計監査の信頼性を揺るがすものではないが，世間が驚いたのは，コクド，西武鉄道，いくつかの地方鉄道，およびプリンス・ホテル等で構成される一大企業グループの会計監査が，何十年もの間，大規模監査法人ではなく個人公認会計士（2004年時点では4名）によってなされていた点である．これら公認会計士の西武鉄道グループへの報酬依存度が高かったであろうこと，監査時間も多くなかったであろうこと，組織的な監査も不十分だったであろうことは，想像に難くない（実際に，そうであったといわれる）．日本の一部の上場会社は，投資家の信頼を確保するために公認会計士の外部監査を受けるというのではなく，法律が要求するので仕方なく最低限のことをやっているという事実が露骨な形で明るみに出た事件である．

　第二が，カネボウの粉飾決算事件である．同社（上場会社）では，既に1970年代後半から不正経理が行われていたといわれるが，2004年3月に産業再生機構が同社への支援を決定した後の社内調査で，2000年3月期―2004年3月期の5年間の粉飾額が2000億円以上になることが判明した．この結果，大手監査法人の担当会計士3名が粉飾決算に加担した証券取引法違反の容疑で逮捕・起訴され，2006年8月の第一審で有罪（執行猶予）判決を受けた．新聞報道によれば，判決は，担当会計士は，会社の粉飾の実態を具体的に知ったにもかかわらず，過去の不適切な監査が明らかになり[7]，自分や監査法人の責任が追及されることを恐れて不正経理に加担し，適正意見を付したことを認定し，しかし，同人の粉飾へのかかわりは積極的ではなく，見返りを求めたわけでもない点を考慮して執行猶予としたという．

---

6) 西武鉄道の株主名簿が正しく記載されているか否かは，西武鉄道の監査役の監査すべき事項ではあり得ても，同社の会計監査人の守備範囲の事項ではない．もっとも，コクドの資産である西武鉄道株式が他人名義になっていたわけであるから，コクドの会計監査人の監査の適正性の問題は生じ得る．西武鉄道の会計監査人である公認会計士の一人は，コクドの会計監査人でもあった．

7) 新聞報道（2006年8月9日・朝日新聞夕刊）によると，担当会計士が不良在庫の適正処理を会社側に求めた際，会社側担当者から，「先輩会計士は（在庫の資産計上を）承認していた．カネボウが倒産したら，（過去に）認めてきたことも世間に出るよ」と言われ，担当会計士は主張を引っ込めたとされる．

この事件は，行政処分としては，3人の担当会計士の公認会計士登録が抹消されたばかりでなく，同人が所属する日本最大の監査法人の一つが2箇月の業務停止処分を受け，そのため，多くの上場会社等が会計監査人の設置義務[8]を履行するために一時会計監査人（会社346条4項）を選任することをせまられる等，経済界に多くの混乱を引き起こした．そして，何よりも，日本最大の監査法人の担当会計士が長年粉飾決算に加担していたこと，および，同監査法人の各担当会計士に対する審査（業務管理）体制がそれを防止できない程度のものであったことが，わが国の公認会計士監査制度への信頼を根本から揺るがすことになった．

　第三が，ライブドアの粉飾決算事件である．東京証券取引所マザーズ上場のライブドアが，2004年度に経常損失が3億円発生したにもかかわらず，売上計上が認められない自己株式売却益37億円を売上高に計上する等の方法により経常利益を50億円と虚偽記載した連結損益計算書を掲載した有価証券報告書を関東財務局に提出した容疑で，2006年3月にその元取締役5名が逮捕・起訴され，同社の監査を担当した中堅規模の監査法人の2人の公認会計士は，その事実を知りながら適正意見を記載した疑いで，同3月に在宅起訴された．2人は，容疑を認めていると報道されている[9]．この事件は，その会社・経営者への注目度のほか，新興企業の会計とその監査の危うさという点で注目された．

2.2　事件に対する反応

　こうした監査の信頼性を揺るがす事件に対し，わが国のマスコミ等は，2001年12月に米国で起きた巨大倒産・エンロン事件（高柳，2005）において粉飾決算に加担した監査法人・アーサー・アンダーセン（Arthur Andersen）

---

[8]　監査法人が業務停止の処分を受けると，その間会計監査人となる資格を喪失するため（会社337条3項1号，会計士29条・34条の21），会社に会計監査人が欠けた状態が生ずる．当該監査法人の資格喪失期間中，一時会計監査人を見つけられずに「監査の空白」が生じた上場会社は，同監査法人の監査対象会社の三分の一（274社）に及んだと伝えられる（2006年9月6日・日本経済新聞朝刊）．

[9]　この事件については，起訴された公認会計士と同じ監査法人でライブドアの監査を担当していた別の公認会計士が，手記を公表している．田中（2006）参照．とくに同書128-135頁，178-189頁．

を引合いに出して論ずることが多い．公認会計士・監査法人の監査業務は，投資家に正確な情報を伝える手段として存在するものであり，その制度の受益者は投資家であるが，公認会計士・監査法人に対し報酬を支払うのは，監査対象である会社（経営者）であるため，監査に手心を加える誘惑があるという，利益相反の要素をはらんでいる．アーサー・アンダーセンは，エンロンから，1990年代，1週間に100万米ドルの報酬を得ていたといわれる[10]（高柳，2005，2頁）．

　エンロン事件は，米国で2002年に企業会計改革法（Sarbanes-Oxley Act of 2002）を成立させる契機となり，その影響は，世界のほとんどの先進国に飛び火した．わが国でも，米国の改革の影響により，2003年に公認会計士法の改正（平成15法67号）が行われ，①会計監査人による一定の非監査証明業務と監査証明業務との同時提供の禁止（公認会計士24条の2），②担当会計士の継続的監査の制限（公認会計士24条の3），③日本公認会計士協会が会員事務所に対して行う「品質管理レビュー」を公認会計士・監査審査会が「モニタリング」する制度の導入（公認会計士49条の4第2項）等を行った（羽藤，2004）．

　マスコミには，公認会計士・監査法人の利益相反問題に関する，より興味深い論調もある．カネボウ事件の第一審判決の翌日・2006年8月10日の朝日新聞の社説「しがらみ断ち切る制度を」は，次のように述べる．

　「今回の判決からも分かるように，監査対象の経営者から報酬をもらう現在の制度では，得意先の企業を第三者の目で厳しく点検することが難しい．私たちは，監査法人の独立性を保つために抜本的な制度改正が必要だと訴えてきた．

　　例えば，各企業が発行株式数などの規模に応じて監査費用を証券取引所にプールする．そのうえで，取引所が入札などの公正な方法で各社の監査法人を選び，取引所から監査の報酬を支払うといったやり方を検討してもいい．」

この社説の主張で興味深い点は，第一に，この主張は，上場会社の監査法

---

[10] 1999年にアーサー・アンダーセンがエンロンから得た報酬は，監査業務に係るものが2500万米ドル，非監査業務（コンサルタント等）に係るものが2700万米ドルであったといわれる．

人(会計監査人)を,監査対象会社の意向とは無関係に証券取引所が選任して派遣する形を考えていると思われる点である.現行制度は,各会社がそれぞれ信頼する専門家の「先生」(監査法人・公認会計士)を株主総会で選任するというものであるが,この主張のイメージは,金融庁や日本銀行が金融機関の検査・考査のため,職員を派遣するに近い.その点で,公認会計士を「プロフェッション」と認めているのか否かすら疑わしい.

　第二に,報酬に入札制を採用するという主張である.入札制により,報酬を安くできると考えているのであろう.しかし,日本の公認会計士・監査法人が現在上場会社から受けている監査報酬の額は,他の先進国の場合と比較して相当に安く,これで十分な監査を行うコストを償えるか否かがむしろ懸念されている状況にある[11].日本の公認会計士・監査法人の監査報酬は,一部上場会社で平均年間2000万円程度であり,売上高1兆円を超える巨大企業の場合でも,平均年間5000万円程度といわれる.この100倍の報酬を支払っていたエンロンは別格としても,米国の企業の平均は,日本の10倍程度といわれている.

　エンロン事件と2.1で述べた日本の各事件,および,この朝日新聞社説の論調を見ると,日本と米国の公認会計士・監査法人の利益相反問題は,大きくその背景が異なるように思われてならない.理念型的にいえば,米国の場合,公認会計士・監査法人は,経済的には高報酬,社会的には「プロフェッション」としての地位を確立しており,問題企業が法外なカネでその監査証明を「買おう」とするところから,利益相反・不祥事が起きる.それに対し,日本の場合,大新聞すら「プロフェッション」と認識しているのか否か疑わしい状況において,経済的に優位にある監査対象会社の要求を公認会計士・監査法人が拒めないところから,利益相反・不祥事が起きるということではないか.なぜそのような相違が生じているのであろうか.

---

11) 会社法は,取締役が会計監査人に対し支払う報酬等の額を定める場合には,監査役・監査役会・監査委員会の同意を得なければならないものとしている(会社399条).これは,会計監査人の監査を受ける立場の取締役(経営者)のみがそれを決定すると,会計監査人が会社に対し十分な質・量の役務を提供することが困難な低い水準に当該報酬等を抑制しかねないとの懸念があるからである.会計監査人の報酬を事業報告で開示させるのも(会社則126条2号・3号),高額報酬を懸念するからではなく,低額報酬を懸念するからである.

2.3 制度の沿革——日本の場合と英米の場合

公認会計士・監査法人が上場会社等と監査契約を締結した上で，財務諸表の適正性につき監査を行い監査証明をする制度が法定（強制）されたのは，米国では，1933年の証券法[12]（Securities Act of 1933）の制定時である．ニューヨーク証券取引所（NYSE）が上場申請に添付しまたは上場した会社が公表する財務諸表は公認会計士の監査を受けたものでなければならないと要求したのも1933年であるとされ（2 Loss, 1961, p. 805），したがって，米国で上場会社等の財務諸表に公認会計士・監査法人の監査証明を付すことを制度的に強制することは，この時期に始まったと考えられる．

イギリスの会社法が，私会社（private company）以外の会社の監査人（auditor）は連合王国内で設立された会計士団体のメンバーであるか，または連合王国外で同様の資格を得たと商務省が認定したものであることを要する旨を規定する形で，公会社（public company）に対し公認会計士・監査法人の会計監査を強制したのは，1948年会社法[13]によってである（Companies

---

[12] 1933年証券法19条（a）は，SEC（米国証券取引委員会）が「計算書（accounts）の作成……について準拠すべき方法」を定めることができる旨を抽象的に規定するに過ぎないが（1934年証券取引所法13条（b）も同じ），同規定に基づきSECは，貸借対照表・損益計算書が「独立し（independent），かつ公的な（public）又は免許を受けた（certified）会計士」の監査証明を受けなければならない旨を規則により定めている（Sch. A, Items 25-26）．「公的な」とは，一人の使用者ではなく，複数の依頼者に対し役務を提供するという意味であり（2 Loss/Seligman, 1989, p. 716 n. 269），この点は，監査の適法性の要件であると解されている（Id. at 726）．他方，「免許を受けた」会計士であることが要件でない理由は（これが要件でないことは，1934年証券取引所法12条（b）(1)(J) が「独立の公的な会計士」としか規定していないこと等からも明らかである），必ずしもはっきりしないが，州ごとに会計士の免許の要件が異なる点を考慮したためであろうといわれている（Id. at 726 n. 287）．

[13] イギリス会社法は，1844年の株式会社法（An Act for Registration, Incorporation, and Regulation of Joint Stock Companies, 1844）によって株式会社の設立に準則主義を採用した際，一人以上の監査人（auditor）の選任を要求した（同7条）．しかし，株主の有限責任を許容した1855年の会社法改正後の新法典・1856年株式会社法（The Joint Stock Companies Act, 1856）において，監査人の選任を任意法規化し（同Table B（74）-（84）），次の包括的改正である1862年会社法（The Companies Act, 1862）も，これを踏襲した．後述のシティ・オブ・グラスゴウ銀行の倒産を契機になされた1879年会社法改正において，同改正後に有限責任会社として登記される銀行の財務諸表には監査人の監査を要する旨が規定され（同7条），次の包括的改正である1908年会社法（The Companies (Consolidation) Act, 1908）によって，銀行以外の会社にも，監査人による財務諸表の監査が強制されるに至った（同112条）．しかし，1948年会社法に至るまで，法律的には，当該監査

Act, 1948 s. 161). すなわち，イギリスにおいて上場会社等に対し公認会計士・監査法人による会計監査が法的に強制されたのは，わが国において証券取引法（昭和 23 法 25 号）が制定され，同法の適用会社につき公認会計士監査が導入されたのと同じ年に過ぎない．

しかし，イギリス（時期はともかく，おそらく米国も同じ）の事情がわが国とまったく異なるのは，イギリスでは，既に 1870 年代末から，少なくとも一部の会社（業界．具体的には銀行界）は，公認会計士（Chartered Accountant）によるいわゆる外部監査を自発的に導入しており，法は，相当広範に行われているその慣行を制定法化したに過ぎない点である．すなわちイギリス（具体的にはスコットランド）では，①1870 年代末に，公認会計士の外部監査の結果を示さなければ「株主が納得しない」状況が銀行株式会社において生じ，かつ，②既にその時期に，プロフェッションとして社会的に認知された会計士（アカウンタント）が存在していたのである（友岡，1995，11 頁）．

①は，1878 年 10 月 2 日に支払を停止して清算に入った，スコットランドの有力銀行・シティ・オブ・グラスゴウ銀行に粉飾決算があり，株主無限責任の株式会社形態[14] をとっていた同銀行（資本金額 100 万ポンド）の株主が清算手続中で 599 万ポンドを追加出資するはめになった事件[15] の影響である（友岡，1995，122 頁）．銀行の無限責任株主は，預金者と異なり政府の保護等は期待できず，自衛するほかない．そこで，そうした株主を納得させるために，銀行経営者は，自発的に公認会計士による監査を導入していった[16]．

人につき公認会計士の資格が要求されることはなかった．

[14] イギリスでは，1855 年に一般の株式会社に株主有限責任を許容した際にも，一般の株式会社とは別法律で規制されていた銀行株式会社（保険会社も同じ）については，株主有限責任を認めなかった．しかし，法制的には，1858 年株式銀行法（An Act to enable Joint Stock Banking Companies to be formed on the Principle of Limited Liability）により，株主有限責任の銀行の存在が認められるようになった．ところが，イングランドにおいてもスコットランドにおいても，「銀行の信用はその多くが株主またはパートナーの無限責任に依拠する」との考えから，1878 年のシティ・オブ・グラスゴウ銀行の倒産まで，ほとんどの銀行株式会社は，無限責任形態を採用していた（友岡，1995，102 頁）．当該倒産事件を契機になされた 1879 年会社法改正の下で，スコットランドの各銀行が足並みを揃えて有限責任株式会社形態へと転換するのは，1882 年のことである（友岡，1995，116 頁）．

[15] 意外にも思えるが，当該シティ・オブ・グラスゴウ銀行の清算においては，無限責任を負う株主が追加払込みをした結果，債権者（預金者）は全額の返済を受け，損害を被ったのは，罰金（報告書の虚偽記載，発券規制違反等）の請求を差し控えた政府だけであったという（友岡，1995，130 頁）．

その制度の最初の導入は，1879年のスコットランド・ロイヤル銀行であったといわれる（友岡，1995，228頁）．

②は，19世紀のスコットランドでは，裁判所が会計士（アカウンタント）に多くの業務を委ねた等の事情から，会計士の質が向上し（友岡，1995，175頁），法律プロフェッションとは別の「会計プロフェッション」が生まれたといわれる．エジンバラ会計士協会が勅許を取得したのは1854年，グラスゴウ会計士保険数理士協会が勅許を取得したのは1855年である（友岡，1995，178頁）．この「会計プロフェッション」が，銀行の株主の自衛・銀行経営者の信頼回復というニーズの受け皿となった．

一方，日本には，1948年の証券取引法および公認会計士法の制定前，上場会社等が財務諸表の適正性につき社外の会計専門家の証明を自発的に受ける慣行は存在しなかった．もっとも，1908年（明治41年）に政財界を揺るがした「日糖事件」という汚職・不正経理事件があったこと等の影響から，1914年（大正3年）以来，イギリスの制度を模範とした会計監査制度を導入することを目的とする「会計監査士法案」等が何度か国会に提出された[17]（岸田，1984，328頁）．しかし，それらは成立せず，1927年（昭和2年）に至って「計理士法」が成立した．計理士は，「計理士ノ称号ヲ用ヒテ会計ニ関スル検査，調査，鑑定，証明，計算，整理又ハ立案ヲ為スコトヲ業トスルモノトス」とされていたが，資格要件が緩やかであり，法文上監査への言及もなく，かつ監査であれば当然に伴う独立性の保障もなかった（岸田，1984，329頁）．計理士は，最盛期には2万5000名の登録者があったが，監査業務を行っていたのはごくわずかであったといわれる（岸田，1984，329頁）．

1948年に証券取引法が公布され，米国の制度にならう公認会計士監査制

---

16) 銀行の株主は，当然のことながら，有限責任株式会社への転換も要求した．1879年会社法改正は，有限責任の銀行株式会社の財務諸表の監査人による監査を強制していたが（注13），監査人が公認会計士であることを要求していたわけではない．公認会計士を監査人とする形は，あくまで各銀行が自発的にとったものである．

17) 農商務省は，1909年（明治42年）に「公許会計士制度調査書」を公刊してわが国にも会計士制度を導入すべきことを主張し，「試験制度を設けて学識及び人物を検定して適材を選抜する．一方，商法を改正し会社その他の財団に対して会計監査を義務づける」べきことを提言した．また，たとえば「会計監査士法案」においては，会計監査士の業務の主体は，あくまで監査であり，それと相反する記帳の代行等は，業務に含まれていなかった（岸田，1984，328頁）．

度がスタートした．しかし，制度発足当時，監査を受ける会社側も監査を実行する側も，どうしたらいいのかほとんど経験を有しない状態であったといわれる（新井，1999，5頁）．要するに，わが国の公認会計士制度は，上場会社等において経営者が社外の会計専門家の監査結果を示さなければ「株主が納得しない」状況も，「プロフェッションとして社会的に認知された」会計専門家もいなかったところに，法制度が作られ，西武鉄道事件等に見られるように，その名残りは現在まで続いているように思われる．

3] 証券取引所と利益相反問題

3.1 証券取引所の自主規制業務の抱える問題

証券取引所は，自己が開設する市場における取引の公正の確保（相場操縦・インサイダー取引等の防止），および，上場会社による投資家への情報開示の確保等を目的として，いわゆる「自主規制業務」を行っている．具体的には，①売買状況の審査（相場の不審な値動きの監視等），②取引参加者（証券会社）の財務の健全性，法令・規則の遵守状況等に関する考査（検査業務），③新たに上場会社となることを希望する発行会社の適格性の審査（上場審査），④上場会社による適切な情報開示（タイムリー・ディスクロージャー）の確保，上場廃止基準への該当性の確認等（上場管理）といった業務である．

こうした自主規制業務は，証券取引所が，市場の開設者として投資家の市場に対する信頼を確保するために必要・不可欠な業務であるが，一方で，証券取引所が当該業務を今後も適切に遂行できるかに関する懸念も生じてきている．その懸念は，日本を含め主要国の証券取引所が組織形態を会員組織（中間法人）から株式会社へと変え，かつその株式を上場する方向へ動いていることから生じている[18]．

---

18) 証券取引所の「株式会社化」および「上場」は，各国の証券取引所の間に「国際的市場間競争」が勃発し，システム投資等に巨額の資金調達が必要とされるようになったことがその原因といわれる．東京証券取引所は，2001年11月に株式会社となり，現在，株式上場を準備中である．ニューヨーク証券取引所は，2006年3月に株式会社化・株式上場を同時に行った．

すなわち，証券取引所の自主規制業務の受益者は投資家であるが，証券取引所の収入は，証券会社，上場会社からもたらされる．そこで，証券取引所が株式を上場し，利益をあげて自社株主に報いる必要が出てくると，市場等の監視を甘くするとか，上場会社の数を増やす等の行為に走る（自主規制業務の懈怠）ことにより，投資家の利益が害されるのではないかとの懸念である．事実，2005年には，ある投資ファンドが上場された大阪証券取引所の株式を大量に取得し，増配をせまる形で経営に対し影響力を行使しようとした．すなわち，株主利益と投資家利益との利益相反により，投資家利益（自主規制機能）が害されることへの懸念である．

他方では，そうした懸念に対処するため，外国の証券取引所の中には，利益相反の防止・自主規制業務の強化のための新たな対策を打ち出すものも現れた．そこで，近い将来の株式上場をめざす東京証券取引所も，2005年には，自主規制業務の強化策を策定するに至った．

3.2 自主規制業務の独立性を確保するための方策

証券取引所が株式会社化・株式上場することを契機にその自主規制業務をないがしろにする危険から投資家の利益を守る方策として，一つには，これまで証券取引所の自主規制業務として行われてきた業務を，政府（金融庁）または証券取引所と関係のない第三者機関に委ね，証券取引所はそれに関与しないという形があり得る．しかし，この形の下では，たしかに当該業務に関する利益相反は完全に防止できるものの，一方では，従来「自主規制業務」のメリット[19]とされてきたものも失うことになる．また，たとえば自主規制業務のうちの上場審査・上場管理の業務を第三者に委ねることは，自分の取扱商品の決定権限を他人に委ねることを意味し，その場合，証券取引所は，もはや自立した組織とはいえなくなるであろう．

そこで，証券取引所または証券取引所を含む企業グループ内で自主規制業

---

19) 自主規制業務のメリットとされてきた事項は，①現場主義による機動的な規制ができること，②法令よりも高い水準の規制を課すことができること，③法令違反等が生ずる前に未然防止措置がとれること，④低コストで規制業務が行えること等である．証券取引所の自主規制に代えて政府が規制を行うと，少なくとも②は難しくなる．政府以外の第三者機関に委ねると，①は困難となろう．

務を行い，かつ利益相反から生ずる弊害を防止する方策を考えるとすると，自主規制業務を行う部門の独立性（規制を受ける部門［市場運営部門］，経営者等からの独立性）を強化することが必要ということになる．

2005 年に東京証券取引所が自主規制部門の強化策を検討する過程で有力に主張された独立性強化策は，二つあった．第一は，持株会社を作り，その傘下に市場運営を行う「市場運営業務会社」と自主規制業務を行う「自主規制業務会社」とを置く形で自主規制部門の強化を図る案である．ニューヨーク証券取引所は，株式会社化する際，この方式をとり，持株会社（上場会社）の下に，子会社として「市場運営会社」と非営利法人たる「自主規制会社」とを持つ体制に移行した．

第二は，市場運営業務も自主規制業務も単一の会社内で行うが，会社は委員会設置会社（会社 2 条 12 号）の形態をとり，法定の三委員会（指名委員会，監査委員会，報酬委員会）のほか，経営者からの独立性の高いメンバーで構成され，自主規制業務に関する監督権限を付与された「自主規制に係る委員会」を取締役会内に設置して，自主規制業務に関する監督権限を実質的にそこに付与する[20]ことにより，自主規制部門の強化を図る案である．

東京証券取引所は，証券取引所が自ら市場を開設するとともに自主規制業務をも行うことを想定した 2005 年当時の法制の下では，第一の案には，法改正の必要も生じ得る等の理由から，第二の案を採用する方向で金融審議会等の理解を得るよう努力する旨を，いったん決定した（2005 年 10 月 25 日の（株）東京証券取引所・社長記者会見）．しかし，2006 年の金融商品取引法の制

---

[20] 定款の定めにより，法定の三委員会以外の委員会を設け，そこに自主規制業務に関する監督権限を実質的に付与するということには，若干の注釈を要する．委員会設置会社においては，取締役（または取締役の作る委員会）は，法令に別段の定めがない限り，会社の業務を執行することができず（会社 415 条），取締役会から会社の業務執行の決定の委任を受けることができない（会社 416 条 3 項）からである．すなわち，「自主規制に係る委員会」が自主規制業務に関する意思決定を行ったり，自主規制業務を担当する執行役（CRO）の職務の執行の監督（選任・解任等）を行うことはできない．すなわち，それらの意思決定・監督は，法的には，あくまで取締役会の権限である．しかし，本文に述べたように，実質的に当該権限を「自主規制に係る委員会」に委ねる方法はある．それは，定款の定めにより取締役会の決議要件を厳格化し（会社 369 条 1 項），自主規制業務に係る事項の決定（たとえば CRO の選任・解任，自主規制業務に係る予算の決定等）には，「自主規制に係る委員会」の承認がない限り特別多数の賛成を要するものとする（「自主規制に係る委員会」の承認があれば通常の決議要件で決定できる）ことである．

定（証券取引法の改正）により，委員会設置会社の法定の三委員会と同じ権限を持つ「自主規制委員会」が法制上認められたほか（金商105条の4-106条の2），金融商品取引所は，内閣総理大臣の認可を受けて，自主規制法人に対し自主規制業務の全部または一部を委託することができることとなった（金商85条・102条の2-102条の34）．そして，東京証券取引所は，2006年夏に，今後の組織形態につき再検討を行い，持株会社の下に市場運営会社と自主規制法人とを設ける方式，すなわち第一の案を第一候補として今後検討を行うことを決定した（2006年7月25日の（株）東京証券取引所・社長記者会見）．

3.3 各案の利害・得失

東京証券取引所が「委員会設置会社の下で『自主規制委員会』を設ける」方式をやめ，「持株会社の下に市場運営会社と自主規制法人とを設ける」方式を第一の選択肢とした理由は，第一に，後者の方が自主規制業務の独立性が外形的に見てわかりやすいこと，第二に，後者はニューヨーク証券取引所も採用する形であり，国際的な比較の上でも説得性が高いことがあげられている（2006年7月25日の（株）東京証券取引所・社長記者会見）．しかし，いずれの理由も，証券取引所の自主規制業務が利益相反によりうまく機能しないことの防止のため，どちらの方式がより有効か，という実質的理由を述べているわけではない．実質的に見た場合，両案には，どのような利害・得失があるだろうか．

証券取引所の自主規制業務における利益相反には，大別すると，二つのレベルのものがあり得る．一つは，実務レベルで日々行われる業務，たとえば売買状況の審査業務を遂行する際に「手抜き」や「馴れ合い」が行われる危険性である．もう一つは，より上の経営の意思決定のレベルにおいて，たとえば，経営上の考慮から自主規制業務に対して経営資源（予算・人員等）を十分に投入しないとか，上場審査・上場管理に関して上場会社に対し甘い政策をとる等の危険である．

市場運営会社と自主規制法人とを別会社（持株会社の子会社）にする方式は，実務レベルでの「自主規制業務の独立性」，すなわち実務レベルの日々の業務において「馴れ合い」等が行われていないことを外形的にアピールする点では，自主規制委員会方式よりも優れているかもしれない．しかし，証券取

引所の自主規制業務の中で，従来，売買状況の審査業務において「手抜き」や「馴れ合い」があったという批判は，ほとんどないのである．売買状況から市場において不正な取引が行われている可能性を認識した場合，証券取引所の権限には限界があるため，証券取引所は，金融庁等に報告することによって官による検査・犯則事件の調査等の端緒を提供することにとどまるのが通例であるが，その点に関し証券取引所の現状が不十分であるという批判は，ほとんどない．

　むしろ，証券取引所の自主規制業務の現状に対する批判は，経営の意思決定のレベルの事項に関するものが多い．たとえば，考査の担当者として十分な人数の職員を配置しているか，あるいは，「子会社上場」を広く認めてきたように上場政策が甘いのではないか[21]といった批判である．

　自主規制業務に対する予算措置とか上場政策といった経営レベルにおける利益相反問題への対処として，「委員会設置会社の下で『自主規制委員会』を設ける」方式（以下，「自主規制委員会方式」という）と「持株会社の下に市場運営会社と自主規制法人とを設ける」方式（以下，「持株会社方式」という）とのいずれが優れているかは，にわかには結論を出し難い．

　予算措置の問題についていえば，日本の証券取引所の場合，自主規制業務の収益（規則に違反した取引参加者が証券取引所に対して支払う「過怠金」等が収益源である）ではそれに要する費用を償えないことは明らかであるから，市場運営業務から入る収益によってそれを補塡する必要があり，したがって，持株会社方式をとったからといって，自主規制業務の財政的な自立が図れるわけではない．この点は，自主規制業務の「黒字」が期待できるといわれるニューヨーク証券取引所の場合とは，大きく事情が異なる．日本の証券取引所の場合には，持株会社方式をとると，自主規制法人が財政的に市場運営会社に依存していることが外部に対しても明らかとなって，自主規制業務への外からの信頼とか同業務に携わる職員の士気に関し，マイナス要因になりか

---

21)　東京証券取引所は，親子会社関係を維持したまま「子会社」の株式を上場することを認めてきたが，それでも，上場子会社の独立性を確保するため，外販比率（子会社の企業グループ内取引の比率）が一定以下であること，役員構成につき独立性があること等を要求してきた（江頭，1995，213頁）．ところが，同証券取引所は，1990年代半ばに，その基準を緩和した．その措置は，従来の基準を維持すると「新規上場が先細りになる」という，収入確保の懸念から行われたといわれる（1994年11月8日・日本経済新聞朝刊）．

ねない懸念もある[22]．

　上場政策の問題についていえば，それは自主規制業務の重要事項であるとともに，市場運営業務の収益に直接かかわることでもあるから，市場運営業務にとっての重要事項でもあり得る．したがって，自主規制委員会方式をとろうと，持株会社方式をとろうと，自主規制部門・市場運営部門のいずれか一方のみで決められることではない．実務的には，両者の合意の上で，最終的には自主規制委員会方式であれば取締役会，持株会社方式であれば持株会社の取締役会で決定することになろう．

　こうして見ると，自主規制業務を市場運営業務とは別の法人が行う持株会社方式が必ずしも優れているわけではなく[23]，とくに予算措置とか上場政策といった経営レベルの利益相反の防止は，自主規制委員会方式であれば取締役会，持株会社方式であれば持株会社の取締役会の，市場運営部門またはその利益を代表する経営者からの独立性にかかっているといえよう．

4］ 解決の方向と課題

　民間による法の形成・法の執行の一局面として，公認会計士・監査法人および証券取引所が上場会社等に対して果たすべき役割，および，その利益相反の状況につき，日本の現状を，外国と比較しながら見た．課題を抱えているのは日本だけではないが，日本特有の背景・問題の深刻さもある．次に，従来とかく安易に考えられ過ぎていたように思われる点の課題を指摘してみたい．

---

22) 赤字である自主規制部門への予算措置は，自主規制委員会方式であれば取締役会が講じ，持株会社方式であれば持株会社が市場運営会社の黒字を吸い上げて講じることになる．前者の取締役会と後者の持株会社の取締役会とは，機能的にはほとんど変わらないであろうから，自主規制業務につき十分な予算措置が講じられるか否かは，両方式のいずれを採用するかによって変わるものではない．当該取締役会の構成メンバーの実質の方がむしろ重要である．

23) 証券取引所の利益相反の防止につき，持株会社方式は自主規制委員会方式よりも劣ると一部の論者が強く主張する論拠に，事業が完全子会社において行われる持株会社方式では，事業上の任務懈怠行為に対する株主からの責任追及（株主代表訴訟の提起）が困難であるとの点がある．すなわち，任務懈怠をした者は完全子会社の役員であるから，持株会社の株主からの責任追及を免れ，その者の責任追及をしないことを理由に持株会社の役員の責任を追及することにもハードルが多いから，結局責任追及ができなくなるとの批判である（2006年9月1日・日本経済新聞"大機小機""東証持ち株会社化への疑問"）．

4.1 利益相反の問題は，内部組織の在り方を工夫すれば解決できるか

2]および3]で見た問題は，ともに証券市場にかかわるものであるが，証券業界には，利益相反の問題は，公認会計士・監査法人，証券取引所だけでなく，いたるところにある．そして，内部組織の在り方を工夫すればその解決は可能であると，比較的安易に考える向きがある．たとえば，社内に「ファイアー・ウォール」を設ける，営業部門と審査部門とを分離する等により弊害を防止できるといった考え方である．

しかし，内部組織の在り方を工夫することにより防止できる利益相反は，比較的下位レベルの利益相反であって，経営の根幹にかかわる利益相反事項は，それによっては解決できないのではないか．すなわち，公認会計士・監査法人にも証券取引所にも潜在的にある「受益者に対するサービスの質を落とす（予算・時間・労力等をかけない）方が利益になる」状況の解決には，役立たないのではないか．

もちろん，「その種の利益相反を抱えた者は，長期的には，受益者から見放されるはずだ」と主張することはたやすい．しかし，現実の世界は，本当にそうだろうか．西武鉄道は，何十年もの間，会計監査にカネをかけない主義でやってきたが，受益者は，自己の危険を察知して西武鉄道から去るほど賢明であっただろうか．西武鉄道は，何十年も，民鉄業界で飛びぬけて株価の高い会社だったのではないだろうか．

4.2 社外取締役等の役割

経営の根幹にかかわる利益相反の解決が期待されるのは，社外取締役のような，その組織の経済的利害と一定の距離を保ち，制度の受益者の利益に配慮できる者の力であろう．しかし，そのような事項につき適切な判断ができる社外取締役とは，どのような人であろうか．たとえば，利益相反を防止するため十分な予算措置がなされる必要があるとしても，何が「十分な水準」なのかの判断は，容易でないことが多い．たとえば，会計監査人に支払う報酬が各社平均して米国の10分の1という日本の上場会社の現状の中で，どの程度が「十分な水準」なのだろうか．また，世界的な規模での競争に曝されている証券取引所の上場政策について，社外取締役として適切な判断がで

きるという自信のある人は，どの程度いるであろうか．

4.3 公的監督の強化

米国から始まって，世界的に，公認会計士・監査法人に対する公的監督（政府の規制）は強化されている．日本でも，2003年の公認会計士法の改正により，2.2で述べた形で監督が強化された．

米国では，いわゆる「ピア・レビュー」，すなわち監査法人相互間のレビューを POB (Public Oversight Board) が評価する制度が，2002年の Sarbanes-Oxley Act の制定により，SEC の監督下にある PCAOB (Public Company Accounting Oversight Board) が直接に監査法人を1年―3年周期で検査する制度に改正された．この点では，米国の方が監督が厳しいので，日本でも「もっと厳しく」という議論が出てくる可能性はある．

日本では，公認会計士・監査法人以外にも，専門家の不祥事が続いていることもあり，専門家への規制強化の方向は，当分続くと思われる．しかし，「プロフェッション」の地位が確立している国における規制強化と異なり，日本においては，2.2で述べた朝日新聞の社説に見られるように，そもそもそれを「プロフェッション」と認めていない論調もあることに注意を要する．

4.4 民事責任

公認会計士・監査法人による監査の手法・内容等は，日本と米国でほとんど変わらない．違うのは，十分な監査がないと「株主が納得しない」状況が背景にあるか，それとも，一大企業グループの監査を個人の公認会計士4人が行っていても投資家が文句をいわない状況か，の違いである．

その点は，法制度によってはどうにもならないことであるが，会計監査制度に関する日本と米国の法制的な差異の大きな点は，集団訴訟 (class action) 制度の有無である．日本には集団訴訟がないので，監査法人がたとい利益相反行為を理由に投資家から訴えられたとしても，大きな金額の賠償責任を負う可能性は低い．これは，監査法人に限らず，機関投資家等，証券市場において投資家と発行会社とをつなぐ役割にある者すべてに共通する相違点である（江頭，2003，774頁）．

日本には，学者にも一部の政治家の間にも，米国の SEC のような機関を

作るべきであるとの,政府による監督強化の意見が相当ある.それに比べると,集団訴訟の導入等の民事責任の強化の意見は少ない.米国の証券市場に対し真に規律を与えているのが SEC なのか集団訴訟なのかは,もっと真剣に議論されてよい問題であろう.

[文　献]

新井益太郎,1999,『会計士監査制度史序説』中央経済社.
江頭憲治郎,1995,『結合企業法の立法と解釈』有斐閣.
江頭憲治郎,2003,「書評　上村達男著　会社法改革――公開株式会社法の構想」民商法雑誌 127 巻 4＝5 号.
江頭憲治郎,2006,『株式会社法』有斐閣.
岸田雅雄,1984,「商法と職業会計人制度」上柳克郎先生還暦記念『商事法の解釈と展望』有斐閣.
高柳一男,2005,『エンロン事件とアメリカ企業法務』中央大学出版部.
田中慎一,2006,『ライブドア監査人の告白』ダイヤモンド社.
谷川　久,1966,「企業取引と法」『現代法 9・現代法と企業』岩波書店.
友岡　賛,1995,『近代会計制度の成立』有斐閣.
日本コーポレート・ガバナンス・フォーラム編,2001,『コーポレート・ガバナンス――英国の企業改革』商事法務研究会.
羽藤秀雄,2004,『改正公認会計士法』同文舘出版.
町村泰貴,2006,「ADR 新時代」ジュリスト 1317 号.
山下友信,1985,「約款による取引」『現代企業法講座 4・企業取引』東京大学出版会.

2 Loss, 1961, *Securities Regulation* (2d ed.), Little, Brown.
2 Loss/Seligman, 1989, *Securities Regulation* (3d ed.), Little, Brown.

第8章 ドイツ医療保険における定額設定制度について

太田匡彦

1〕問題の設定

（a）本章は，ドイツ医療保険に存在する定額設定（Festbetragsfestsetzung）制度を同保険の薬剤支給制度全体の中に位置づけ，そこで期待されている機能を同定することを直接の対象とする．本章は，この作業を通して，医療保険と市場とが接触する一断面を切り取り，そこで生じる法的問題を分析するための出発点の形成を目指す．

（b）現在の日本およびドイツにおいて，社会保険としての医療保険は国民に対する医療の保障を目的とする一方[1]，この保険を組織する国・医療保険主体は，医療というサービスも医療に必要な薬剤等の財も，社会から調達する．この結果，医療保険は市場との関係を決して失わない．

定額設定制度は薬剤支給に関連する制度であり，医療保険と薬剤流通市場との接触面に位置する．また，その適法性が裁判を通して争われ，相対立する重要な判断が下された点[2]で法学的分析のための素材として接近しやすい．以上に鑑みると，同制度は，医療保険と市場との接触面で生じる法的問題の具体的検討にふさわしい制度と考えられる[3]．そこで，この制度の示す

---

[1] 医療保険の最終目標が医療の保障にあるという理解は，とりわけ現物給付原則をとる場合に明瞭である．例えば参照，ノイマン（2006, 62頁）．

[2] 代表的なものとして以下の諸判例を参照．BSG, NZS 1995, 502; BGH, VersR 2001, 1361; BVerfGE 106, 275; EuGH, Slg. 2004, I-2493. 最終有権判断権を有する BVerfG と EuGH との判断により，同制度は現在のところ，ボン基本法・EC 条約に照らして適法であるという位置づけを実務においては与えられている．

法的問題の理論的検討を行うためにも，その前提として，この制度が医療保険制度，特に医療保険給付の一環としての薬剤支給制度の中でいかなる特色を持ち，どのような位置づけを与えられるかを探っておく必要がある．

(c) 本章は，紙幅の都合からこの点のみを扱う．すなわち，本章の対象は現在の医療保険制度[4]，特に薬剤支給制度全体の中での定額設定制度の位置づけを探り，その特色を把握する点にある．逆に，以下の作業については，後の作業に委ねざるをえない．

第1に，判例やそれに対する学説の反応を手がかりとした，ヨリ理論的な研究は他日を期す．第2に，制度の変容を主題とする通時的な研究も他日を期す．定額設定制度に関するいくつかの改正は判例との関係において理解する必要があり[5]，通時的な分析も必要だが，紙幅の都合から断念する．過去の制度や改正経緯に関して注記される情報は，注記に止まる．

2〕 定額設定制度——現行法に基づいて

2〕では定額設定制度自体の概要を検討する．この制度は直接の法的根拠を §§ 35, 36 SGB V に有し，補助具 (Hilfsmittel)・包帯具 (Verbandmittel) に関しても行われる[6]．しかし，本章では薬剤 (Arzneimittel) に関する制度 (§ 35 SGB V) に検討対象を限定する．

定額設定制度とは薬剤をグループ化し，そのグループ毎に定額を設定する

---

[3] 本章がドイツの制度を検討対象とするのは，日本と異なる制度を持つが故に，我々の持つ制度に関して我々に反省の機会を与えると考えるからである．我々に別の可能性を示す点に検討する根拠があり，同制度を導入すべきだという判断は含意されていない．なお，定額設定制度に焦点を絞った先行研究として田中 (2001) が，薬剤支給制度の分析として松本 (2003, 第6章) がある．また，本章が取り扱う問題もその一部である医療保険の給付範囲に関する基礎研究として，笠木 (2006) があり，本章の作成に際して，同論文および笠木助教授との議論から多くの教示を得た．未公刊であるため逐一の引用は控えるが，ここに記して謝意を表するとともに，プライオリティーを明示する（追記：なお，同論文は法学協会雑誌 123 巻 12 号 (2006 年) から連載が開始された）．

[4] 本章は，Art. 256 Neunte Zuständigkeitsanpassungsverordnung v. 31. 10. 2006, BGBl. I, 2407 による改正時での SGB V を現行法として分析する．他の法令もこの時点を基準とする．

[5] FBAG による改正は，BSG や BGH の適法性に関する疑義の表明なしには理解できないし，GMG による改正も，BVerfG による合憲性の確認を視野に収める必要がある．

[6] 補助具に関しては § 36 SGB V を，包帯具に関しては § 35 Abs. 3 S. 2 SGB V を参照．

制度を言う．定額設定が行われると，グループ化された薬剤に関し，医療保険主体たる疾病金庫はその薬剤の費用を当該定額までしか負担しなくなる点が，同制度の重要な効果である．

2.1 定額設定の効果

(a) 設定手続・要件等に先立ち，SGB V の明示する法効果から確認する．SGB V が定める定額設定の法効果の一つは，被保険者と疾病金庫との関係に関わる．定額設定により設定された額は，医療給付として支給される薬剤に係る費用につき疾病金庫負担額の上限を定める．その詳しい意味については後に見るが，原則は以下のようになる．定額設定の行われていない薬剤及び設定された定額以下の価格の薬剤に関しては，被保険者自己負担分と薬局等の負担する割引を除いた残りを疾病金庫が負担するのに対し，定額を超過する価格の薬剤に関しては，被保険者は，定額を超える分と自己負担分とを負担せねばならない（§ 31 Abs. 2 S. 1 SGB V）．疾病金庫は，定額までの負担を以て自らの給付義務を果たしたことになる（§ 12 Abs. 2 SGB V）．

(b) SGB V の定める法効果の今一つは，保険診療を行う医師（以下，契約医師という）に対するものであり，契約医師は定額を超える価格の薬剤を処方する場合，超過額を被保険者が自分で負担せねばならないことを指摘する義務を負う（§ 73 Abs. 5 S. 3 SGB V）．

2.2 定額設定設定手続

次に定額設定を行う手続を検討する．薬剤に関する定額設定については，GBA の定める部分と疾病金庫の頂上連合会の定める部分との二段階に明確に分節化されたプロセスからなる（§ 35 Abs. 1 u. 3 SGB V）．

2.2.1 GBA による定額設定グループ（**Festbetragsgruppe**）及び算定基礎単位の設定

(a) 定額設定において GBA は，定額設定グループの編成と定額を設定する際の算定基礎となる単位の画定を行う．この編成と画定を，GBA の § 92 Abs. 1 S. 2 Nr. 6 SGB V に基づく指針（Richtlinie）が行う．以下，GBA 自体及びそれが定める指針に関する規定について，定額設定制度の理解に必要な限度で説明した後 (b)，この段階での定額設定に関する規定について説明する（(c)(d)(e)）．

(b) (1) GBAとは，KÄBVおよびKZÄBV（§77 Abs. 4 S. 1 SGB V），DKG（§108 S. 2 SGB V），疾病金庫の連邦連合会（§212 Abs. 1 SGB V），ドイツ鉱夫・鉄道・船員年金保険[7]，代替金庫の連合会（§212 Abs. 5 SGB V）によって設立される，権利能力を持った委員会である（§91 Abs. 1 SGB V）[8]．

(2) 委員会のメンバーは 3人の中立（unparteiisch）メンバー（うち1人は委員長），計9人の医師・病院側メンバー[9]，計9人の疾病金庫側メンバー[10] の計21人からなる（§91 Abs. 2 S. 1 SGB V）[11]．この結果，定額設定との関係では，製薬業者の代表がメンバーに含まれていない点に注意する必要がある．

(3) GBAが行う様々な議決（Beschluss）の中でも，医療保険のあり方に大きな影響を持つのが各種指針の議決である．定額設定グループの編成・算定基礎の画定も，§92 Abs. 1 S. 2 Nr. 6 SGB Vに基づく指針の一部として定められる．そこで，§92 Abs. 1 S. 2 Nr. 6 SGB Vに基づく指針の中で薬剤支給に関する指針に関わる手続規律をここで見ておく[12]．

「§92 Abs. 1 S. 2 Nr. 6 SGB Vに基づく，薬剤の処方に関する指針」については，「製薬企業と薬剤師の経済的利益擁護のために設立された重要組織及び特別な治療方針を有する医師の協会の連邦レベルにおける上部団体」に意見表明の機会を与え[13]，その意見表明を考慮せねばならない（§92 Abs. 3a

---

[7] ここでのドイツ鉱夫・鉄道・船員年金保険の地位に関し§4 Abs. 2 SGB V及び§212 Abs. 3 SGB Vを参照．

[8] GBAはGMGにより，従来の医師・疾病金庫連邦委員会（Bundesausschuß der Ärzte und Krankenkasse），歯科医師・疾病金庫連邦委員会（Bundesausschuß der Zahnärzte und Krankenkasse），病院委員会（Ausschuss Krankenhaus），調整委員会（Koordinierungsausschuss）を統合する形で設立された．この変更の目的につきBT-Drs. 15/1525 zu Art. 1 Nr. 70（S. 106）．

[9] 4人のKÄBVの代表者，1人のKZÄVの代表者，4人のDKGの代表者．

[10] 3人の地区疾病金庫の代表者，2人の代替金庫の代表者，企業組合疾病金庫，同業組合疾病金庫，農業疾病金庫，鉱夫疾病保険それぞれから1人の代表者（鉱夫疾病保険については，ドイツ鉱夫・鉄道・船員年金保険から代表者が送られる）．なお，これらの団体は全て，疾病金庫の種類を示す（さしあたり参照，§4 SGB V）．

[11] メンバーの任命方法については§91 Abs. 2 S. 2 bis 4 SGB Vを，メンバーの地位については§91 Abs. 2 S. 5 SGB Vが準用する§90 Abs. 3 S. 1 und 2 SGB Vを参照．

[12] 指針に関する一般的実体規律としては，§92 Abs. 1 S. 1 SGB Vを参照．また，この類型の指針によって行われる，GBAによる薬剤の支給対象からの排除・支給対象への取り込みについては後述する．

[13] この意見表明の機会の付与が，経済的利益の主張の機会を保障する必要を考慮したもの

SGB V)[14]．同時に，製薬企業は，薬理上・治療上の透明性および価格の透明性の確立のために§92 Abs. 1 S. 2 Nr. 6 SGB V に基づく指針の枠内で必要なデータ，§35 Abs. 1 u. 2 SGB V に基づく定額の設定のために必要なデータ，若しくは§35a Abs. 1 S. 2 u. Abs. 5 SGB V に基づく任務を履行するために必要なデータ，さらに§129 Abs. 1a SGB V に基づく任務の遂行のために必要なデータを，GBA 及び疾病金庫の頂上連合会に伝達し，要求があった場合には必要な説明を与える義務を負う（§131 Abs. 4 S. 1 SGB V）．同様の義務を薬剤師の経済的利益擁護のために設立された重要組織も負う（§129 Abs. 6 SGB V）．

　他方，患者利益擁護団体に対しても関与の可能性が開かれており[15]，§140 f Abs. 2 SGB V と§140 g SGB V によって委任を受けた PatBeteiligungsV との定めるところにより，これらの組織から送られる専門家が審議参加権と発議権をもって，しかし議決権は持たないで，指針の審議に加わる．

　委員会の議決は，委員会メンバーがそのまま行うのではなく，本章が問題としている指針に関しては§91 Abs. 5 S. 1 SGB V により，KZÄBV の1人の代表者と DKG の4人の代表者に代わってさらに5人の KÄBV の代表者が加わり議決を行う[16]．すなわち，9人の疾病金庫側代表と9人の KÄBV の代表者及び3人の中立的代表が議決を行う[17]．

　(4)　指針は GBA の議決としてそれ自体で「被保険者，疾病金庫，外来医療給付に参加している給付提供者及び許可を受けた病院」に対して拘束的

　　　であることにつき，Hess（2004b, Rn. 16b）．
14)　ここで要求される考慮とは，GBA が，提出された意見の論拠と取組むこと，何が行われたか，委員会が意見に従わなかった場合には何故そうなったかが GBA の決定から認識できなければならないことを意味するとされている．以上の立案者意図につき，BT-Drs. 13/7264, S. 64．
15)　これは GMG による改正（Art. 1 Nr. 118 GMG）によって導入された．
16)　これは，§91 Abs. 5 S. 1 SGB V に定める指針が，従来は医師・疾病金庫連邦委員会によって定められていたことに対応している（Hess, 2004a, Rn. 20）．ただし，議決権を持たない5人のメンバー（KZÄBV の1人の代表者と DKG の4人の代表者）も審議参加権を有し，審議に加わる（§91 Abs. 8 SGB V）．
17)　この結果，薬局・製薬企業には，薬剤支給に関する指針が決定される場合も，意見表明の機会が保障されるだけで，議決権も，また患者利益擁護団体代表のような審議に加わる権利も保障されていないことになる．

である（§ 91 Abs. 9 SGB V）．また，§ 92 Abs. 8 SGB V により「連邦概括契約（Bundesmantelverträge）[18]の構成部分」であり，§ 82 Abs. 1 S. 2 SGB V に従って全体契約（Gesamtverträge）の内容となり[19]，§ 83 SGB V に基づき疾病金庫や契約医師に対して拘束力を持つ．

GBA が議決した指針は，BMG に提出されねばならない（§ 94 Abs. 1 S. 1 SGB V）．定額設定グループの編成・定額設定の際の算定基礎となる単位の画定に係る指針は，BMG が 4 週間以内に異議を申立てず（§ 94 Abs. 1 S. 2 Halbs. 2 SGB V）[20]，Bundesanzeiger に公表され（§ 94 Abs. 2 SGB V），施行期日が到来すると効力を発生する．

(c)　(1)　以下では，定額設定に直接関わる GBA の決定に関する規律を見る．GBA が第 1 に負う任務は，定額設定グループの編成である．定額設定グループとは，定額を定めることのできる薬剤のグループであり，先に見た § 92 Abs. 1 S. 2 Nr. 6 SGB V に基づく指針によって定められる[21]．このグループが編成されて初めて（それぞれのグループについて）定額を定めることが可能となる（以上につき § 35 Abs. 1 S. 1 SGB V）．

(2)　定額設定グループの編成基準は，3 類型の定額設定グループが定められると共に，それぞれに応じた基準・要考慮事項が付加される形で定められている．

まず § 35 Abs. 1 S. 2 Halbs. 1 SGB V が，Nr. 1「同一の作用物質」，Nr. 2「薬理・治療上，同等の作用物質，特に化学的に類似の物質」，Nr. 3「治療上，同等の効果，とりわけ組み合わせ薬剤」の 3 類型を定めており，これが定額設定グループの基本編成基準となる．

この基本編成基準に付随する付加基準（要考慮事項）は，以下のように定められる．Nr. 1 の類型に関しては，同じ作用物質を有する薬剤が持つ異なるバイオアベイラビリティ（Bioverfügbarkeit, bioavailability）を考慮しなくてはならない（§ 35 Abs. 1 S. 2 Halbs. 2 SGB V）．Nr. 2 と Nr. 3 の類型につい

---

18)　連邦概括契約に関する基本規定として § 82 Abs. 1 S. 1 SGB V.
19)　全体契約に関する基本規定として § 83 SGB V.
20)　異議の申立てがなされた場合に関し § 94 Abs. 1 S. 3 SGB V を参照．
21)　現在は，§ 92 Abs. 1 S. 2 Nr. 6 SGB V に基づく指針である AMR の Anlage 2 として定められている．

ては，「治療の可能性が制限されず，医学的に必要な処方の選択肢が利用できること」を保障しなくてはならない（§ 35 Abs. 1 S. 3 Halbs. 1 SGB V）．また，特許により保護されている作用物質を有する薬剤は，Nr. 2 及び Nr. 3 の類型に該当するグループから一定の条件下で除外される．特許による保護を受けている作用物質の作用方法が新種であるか，「治療上の改善（副作用の軽減によるものも含む）」であるかすれば，この二つの類型に該当するグループ編成から除外されるのが原則である（§ 35 Abs. 1 S. 3 Halbs. 2 SGB V）[22]．

（d） GBA は，第 2 の任務として，後に述べる，定額を定める際の算定基礎となる単位，すなわち「第 3 項に基づき必要な，計算上の平均的一日分容器もしくは個別容器または他の適切な比較量」を定める（§ 35 Abs. 1 S. 5 SGB V）．

（e） SGB V は，定額設定グループを編成する際の手続・組織に関しても定めを置く．これは，先に見た § 92 Abs. 1 S. 2 Nr. 6 SGB V に基づく指針に関する諸規律に付加されるものである．

定額設定グループの作成に際して GBA の事務局（Geschäftsstelle）の行う準備に関する規律が，§ 106 Abs. 4a S. 3 u. 7 SGB V を準用して行われている（§ 35 Abs. 1 S. 6 SGB V）[23]．この準備を第三者に委託する場合，GBA は，この第三者が自らの用いた「評価のための諸原則，用いたデータも含めた評価のための根拠」を公表することを保障しなくてはならず（§ 35 Abs. 1 S. 7 SGB V），他方，この鑑定人の氏名は公表されてはならない（§ 35 Abs. 1 S. 8 SGB V）[24]．

定額設定グループを編成する際，利害関係人には意見表明の機会が保障される．「医学・薬学に関する学問及び実務の専門家及び製薬企業の専門家，ならびに薬剤師の職業代表者」には GBA の決定の前に，意見表明の機会が

---

22) この付加基準に係る補足的規律については § 35 Abs. 1 S. 4, Abs. 1a , Abs. 1b SGB V を参照．
23) § 106 Abs. 4a SGB V は，契約医師に対する経済性審査（Wirtschaftlichkeitsprüfung）——これ自体については後に触れる——を行う審査委員会・訴願審査委員会に共通する形で作られる事務局に関する規律である．事務局が具体的に行う任務に関しては § 106 Abs. 4a S. 7 SGB V が定める．なお，GBA が事務局を持つことを定める明文の規定は SGB V にはない．
24) § 35 Abs. 1 S. 8 SGB V の目的が，鑑定人の匿名性を守る点にあることにつき BT-Drs. 16/691, S. 15（zu Doppelbuschst. aa（§ 35 Abs. 1））．

与えられねばならない（§35 Abs. 2 S. 1 Halbs. 1 SGB V）．「特別の治療方針に関わる薬剤を判断する」場合，これらの治療方針の専門家の意見表明が求められねばならない（§35 Abs. 2 S. 1 Halbs. 2 SGB V）．ここでの意見表明は決定の際に考慮されねばならない（§35 Abs. 2 S. 2 SGB V）[25]．

他方，先述の§131 Abs. 4 S. 1 SGB V に基づく製薬企業の義務，§129 Abs. 6 SGB V に基づく薬剤師の経済的利益擁護のために設立された重要組織の義務はここにも及ぶ[26]．

2.2.2 疾病金庫の頂上連合会による定額の決定

(a) 次に，疾病金庫の頂上連合会が「共同で統一的に（gemeinsam und einheitlich）」定額を定める段階を見る（§35 Abs. 3 S. 1 SGB V）．

疾病金庫の頂上連合会とは，「疾病金庫の連邦連合会，ドイツ鉱夫・鉄道・船員年金保険，代替金庫の連合会，船員疾病金庫」を指す（§213 Abs. 1 SGB V）．

「共同で統一的に」定める手続は，§35 Abs. 6 SGB V に従い，§213 Abs. 2 u. 3 SGB V が定める手続による．すなわち原則は，疾病金庫の頂上連合会の一致による決定である（§213 Abs. 2 S. 1 SGB V）．しかし，一致が成立しないときは，船員疾病金庫も含めた地区疾病金庫から3人の代表者，代替金庫から2人の代表者，企業疾病金庫，同業組合疾病金庫，農業疾病金庫，ドイツ鉱夫・鉄道・船員年金保険からそれぞれ1人ずつの代表者からなる合議体での単純多数決によって議決を行う（§213 Abs. 2 S. 2 u. 3 SGB V）．また BMG は，必要な議決が成立しないとき，または BMG の定めた期限内に成立しないとき，BMWT の合意を得た上で決定する（§213 Abs. 3 S. 1 SGB V）．

(b) (1) ここで疾病金庫の頂上連合会は，編成された定額設定グループ毎に GBA の定めた算定基礎単位を基礎として（Wigge / Wille, 2006, §19 Rn. 46 も参照），具体的に定額を定める（§35 Abs. 3 S. 1 SGB V）．この決定の

---

25) 先に触れた §92 Abs. 3a SGB V と異なり，この規定の原型である §35 Abs. 1 S. 4 SGB V idF v. RegEntw v. GRG に関して提案理由書は，ここで要求される考慮について特段の説明は与えていない（BR-Drs. 200/88, S. 175）．Wigge / Wille（2006, §19 Rn. 44）は，いかなる意味が認められるかについて法律上は完全には明らかでないとするものの，Hess（2004c, Rn. 9）は，ここから，専門家に対する意見聴取の結果の文書化義務を導いている．
26) 定額設定グループ編成が §92 Abs. 2 S. 1 Nr. 6 SGB V の指針として定められることから，この段階で先に見た §94 Abs. 1 SGB V の手続が取られることになる．

際に遵守すべき基準（考慮要素）は以下の通りとなる．

　(2)　この基準は，大きく分けると，一般的基準と，数値を利用することでこの一般的基準の具体化を試みたと考えられる基準とからなる．前者から見る．

　定額は，「それが，一般的に，十分・合目的的・経済的な及び質の点で確保された支給を保障する」ように設定されねばならない（§ 35 Abs. 5 S. 1 SGB V）．ここでは，一般的にこれらの要請が保障されることしか要請されておらず，ある具体的場合に必要な薬剤が定額以下では入手できないことはありうる（Hauck, 1999, Rn. 46）．また，ここには，経済性に関連する考慮要素と給付水準の確保に関連する考慮要素とが含まれていると考えることができ，それぞれのための補充的な一般的基準が定められている．

　経済的基準に関する補充的な一般的基準は § 35 Abs. 5 S. 2 Halbs. 1 SGB V の定める基準であり，定額は，「経済性を追求する余地（Wirtschaftlichkeitsreserven）」を汲み尽くし，「有効な価格競争」[27]を引き起こし，それ故に「可能な限り割安の支給可能性」に照らして自らを方向付けねばならない．

　これに対して，給付水準の確保に関する補充的一般的基準は § 35 Abs. 5 S. 2 Halbs. 2 SGB V であり，「可能な限り，治療のために十分な薬剤の選択が確保されねばならない」．

　(3)　次に，数値を利用することで一般的基準の具体化を試みたと考えられる基準を見る．定額は，「標準パッケージの最低価格と最高価格の差の下 3 分の 1 を最高とする販売価格」を超えてはならない（§ 35 Abs. 5 S. 4 SGB V）[28]．この算定の際，「定額設定グループに含まれた，処方されるパッケージの中で 1% 以下のシェアしか持たない高価なパッケージ」は考慮しない（§ 35 Abs. 5 S. 6 SGB V）．これらの数値基準には，定額を低い水準へ押し下げるその内容に鑑み，有効な価格競争を引き起こすための数値基準という性

---

27)　現在適用のある法の中では § 35 Abs. 5 S. 2 SGB V のみが「価格競争」という用語を用いていることにつき，Rixen（2005a, S. 111 Fn. 5）．

28)　Art. 1 Nr. 2 Buchst. d AVWG による改正により，この基準は 2006 年 4 月 1 日以降，§ 35 Abs. 1 S. 2 Nr. 1 SGB V に基づく定額設定グループのみならず，§ 35 Abs. 1 S. 2 Nr. 2 u. 3 SGB V に基づく定額設定グループについても適用される．それ以前は，前者にだけ適用された．

格が認められる．

　他方で，「全処方の少なくとも 5 分の 1 及び全てのパッケージの少なくとも 5 分の 1」が定額（以下）で入手できなければならない（§ 35 Abs. 5 S. 5 Halbs. 1 SGB V）．また，定額では入手できない「処方及びパッケージ」それぞれのシェアのパーセントの総計が 160 を超えてもならない（§ 35 Abs. 5 S. 5 Halbs. 2 SGB V）．これらは定額以下で入手できる薬剤を一定程度は確保する，また定額以上でしか入手できない薬剤を一定水準以下に抑える基準であるから，この二つの基準には，「治療のために十分な薬剤の選択」を確保するための数値基準という性格が認められる[29]．

　(4)　このように設定された定額は，次のような見直しを義務付けられている．すなわち，少なくとも年 1 回，再検討されねばならないし（§ 35 Abs. 5 S. 3 Halbs. 1 SGB V），適切な間隔毎に，変化した市場状況に適合させられねばならない（§ 35 Abs. 5 S. 3 Halbs. 2 SGB V）．

　(c)　疾病金庫の頂上連合会による定額の決定の段階においても，§ 35 Abs. 3 S. 3 SGB V による § 35 Abs. 2 SGB V の準用により，GBA による定額設定グループ編成の段階で意見表明の機会を与えられる各種専門家に対して，意見表明の機会が与えられる．もちろんそこで提出された意見表明は考慮されねばならない．同時に，§ 131 Abs. 4 S. 1 SGB V に基づく製薬企業の義務，§ 129 Abs. 6 SGB V に基づく薬剤師の経済的利益擁護のために設立された重要組織の義務はこの段階にも及ぶ．

　(d)　このように決定された定額は，Bundesanzeiger に公表されねばならず（§ 35 Abs. 7 S. 1 SGB V），これにより発効することになる．

3]　薬剤支給の基本構造

3.1　検討の目的と視点

　(a)　3] では，定額設定制度の機能を理解するための前提として，この制度が位置する薬剤支給の基本構造を簡単に見る．

---

29)　処方数を算定する際の基準時とデータに関しては § 35 Abs. 5 S. 7 SGB V を参照．

この検討の趣旨から，検討対象は以下の点に絞られる．第1に，支給対象となる薬剤の範囲とその決め方，第2に，薬剤が現物給付原則に則って支給されると言われる場合のその過程・仕組みである．この際，本章は，議論を必要以上に複雑にしないために，外来診療を受けた被保険者＝患者が薬剤の支給を受ける局面を考察対象とし，入院の場合を考察対象から除外する．

　(b) 分析の出発点は，§31 Abs. 1 S. 1 SGB V の規律する被保険者の薬剤支給請求権である．これによれば被保険者は，「薬剤が§34 SGB V によって，または§92 Abs. 1 S. 2 Nr. 6 SGB V に基づく指針によって排除されていない範囲で，薬局販売義務に服する薬剤の支給を求める請求権」を有する．そこで，この定式に含まれるそれぞれの要素を3.2で順次，確認する．

　この請求権は，保険主体である疾病金庫を義務の名宛人とする．しかし，外来診療を受けた被保険者が薬剤の支給を受ける場合，被保険者に対して薬剤を実際に交付するのは薬局である．そこで，この権利実現の過程に関連する定めを3.3で検討する．

3.2　支給対象となる薬剤

　(a) (1) 支給対象薬剤の範囲画定の問題の出発点として，薬剤の概念から検討する．

　もっとも，医療保険給付としての薬剤支給を規律すべき SGB V に薬剤の定義規定はない．この点は判例の示した定義，「その用法に適った効果が，疾病状態を治癒し，または改善することにある物質」（例えば BSGE 46, 179 [182]）が代替しており，学説も基本的にこれを受容している（Wigge / Wille, 2006, §19 Rn. 2; Höfler, 2004, Rn. 6）．

　他方，薬剤の安全性確保のための製造・流通規制を目的とする AMG は（§1 AMG），薬剤の定義を有する．中心となるのは§2 AMG であり，AMG は§2 Abs. 1 AMG において，AMG にいう薬剤を，先に見た判例の薬剤概念と少なくとも文言上は異なる形で定義すると共に[30]，§2 Abs. 2-4 AMG において薬剤の範囲を明確化するための補助規定を置く．

---

30) §2 Abs. 1 AMG の定義規定に含まれる物質（Stoff）の概念については，§3 AMG が定義する．また，同様に§2 Abs. 1 AMG の定義規定に含まれる作用物質（Wirkstoff）の定義が§4 Abs. 19 AMG にある．

(2) とはいえ，SGB V と AMG それぞれにおいて独立に薬剤の概念が定義されているとしても，通常の場合，AMG に定める薬剤（で人間のために用いられる薬剤)[31] は，医療保険の薬剤支給の対象となる薬剤，つまり§31 SGB V にいう薬剤でもあると考えられている．これは，両者の定義内容自体の近さからだけでなく[32]，実際の典型的過程から見ても肯定できる．

すなわち，3.3 で見るように，通常の場合，薬局は，被保険者に交付する薬剤を市場から予め購入しておかねばならない．薬局が市場からある薬剤を購入できるということは，当該薬剤が市場での流通能力を AMG によって認められていることにほかならない．その結果，結局のところ，AMG の定義する薬剤に（も）該当していることが前提となる．また以下に見るように，SGB V は，AMG との接続を明示に図る規定も有する．さらに，本章が関心を持つ定額設定制度は，製薬企業によって製造される——この局面は AMG が規律する——薬剤に関する制度である．以上から，本章では，SGB V に基づき医療保険給付として支給できる薬剤は，AMG によって市場流通能力を認められていることがほぼ前提になっていると考え[33]，両者の接続面に注意しながら分析を行う[34]．

---

31) AMG 自体は，動物に用いられる薬剤についても規律している．本章は特に断らなくとも人間のための薬剤に関する規律だけを言及・検討する．

32) 判例は近時このことを認める方向に動いている．Siehe, BSGE 81, 240 [242]；BSGE 86, 54 [57f.]．また，AMG にいう薬剤概念と SGB V にいう薬剤概念にずれが残るとしつつ，近時の判例と同様の立場から薬剤概念とそれに類似する概念との区別の問題を分析するものに，Wigge / Wille (2006, §19 Rn. 2-7)，Höfler (2004, Rn. 6-19)．

33) 先に判例が，AMG の定義に該当する薬剤は，通常§31 SGB V にいう薬剤にも該当するという立場に立ちつつあることを述べた．GBA も AMR の A. 3 において次のように述べている．「被保険者は，原則として，AMG に基づき流通能力のある全ての薬剤の支給を求める請求権を，以下の限りにおいて有する．すなわち，薬剤が法定医療保険の給付義務から排除されていない限りにおいて，または，この指針の中で具体化されているように，経済性要請に基づき限定的にしか処方してはならない範囲において，である (§§ 2, 12, 28, 31, 34, 35, 70, 73, 92, 92a, 93, 106 SGB V)」．

34) この点は，分析視覚・問題関心によって，様々な像を結ぶ可能性がある．本章は，医療保険における薬剤支給の仕組みと薬剤の流通する市場とが接触する局面に定額設定制度を位置付けて検討し，医療保険と市場との関係を考察する一助としたいという関心から，薬剤の市場流通を規制する一般法である AMG との関係にむしろ注意を払いたい．Rixen (2005b, S. 410f.) は薬剤支給に関しては，その際に為されるサービスではなく支給される薬剤という製造物が重要となること，一般薬事法が健康上の安全を視野に入れてこの製造物というファクターに関して標準化規制を行うこと，医療保険法は自らの目的に合わせてこの標準化規制をさらに進めることに，AMG と SGB V とが密接に結びつく原因を見出す．

(b) (1) 薬剤支給の対象となる薬剤は薬局販売義務に服する（apothekenpflichtig）ものでなければならない．この薬局販売義務（Apothekenpflicht）は，AMG の定める概念であり，ここに AMG との明確な接続が認められる[35]．

(2) 薬局販売義務の観念と実現のための仕組みは §43 AMG が規定する．すなわち，§43 Abs. 1 S. 1 Halbs. 1 AMG によれば，薬局販売義務とは，「§2 Abs. 1 AMG または §2 Abs. 2 Nr. 1 AMG にいう薬剤で，§44 AMG の定めまたは §45 Abs. 1 AMG に基づき定められた法規命令により薬局外での流通に関し規制を解除されていないものは，末端消費のためには，薬局においてしか，また官庁の許可のなくして通信販売の形で，業として流通させられてはならない」ことをいう[36]．すなわち，これは，末端消費のための小売場所，つまり患者に販売する場所・資格・方法に着目した規制であり，処方箋に基づく場合も薬局でのみ薬剤を交付できる（§43 Abs. 3 S. 1 AMG）．

(c) (1) ここで便宜，パッケージの大きさに関する規律に触れておく．BMG は，「治療に適し経済的なパッケージの大きさに関する詳細」を連邦参議院の同意の不要な法規命令によって定める（§31 Abs. 4 S. 1 SGB V）．パッケージの大きさが，この法規命令によって定められた最大パッケージを超えている完成薬剤（Fertigarzneimittel）は支給対象とならないし，医療保険の負担で交付されてもならない[37]（§31 Abs. 4 S. 2 SGB V）．

---

[35] この薬局販売義務の要件の明示は Art. 1 Nr. 8 Buchst. a 2. GKV-NOG によって行われた．しかしながら，SGB V は GRG による制定当初から——SGB V は Art. 1 GRG として成立する——，薬局による薬剤支給に関する規律しか含んでいなかったため，Höfler (2004, Rn. 19) は，この新しい規律はそれまでの法状況を明確化しただけのものとする．実際に立法過程を見ても，連邦議会に提出された時点での草案は薬局販売義務の要件を含んでおらず（Art. 1 Nr. 8 FrakEntw 2. GKV-NOG, BT-Drs. 13/6087, S. 6），委員会審議段階で付加されたものの（BT-Drs. 13/7264 S. 12），この点につき委員会は特段の説明を加えておらず（BT-Drs. 13/7264, S. 60 zu Art. 1 Nr. 8 (§31 SGB V)，委員会はむしろこの変更にもかかわらず当初提案の説明（BT-Drs. 13/6087, S. 23 zu Nr. 8 (§31 Abs. 1)）を流用している），重要な変更と考えられていなかったことが窺える．

[36] §43 Abs. 4 AMG に該当する，或いは §47 AMG に定める場合，薬局販売義務のある薬剤でも薬局以外への流通が許される．また，中絶のために用いる薬剤については，薬局販売義務とは異なる規律が施されている（§47a AMG）．しかし，ここでは，これらの規律には立ち入らない．

[37] 完成薬剤の概念は §4 Abs. 1 S. 1 AMG が定義している．この定義については後註(88)も参照．完成薬剤ではないと確認的に法が定めているものとして §4 Abs. 1 S. 2 AMG.

(2) このような定めとなったのはGMGによる改正以降であり，それ以前，パッケージの大きさに関する法規命令の規律は，被保険者自己負担額を定めるために行われると共に，この命令自体によって現行の§31 Abs. 4 S. 2 SGB V に対応する規律がなされていた[38]。しかしGMGによる改正により，後述するように自己負担額は包装の大きさに依存せずに定められることとなったため，現在での主たる目的は，不必要に大きなパッケージを原因とする過剰な薬剤支給を防ぐ点にあると考えられる（詳細につき，Höfler, 2004, Rn. 40, 40a）。

(d) (1) (i) もっとも，薬局販売義務に服する薬剤が全て支給対象となるのではない。まず§34 Abs. 1 S. 1 SGB V により，「要処方箋でない薬剤」は，原則として支給対象薬剤から排除される。

要処方箋 (Verschreibungspflicht, verschreibungspflichtig) も，AMGの定める概念であり，ここにもAMGとSGB Vとの接続が見出される。人間のための薬剤に関する要処方箋については，§48 Abs. 1 S. 1 Nr. 1 AMG が定める。これによれば，「§48 Abs. 2 AMG に基づく法規命令により……定められた物質，物質もしくは物体からの調合物である薬剤，またはそのような物質もしくは物質からの調合物が加えられた薬剤」は，「医師，歯科医師……の処方箋が存在する」時にのみ消費者に交付して良い（§48 Abs. 1 S. 1 Nr. 1 AMG）。ここに示されるように，授権規定としての§48 Abs. 2 AMG に基づきBMG[39]の定める，連邦参議院の同意のある法規命令によって要処方箋の及ぶ対象物質が特定される。

(ii) ただし，SGB V自身が明確に定めるこの排除については，幾つかの例外が存在する。第1の例外が，§34 Abs. 1 S. 5 SGB V の定めるもので，§34 Abs. 1 S. 5 Nr. 1 u. 2 SGB V の掲げる類型に該当する被保険者については，§34 Abs. 1 S. 1 SGB V は適用されず，要処方箋でない薬剤も薬局販売義務に服する薬剤であれば支給対象に含まれる。

---

[38] Art. 1 Nr. 18 Buchst. c GMG. それ以前にも法規命令に対する授権規定そのものは§31 Abs. 4 SGB V a. F. として存在した。

[39] §48 Abs. 2 AMG にいう "Das Bundesministerium" がBMGを指すことについては，§6 Abs. 1 AMG を見よ（後述の§78 Abs. 1 S. 1 AMG に関しても同様）。省間手続については§48 Abs. 1 AMG の他，§48 Abs. 4 u. 5 AMG を参照。

(iii)　第2の例外は，逆方向での例外，つまり要処方箋であるにもかかわらず支給対象から除外される場合であり，二つの排除が予定されている．一つは，満18歳に達した被保険者について法律が列挙する形で排除しているものであり，§ 34 Abs. 1 S. 6 SGB V が定める．今一つ § 34 Abs. 1 S. 7 SGB V が一般的な形での排除を定めており，「利用に際して，ライフ・クオリティーの向上が中心目的である薬剤」が排除される[40]．

　(2)　さらに § 34 SGB V は，以下の二つの類型の薬剤について，法規命令によって支給対象から排除する可能性[41]を認めている[42]．第1の類型が「取るに足りない健康上の変調」の場合に処方されるのが通例の薬剤であり（§ 34 Abs. 2 SGB V），第2の類型が非経済的な薬剤である（§ 34 Abs. 3 SGB V）[43]．

　(e)　(1)　加えて SGB V は，GBA に対して，§ 92 Abs. 1 S. 2 Nr. 6 SGB V に基づく指針において，以上の規律に基づけば支給対象となる薬剤を支給対象から排除する権限，逆に，以上の規律に基づけば支給対象とならない薬剤を支給対象に取り込む権限を認めている．

　(2)　GBA の指針による排除権限から見る．§ 92 Abs. 1 S. 1 Halbs. 3 SGB V により，「診断上または治療上の効果，医学的必要性または経済性が医学的知見の一般的に承認された水準に基づき証明されないとき，及びとりわけ薬剤が非合目的的である，または比肩しうる診断上または治療上の効果を持った他の経済的な診療可能性が利用可能であるとき」，GBA は，「薬剤を含む給付または措置の提供及び処方」を制限または排除できる[44][45]．

---

40)　これに該当する薬剤と法の考えているものが § 34 Abs. 1 S. 8 SGB V において多少詳細に述べられている．また，この § 34 Abs. 1 S. 7. u 8. SGB V が定める排除の詳細については，GBA の指針による規律が予定されており（§ 34 Abs. 1 S. 9 SGB V, siehe auch Wigge/Wille, 2006, § 19 Rn. 16），AMR の Abschnitt F Nr. 17, 18, Anlage 8 が規律する．

41)　これは，kann 規定で書かれているに止まり，現在は，§ 34 Abs. 3 SGB V に基づく排除のみが行われている．Siehe ARM Abschnitt F Nr. 19.

42)　命令制定の際の省間手続については § 34 Abs. 2 S. 1 u. Abs. 3 S. 1 SGB V を参照．両方の場合とも，命令制定機関は BMG であり，BMWT の合意を得た上で，連邦参議院の同意のある法規命令によって定める．

43)　詳細には立ち入らないが，§ 34 Abs. 3 S. 3 SGB V によって § 34 Abs. 2 S. 3 SGB V しか準用されないため，§ 34 Abs. 3 S. 2 SGB V のような例外的利用の可能性が存在しないこと，また § 34 Abs. 3 S. 4 SGB V により，本条に基づく排除がなされなかったとしても次に見る GBA の指針による排除の可能性が明示に残されている点に注意が必要である．

44)　これは kann 規定で定められているに止まる．Rixen（2005b, S. 411-413）は，この指

(3) 次に GBA の指針による取り込み権限を見る．GBA は，§ 31 Abs. 1 S. 2 SGB V に基づき，そこに列挙されたものが医学的に必要ないかなる場合において例外的に薬剤支給に取り込まれるかを，指針によって定める（現在は，AMR Abschitt E）．ここに列挙されているものは，薬剤ではなく食品・栄養食品に該当するにもかかわらず，指針の定める条件の下で例外的に医療保険の支給対象とされることになる[46]．

今一つの取り込み権限は，§ 34 Abs. 1 S. 2 SGB V の定めるものであり，GBA は指針によって，要処方箋ではない薬剤で，重篤な発病の診療の際に標準治療と見なされているもののどれを，この発病の際に契約医師が理由を付して例外的に処方してよいか定める[47]．これにより，要処方箋でない薬剤が例外的に支給対象薬剤に含まれることになる．

(f) おおむね以上の規律によって[48]，支給対象となる薬剤はその範囲を画されている．このような定め方からすれば，支給対象となる薬剤のリスト（ポジティブリスト）よりは，使ってはならない薬剤のリスト（ネガティブリスト）の方が編成しやすく，また，様々な根拠に基づく排除の可能性があることから，排除原因を問わずに一覧を作っておくのが便宜である．このような観点から，GBA には，§ 93 SGB V により，§ 34 Abs. 1 SGB V 自身あるいは § 34 Abs. 2 u. 3 SGB V に基づく法規命令によって排除された薬剤に関してネガティブリストとして一覧を編成する義務が課されている[49]．

針による排除に反映されることが予定されている § 35b SGB V に基づく薬剤の効用評価に着目し，機能的に考えるならば，ここでの医療保険独自の評価が，AMG による許可を得た薬剤から医療保険において提供してよい地位を事後的に奪うことに行き着くとし，SGB V の AMG に対する附従性が弱められたとする．この剥奪機能は理論上は認められようが，これまで確認してきた AMG との密接な結合を前提に行われる医療保険法からの調整と位置づけるべきで，Rixen の評価はやや性急なように思われる．また現在は，AMR Anlage 10 において 3 種類の作用物質について処方が制限されているに止まり，実際上の効果については今少し判断を待つべきであろう（§ 35b SGB V は GMG により導入された）．

45) ただし，§ 31 Abs. 1 S. 4 SGB V により，契約医師に，§ 92 Abs. 1 S. 2 Nr. 6 SGB V に基づく指針によって排除された薬剤を例外的に処方する権限も認められている．

46) ここで列挙されたものが薬剤ではないこと及びこの定めが置かれた原因に関しては，Höfler (2006, Rn. 21)．

47) この定めを行う際の考慮事由については，§ 34 Abs. 1 S. 3 SGB V を参照．現在は，AMR Abschitt F Nr. 16 が定める．

48) MPG の規律対象となる物質と医療保険としての薬剤支給範囲との関係も規律されているものの（§ 31 Abs. 1 S. 3 Halbs. 1 SGB V），支給範囲に含まれる物質については定額設定制度の適用がないことから（§ 31 Abs. 1 S. 3 Halbs. 2 SGB V），立ち入らない．

3.3 現物給付としての薬剤支給

3.3.1 現物給付原則の採用とそこから生じる問題の所在

ドイツの医療保険は，日本と同じく現物給付原則を採用している（§2 Abs. 1 S. 1 u. Abs. 2 S. 1 SGB V）．先に見た，§31 Abs. 1 S. 1 SGB V により被保険者が有する薬剤支給請求権は，疾病金庫を義務者とする権利である．

しかしながら，疾病金庫が自ら医師を雇用し或いは病院・薬局を運営し，実際の給付を行うことを原則とする仕組みは，ドイツでは採用されていない[50]．そのため，本章が念頭に置く外来診療の場合の薬剤支給過程は，3.2で見たように薬局販売義務に服しかつ要処方箋の薬剤のみが原則的に支給対象薬剤となることから，医師が診療を行って処方箋を作成し，それに従い薬局が調剤し被保険者に交付するという過程を経る．

この結果，被保険者の持つ給付請求権を実現するためにも，またその際に生じる費用（報酬等）の支払などの問題を処理するためにも，疾病金庫と給付提供主体の間の関係を法によって規律する必要が生じる．SGB Vは，この規律を法の下での集団的な契約によって行う立場をとっており（§2 Abs. 2 S. 3 SGB V），外来診療における薬剤支給の場合，医師集団と疾病金庫との契約，薬局集団と疾病金庫との契約を通じて規律される．

もっとも，契約内容に対する法の規律は相当に稠密であり，契約によって決定されるべき内容の相当程度は，SGB V の規定から読み取れる．薬剤支給を検討対象とする本章は，これらの規定の中から，医師による薬剤の処方に関する規律，薬局による調剤・交付に関する規律を中心に検討する．

3.3.2 医師による処方

（a）薬剤の処方は，被保険者の有する診療請求権の対象としての診療行

---

49) ネガティブリストは，§93 SGB V に基づき，原則として GBA が作成し，Bundesanzeiger に公表される．もっとも，現在の実務は，§34 Abs. 3 SGB V に基づく法規命令によって排除された薬剤を AMR Anlage 3 が列挙しているところ，これのみをネガティブリストと称しているようである．

50) 医師の保険診療引き受け拒否の場合に関する§72a SGB V，疾病金庫自身が運営する施設に関する§140 Abs. 1 S. 1 SGB V，新しい自己運営施設の設立に関する§140 Abs. 2 SGB V に見られるように，ドイツ医療保険法は，疾病金庫が自ら給付を行うことに対してむしろ抑制的である．確かに近時の改正には若干の傾向の変化を見て取りうる可能性があるが，本章では立ち入らない．

為に含まれ（§ 27 Abs. 1 SGB V），このような医療行為は医師しか行えない（§ 15 Abs. 1 SGB V）．また既に見たように，原則として，薬剤支給の対象薬剤は処方箋を必要とする薬剤である．以上から，患者を診察した契約医師が，必要な場合に，医師の行う診療の一環として薬剤を処方する（§ 73 Abs. 2 S. 1 Nr. 7 SGB V）ことが[51]，薬剤支給に固有の出発点となる．

　(b)　(1)　契約医師は，薬剤を処方する際，給付提供主体として，「ニーズに応じた，平等な，かつ医学的知見の一般水準に合致した」，また「十分かつ合目的的，しかし必要な程度を越えない」処方を行う義務を一般的に負い[52]，同時にそれを具体化するための以下の義務を負う[53]．

　(2)　第1に，契約医師は，薬剤を処方する際に § 92 Abs. 2 SGB V に基づく価格比較リスト[54]を遵守しなくてはならない[55]．第2に，処方の際に使って良いコンピューター・プログラムに関しても条件が設けられ，KÄBV の許可にかからしめられている（§ 73 Abs. 8 S. 7 u. 8 SGB V）．

　(3)　(i)　さらに，疾病金庫のラント連合会（§ 207 SGB V）及び代替金庫の連合会は「共同で統一的に」，KÄV（§ 77 SGB V）と薬剤支給協定（Arzneimittelvereinbarung）と呼ばれる協定その他の協定を行うこととされており（§ 84 SGB V），これを通した医師の処方の制御も試みられている[56]．ここにおいて試みられる制御は，大きく分けると，直接には医師集団に働きかけるものと，医師個人の処方活動に直接に働きかけるものとに分けられる．順次

---

51)　医師の処方を薬剤支給要件と位置づけるか否かにつき争いがあるが，ここでは立ち入らない．この問題につき参照，Wigge/Wille（2006, § 19 Rn. 8）．
52)　一般的な規定として § 70 Abs. 1 SGB V．併せて参照，§ 12 Abs. 1 SGB V．また，これを実現する医療給付のあり方は，法律の規定，GBA の指針の枠内において，KÄV，KÄBV と疾病金庫の連合会との書面による契約によって，「被保険者の十分・合目的的・経済的な給付が医学的知見の一般水準の顧慮の下で保障され，医師の給付が適切な報酬を与えられる」ように定められなければならない（§ 72 Abs. 2 SGB V）．
53)　定額を超える薬剤を処方する際，患者に超過費用負担義務の発生を伝える義務（§ 73 Abs. 5 S. 3 SGB V）については既に述べたので，ここでは触れない．
54)　この際に，薬剤に関する治療上の指示を指針において定めることもできる（§ 92 Abs. 2 S. 7 SGB V）．現在は，AMR Anlage 4 に定められている．
55)　KÄV および KÄBV，疾病金庫とその連合会は，「経済的処方方法の確保」のために契約医師に対して情報提供を行う義務を負う（§ 73 Abs. 8 SGB V）．
56)　この他に，後に述べる経済性審査の一つである偶然故の審査も医師の処方活動を個人のレベルでチェックし制御する機能を期待されていると考えられる．しかし他の制度と比べた時に特に大きな法効果を持つとは考えられないので立ち入らない．

見ることにする．

　(ii)「疾病金庫のラント連合会及び代替金庫の連合会は共同で統一的に，KÄV との間で，契約医師による薬剤及び包帯具の支給の確保のため 11 月 30 日までに，翌暦年のために薬剤支給協定を締結する」(§ 84 Abs. 1 S. 1 SGB V)[57]．この協定においては，①「§ 31 SGB V に基づき契約医師によって指示された全給付のための支出総量」，②「支出目標及び経済性目標ならびにこの目標の実現のための措置（目標協定），特に情報提供及び助言に関するもの」，③「当該年において締結された支出総量を遵守するための緊急措置のための基準」が定められねばならない (§ 84 Abs. 1 S. 2 SGB V)[58]．

　①に関して，締結された支出総量を実際に確認された[59]支出総量が超えた場合，この超過分は，医師集団と疾病金庫との関係を規律すべく KÄV と疾病金庫のラント連合会との間で締結される全体契約の規律事項となる (§ 84 Abs. 3 S. 1 SGB V)．その際，締結当事者は，超過の原因，とりわけ目標協定の履行をも考慮しなくてはならない (§ 84 Abs. 3 S. 2 SGB V)．他方で，実際に確認された支出総量が締結された支出総量を下回った場合，この分も全体契約の規律事項にできる (§ 84 Abs. 3 S. 3 SGB V)．

　②に関して，この目標が達成された場合，協定に参加している疾病金庫は，全体契約の当事者の行った規律に基づき，また先に見た支出総量の遵守如何にかかわらず，ボーナスを KÄV に支払う (§ 84 Abs. 4 SGB V)．

　この制度は，医師集団と疾病金庫との間で結ばれた協定を基礎とした両集団間での財のやりとりだけを法律で定め，それ以上の定めは当事者の決定に委ねている[60]．しかし薬剤の処方活動を行うのはあくまでも個人としての医師である．とすると，法律上の定めだけを見る限り，この制度は，医師集

---

57) ここに定められた期限までに協定が成立しない場合については，§ 84 Abs. 1 S. 3 SGB V を参照．
58) さらに，この薬剤支給協定の内容については，KÄBV と疾病金庫の頂上連合会とが「共同で統一的に」，協定により枠組みとなる基準を定める (§ 84 Abs. 7 SGB V)．ここで規律されるべき事項の細目には立ち入らないが，ここで定められた内容については，そこからの逸脱は地域的な給付条件によって根拠づけられる場合にのみ許されるという効果が，薬剤支給協定の締結主体に及ぶ (§ 84 Abs. 7 S. 3 SGB V)．
59) § 84 Abs. 5 S. 1 bis 3 SGB V に基づいて行われる．これらの規定には立ち入らない．
60) このような当事者の決定余地を高める制度が採用された原因は，この制度が，ABAG によってそれまでの薬剤支給包括予算（Arzneimittelbudget）の制度に代わる形で導入されたという経緯に求められる．さしあたり参照，BT-Drs. 14/6309, S. 6.

団を集団として制御することで医師の経済的な処方活動を実現しようとするものと理解できよう.

(iii) (ア) 今一つの制度として, SGB V は, 基準量 (Richtgröße) と呼ばれる制度を有する. すなわち, 疾病金庫のラント連合会及び代替金庫の連合会は KÄV と, 11月15日までに翌暦年のため, その1年でそれぞれの医師が処方する薬剤及び包帯具の総量 (基準総量 (Richtgrößenvolumen)) のために, 薬剤支給協定を考慮しながら, 医師グループ毎の症例に関連づけられた平均値としての基準量を協定により締結する (§ 84 Abs. 6 S. 1 SGB V). また, これらの当事者は補足的に, 基準量を年齢で分類された被保険者グループに従って, さらに疾病の種類に従って定めねばならない (§ 84 Abs. 6 S. 2 SGB V)[61].

基準量は, 契約医師が経済性要請に則った処方を行う際に医師を示導することとされる (§ 84 Abs. 6 S. 3 SGB V) と共に, 医師の実際の処方量が基準総量を上回った場合, この医師は § 106 Abs. 5a SGB V に基づく経済性審査に付される (§ 84 Abs. 6 S. 4 SGB V).

(イ) § 106 SGB V の法定する経済性審査には,「突出故の審査 (Auffälligkeitsprüfung)」と呼ばれる類型と「偶然故の審査 (Zufälligkeitsprüfung)」と呼ばれる類型とがあり, 基準総量を超えた場合に付される審査は, 突出故の審査に該当する (§ 106 Abs. 2 Nr. 1 u. 2 SGB V). そこで, この類型に関わる規定を中心に, 経済性審査の規定を確認する.

SGB V は, 経済性審査の際の基礎に置かれるべきデータについて自ら規定を置く一方で (§ 106 Abs. 2c S. 1 SGB V)[62], § 106 Abs. 1a SGB V に基づく助言の内容と実施, § 106 Abs. 2 SGB V に基づく経済性審査については, 疾病金庫のラント連合会と代替金庫の連合会が「共同で統一的に」KÄV と

---

[61] 基準量の決定に対して, KÄV と疾病金庫の頂上連合会は, 医師グループの分類ならびに症例との関わりを § 84 Abs. 6 S. 1 SGB V に基づく基準量の協定に対する拘束力をもって決定する (§ 84 Abs. 7 S. 4 SGB V. この決定を行う期限については, § 84 Abs. 7 S. 7 SGB V を参照). これらの団体は, § 84 Abs. 6 S. 2 SGB V に基づく協定に対する拘束力をもって, 患者グループの構成と疾病の種類も定めねばならない. これらの団体は, 基準量を定める協定のために勧告を決定する権限も持つ (§ 84 Abs. 7 S. 6 SGB V).

[62] § 296 Abs. 1, 2 u. 4 SGB V 及び § 297 Abs. 1 bis 3 SGB V に従って, § 106 Abs. 4a に基づく事務局に伝達されたデータが基礎となる. 医師がデータの正しさ (Richtigkeit) に疑いを持った場合の処理については § 106 Abs. 2c S. 2 SGB V を参照.

協定で定めること（§106 Abs. 3 S. 1 Halbs. 1 SGB V）を基本とする[63]．

　経済性審査は，§106 Abs. 4 SGB V の定める審査委員会によって行われる[64]．審査委員会は，契約医師が経済性要請に反したか否か，いかなる措置がなされるべきかを決定する（§106 Abs. 5 S. 1 SGB V）．ただし，その際，通常は「目的的な助言」[65]がそれ以上の措置に対して優先されねばならない（§106 Abs. 5 S. 2 SGB V）．

　突出故の審査は，1年の期間を対象期間として行われる（§106 Abs. 2 S. 5 SGB V）．「医師の一暦年における処方総量が基準総量を15％超えた場合で，存在するデータに基づくと，超過が完全な範囲において診療上の特殊性（Praxisbesonderheit）によって基礎づけられているということから審査委員会が出発できない場合」[66]，§106 Abs. 1a SGB V に基づく助言が行われる（§106 Abs. 5a S. 1 SGB V）．

　ある医師の処方総量が基準総量を25％超えた場合，契約医師は疾病金庫に対して超過支出を，それが診療上の特殊性から基礎づけられない範囲で償還しなくてはならない（§106 Abs. 5a S. 3 SGB V）．次に述べるように，この償還のあり方は審査委員会が定めるところ，同委員会はその前に「契約医師との間で，償還額を5分の1まで減額できる適切な協定」の締結を目指さねばならない（§106 Abs. 5a S. 4 SGB V）[67]．

　25％を超過した場合の償還に関しては，以下の手続による．疾病金庫に返済されるべき額は，審査委員会が確定する（§106 Abs. 5c S. 1 SGB V）．疾病金庫からKÄVへ支払われる全体契約に基づく報酬[68]は，この確定額分

---

63) 突出故の審査については，後に述べる§106 Abs. 5a S. 1-3 SGB V に登場する診療上の特殊性に関し，「診療上の特殊性の考慮を審査するための基準」を定めることとされている（§106 Abs. 5a S. 5 SGB V）．

64) 同条はさらに訴願審査委員会も定める．この委員会は，経済性審査の結果に不服のある者の訴願を審査する．手続については§106 Abs. 5 S. 3-7 SGB V，さらに§106 Abs. 5a S. 6 SGB V を参照．審査委員会と訴願審査委員会それぞれの編成については，§106 Abs. 4 SGB V を参照．

65) 審査委員会の助言任務につき§106 Abs. 1a SGB V を参照．

66) この診療上の特殊性の確認のために，§84 Abs. 6 SGB V に基づき基準量の決定のために用いられた基準を用いてはならない（§106 Abs. 5a S. 2 SGB V）．

67) この規定の趣旨につき，Hess（2005 Rn. 17）は，「契約医師は将来にわたって厳格な処方条件に服し，疾病金庫の連合会はそれが遵守される場合に自らの償還請求権を5分の1まで減額する，契約医師・KÄV・疾病金庫の連合会の間でなされる三面和解契約が明らかに考えられている」と述べている．

だけ減額され（§ 106 Abs. 5c S. 2 SGB V），KÄV が契約医師に対して，この分の償還請求権を得る（§ 106 Abs. 5c S. 3 SGB V）[69]．

もっとも，「審査委員会が，診療上の特殊性を考慮した経済的処方を保障する個人基準量（eine individuelle Richtgröße）を医師と締結した範囲では」，§ 106 Abs. 5a SGB V に従って医師が償還すべき超過費用の確定は行われない（§ 106 Abs. 5d S. 1 SGB V）．すなわち，このような医師は，該当医師グループのために定められた基準量の超過に基づく償還を考慮しなくてよい（Hess, 2005, Rn. 20）．ただし，この医師は個人基準量締結期に続く四半期以降のそれぞれにつき，この個人基準量の超過から生じる超過費用を疾病金庫に直接に償還する義務を負う[70]．

以上の諸制度は，医師個人の処方活動を審査し，一定以上の過剰処方が認定される場合に費用を償還させるもので，医師個人の処方活動に対する直接の制御を試みる制度と理解できる．

(iv) さらに SGB V は，AVWG による改正により，2006 年から「定義された適量単位毎の平均費用（Durchschnittskosten je definierter Dosiereinheit)」とでも呼ぶべき制度を導入している．これは，KÄBV と疾病金庫の頂上連合会が締結する[71]．すなわち，これらの団体は，9 月 30 日までに翌暦年のために，経済性を追求する余地を明らかにするために重要な，処方の多い利用領域用の薬剤グループのために，経済的な処方方法の下で生じる，定義された適量単位毎の平均費用を協定によって締結する（§ 84 Abs. 7a S. 1 SGB V）[72]．

医師個人の処方額がこの「定義された適量単位毎の平均費用」を超えた場合，医師は，超過分に応じる形で，疾病金庫に対して補償しなくてはならな

---

68) この報酬は，医師への報酬として包括的に KÄV に支払われるものであり，これにより疾病金庫は診療報酬支払義務を履行したことになる（§ 85 Abs. 1 SGB V）．
69) この償還請求権に関しては，§ 106 Abs. 5c S. 4 SGB V の定める条件の下で，猶予・免除を行える．
70) この個人基準量が締結されるべき期間・その後に審査されるべき期間の原則については § 106 Abs. 5d S. 3 SGB V を参照．
71) 締結主体からすると，この制度はこれまで見てきた制度と異なり，連邦レベルで統一的に定められる制度ということになる．
72) 「定義された適量単位毎の平均費用」を定める際に考慮しなければならない事項については，§ 84 Abs. 7a S. 2-5 SGB V を参照．期限までに成立しなかった場合につき § 84 Abs. 7a S. 12 SGB V.

い（§84 Abs. 7a S. 6 SGB V）．他方，あるKÄVに属する医師の処方総額が，「定義された適量単位毎の平均費用」を下回ったときは，疾病金庫はKÄVに対して，この平均費用を定めた協定に基づくボーナスを支払う義務を負い（§84 Abs. 7a S. 7 SGB V），KÄVは，経済的な処方を行い「定義された適量単位毎の平均費用」を超えなかった契約医師に対してそのボーナスを配分する（§84 Abs. 7a S. 8 SGB V）[73]．

この「定義された適量単位毎の平均費用」の制度と，先に見た諸制度との関係は以下のように定められている．薬剤支給協定に含まれる諸制度との関係では，それが一定の条件を満たさない限り，「定義された適量単位毎の平均費用」の制度が適用される[74]．経済性審査との関係に関しては，「定義された適量単位毎の平均費用」の制度が適用される薬剤は経済性審査に服さず（§84 Abs. 7a S. 10 Halbs. 1 SGB V），この点に係る基準量も，対応して取り除かれねばならない（§84 Abs. 7a S. 10 Halbs. 2 SGB V）[75]．

この制度は，定められた処方量を超過した場合にそれに応じて補償させるという制裁措置のみならず，定められた処方量を下回った場合にボーナスを出すという誘導措置も設けている点で基準量—経済性審査の制度と異なるものの，医師個人の処方活動の帰結を医師個人にのみ負わせる点は共通する．その点で，この制度も医師個人の処方活動に対する直接の制御を試みる制度と理解できる．

3.3.3 薬局による調剤と交付

（a）以上の規律の下，診療の結果として処方箋を医師が作成した場合，被保険者はこれを薬局に提示し，薬剤の交付を受ける．被保険者は§31 Abs. 1 S. 5 SGB Vに従い，§129 Abs. 2 SGB Vに基づく枠組み契約の適用がある薬局の中から[76] 薬局を自由に選択できる[77]．

---

73) 超えたか否かの確認は，§106 Abs. 4 SGB Vに基づく審査委員会が行う．その際に基礎にすべきデータ・手続については§84 Abs. 7a S. 9 SGB Vを参照．
74) §84 Abs. 4a SGB Vが定めるように，「§84 Abs. 1 SGB Vに基づく協定の中で，各翌暦年のために11月15日までに，§84 Abs. 7a SGB Vに基づく協定と同程度に経済性の改善に適しており，締結された諸目標が守られなかった場合の超過費用の補償が保障されている措置が定められた」とき，§84 Abs. 7a SGB Vに基づく協定の適用はない．以上の要件を満たさない限り，「定義された適量単位毎の平均費用」の制度が及ぶ．
75) 詳細については，§106 Abs. 3に基づく契約が定める（§84 Abs. 7a S. 11 SGB V）．

(b)　薬局は，薬剤を調製し被保険者に交付する際に，§129 Abs. 2 SGB V に基づく枠組み契約の基準に従って§129 Abs. 1 Nr. 1 bis 4 SGB V の義務を負う．ここでは，医師の処方権限との関係で興味深い，薬剤の差し替え義務に触れておく．

　薬局は，処方を行った医師が「その作用物質の名称だけで」薬剤を処方したとき，もしくは「作用物質が同一の薬剤による薬剤の差替え」を禁止しなかったとき[78]，価格の安い薬剤を引き渡す義務を負う（§129 Abs. 1 Nr. 1 SGB V）．「作用物質が同一の薬剤による差替え」の場合，薬局は「効果の強さ及びパッケージの大きさの点で処方されたものと等しく，同一の適用領域のために許可されており，さらに同一のまたは交換可能な提供形態を持っている，ヨリ安価な薬剤」を交付しなくてはならない（§129 Abs. 1 S. 2 SGB V）．GBA は§92 Abs. 1 S. 2 Nr. 6 SGB V に基づく指針において，「治療上の比較可能性を考慮して，提供形態の交換可能性に関する指示」を定める（§129 Abs. 1a SGB V. 現在は，ARM Anlage 5 が定める）[79]．

　加えて，薬局は，§129 Abs. 1 Nr. 2 SGB V により，一定条件を満たす場合には，安価な輸入薬を交付しなくてはならない．

　この他，医師に対する経済性審査と同様に，薬局に対しても事後的なコン

---

76)　ここで§129 Abs. 2 SGB V に基づく枠組み契約についてまとめておく．この契約は，疾病金庫の頂上連合会と「経済的利益擁護のために設立された薬剤師の重要組織」との間で，薬剤支給の詳細を定めるために締結される（§129 Abs. 2 SGB V．法律が特に規律を求める事項として§129 Abs. 4 SGB V を参照．合意が成立しない場合の契約内容の確定方法については§129 Abs. 7 u. 8 SGB V を，枠組み契約を補充する契約については§129 Abs. 5 SGB V を参照）．この枠組み契約は，規約に「頂上組織によって締結されたこの種の契約が，連合会に属する薬局に法効果を有する」ことを定めている頂上組織構成連合会に薬局が属する場合，もしくは薬局が直接にこの枠組み契約に加入する場合，薬局に対する法効果を有する（§129 Abs. 3 SGB V）．このような形での法効果の発生と引き替えに，当該薬局は医療保険給付としての薬剤支給のための薬剤の交付を行えるようになる．

77)　薬局であるための規制は ApoG が行う．薬局に止まらず，薬剤の卸問屋，製薬企業として市場で活動すること自体については，医療保険法は固有の規律を用意しておらず，一般的な法規制（ApoG のほか，AMG における薬剤製造に係る規制等）に委ねており（薬局に関する許可制につき§1 Abs. 2 ApoG，製薬企業の定義につき§4 Abs. 18 AMG，薬剤にかかる卸業の定義とその許可制につき，§4 Abs. 22 u. §52a Abs. 1 S. 1 AMG），医療保険法による「医療保険市場へのアクセスの妨害」は不可能である（Rixen, 2005b, S. 418f.）．この局面にかかる規律に関し Rixen（2005b, S. 416-419）を参照．

78)　医師による薬局の薬剤差替え禁止権限については§73 Abs. 5 S. 2 SGB V.

79)　この際にも§131 Abs. 4 S. 1 SGB V による製薬企業の義務，§129 Abs. 6 SGB V に基づく薬剤師の経済的利益擁護のために設立された重要組織の義務が及ぶ．

トロールが存在し，給付提供主体として課される各種規律を遵守しない場合，薬局に対する制裁措置の可能性がある（§129 Abs. 4 SGB V）[80]．

(c) 薬局は，被保険者に薬剤を交付すると，§300 SGB V に従い関連情報を関係各所に伝達する．これによって費用の精算のためのデータが伝達される．

4］薬剤支給に係る費用負担

　以上の制度によって規律される薬剤の支給には必ず費用が発生する．定額設定制度は，第1義的には，その費用負担のあり方に関わる．そこで，3］での検討を前提に，薬剤支給に関する費用負担の構造を考察する．

4.1　薬剤が支給されるまでのプロセスとそこに発生する費用及びその負担

　(a)　3］を踏まえて，薬剤が被保険者に支給されるまでの流れをまとめる．

　第1段階として，薬局が薬剤を製薬企業・卸問屋から購入する[81]．逆に言えば，疾病金庫が購入すべき薬剤を個別に指定したり，代わって購入したりする制度は予定されていない．他方で，薬局は，医療保険給付としての薬剤支給のために薬剤を購入する場合，法の規定によって支給対象から排除された薬剤を購入しないだろう．

　第2段階として，医師は，薬局の購入活動と法的には無関係に[82]，患者を診察し法の定める各種基準を踏まえ診療給付の一環として必要な場合に薬剤の処方箋を作成する．

　第3段階として，処方箋の交付を受けた被保険者（患者）は，任意の薬局に赴き，薬剤の調剤と交付を依頼する．第4段階として，薬局は法の基準に基づいて差替えの可否等を判断した上で，被保険者に薬剤を交付する．

---

80)　この点と，これに対して製薬企業と卸問屋に対する制裁措置は実際上不可能であること等につき Rixen（2005b, S. 426f.）．
81)　その際，原則として，AMG に基づく許可により流通を認められている薬剤しか薬局は購入できない．
82)　実際は医薬分業の貫徹度による．ドイツでは比較的貫徹していると言われる．ただし，後註(118)を参照．

(b) 以上のプロセスの中で，薬剤支給にかかる費用の発生と負担は，単純化すれば次のようになる．α薬局が薬剤を購入する際，薬局は製薬企業もしくは卸問屋に購入費用を支払う（少なくとも金銭債務は負う）．β医師による処方箋の作成に関して，医師に報酬を支払う必要が生じる．ただし，この報酬は診療給付に対する報酬として，薬剤支給にかかる費用支払とは別の仕組みの中に統合されており[83]，本章では取り扱わない．γ薬局は，薬剤を被保険者に交付する際に被保険者自己負担分の支払を被保険者から受け，さらに，自分の行った薬剤交付に関するデータを疾病金庫に送付し，疾病金庫から残りの費用について償還を受ける．これにより，製薬企業・卸問屋に支払った費用を回収する．

ドイツ法は，このそれぞれの段階で発生する費用とその負担のあり方について，さらに規律をおいている．以下では，これを確認する．

4.2 薬剤給付に係る費用負担の基本構造

4.2.1 薬局による薬剤の調達（購入）と販売——AMGにもとづく価格規制

(a) ドイツでは，全ての薬局において原則として同一の小売価格となるように価格規制が導入されている[84]．具体的に言えば，この規制は，§78 AMGによる法規命令への委任と，それを受けたAMPreisVとによって行われている．前者から確認する．

(b) §78 Abs. 1 S. 1 AMGによりBMWTはBMGの合意を得て次の事項を，連邦参議院の同意を得た法規命令により定めることを授権されている．

授権された規律事項は，①「卸売，薬局において，または獣医により小売として引き渡される薬剤の価格マージン」（§78 Abs. 1 Nr. 1 AMG），②「薬局で，または獣医により調製され引き渡される薬剤，さらに引渡し容器の価格」（§78 Abs. 1 Nr. 2 AMG），③「薬剤引渡しの際に薬局が行う特別の給付

---

[83] 全体診療報酬（Gesamtvergütung）がこれに該当する．仕組みの原則を示す条文として，§85 Abs. 1 SGB Vを参照．

[84] ただし厳密に言えば，以下に見るAMPreisVは，卸問屋に対する価格規制については定められたマージンを上乗せして良いとして上限を定める形をとるのに対し，薬局に対する価格規制についてはマージンが上乗せされねばならないとしており，価格規制のあり方は両者で異なる．また，製薬企業からの卸価格に関する規律はない．この部分は，自由な価格競争に任されることになる．

の価格」(§ 78 Abs. 1 Nr. 3 AMG) の 3 つである[85]．

同時に，§ 78 Abs. 2 AMG が，この規律の際に遵守・考慮すべき事項を定める．一つは，「薬剤消費者，獣医，薬局，卸売業者の正当な利益」の考慮であり (§ 78 Abs. 2 S. 1 AMG)，今一つは，薬局販売義務のある薬剤に関して，統一販売価格が保障されることである (§ 78 Abs. 2 S. 2 AMG)．ただし，この統一販売価格の要請は「法定医療保険の負担では交付されない，要処方箋ではない薬剤」には適用されない (§ 78 Abs. 2 S. 3 AMG)．後者の要請から，疾病金庫が費用を負担する＝医療保険の給付対象となる薬剤については常に統一価格の要請が及ぶ．

(c) 次にこの授権により定められた AMPreisV の規律を確認する．AMPreisV は，「要処方箋ではない薬剤」を適用対象から排除した上で (§ 1 Abs. 4 AMPreisV)[86]，つまり販売には医師の処方箋が必要な薬剤に関して，完成薬剤か否か＝薬局による調製が必要か否かで分けて規律している[87]．すなわち，完成薬剤に関して[88]，卸問屋が上乗せして良いマージン (§ 2 AMPreisV) と薬局が上乗せしなくてはならないマージン (§ 3 AMPreisV) を定め，物質[89]を薬局で単に小分けにしたり詰め替えたりするだけの場合に薬局が上乗せして良いマージン (§ 4 AMPreisV)，物質・完成薬剤を何らかの形で調合・調製する場合の薬局のマージン (§ 5 AMPreisV) を定めている．

(d) 以上からすると，製薬企業の卸売価格を除けば，薬剤を販売する際の価格設定のあり方が法によって固定されており，製薬企業の設定した販売価格を基礎として，薬局による小売価格までがほぼ自動的に決まる[90]．

---

85) § 78 Abs. 1 S. 2 AMG は，BMWT に，BMG の合意を得た上で連邦参議院の同意の不要な法規命令により，§ 78 Abs. 1 S. 1 AMG から逸脱する形でマージンを調節することも授権している．
86) 疾病金庫が費用を負担する対象となっているか否かに関わりなく「要処方箋ではない薬剤」に対する適用を排除している点で § 78 Abs. 2 S. 2 u. 3 AMG と緊張関係に立つように見える．しかしこの点は後に述べるように，§ 129 Abs. 5a SGB V による規律がなされている (S. a. BT-Drs. 15/1525 S. 166 (Zu Art. 24, Zu Nr. 1))．また，引渡しの類型を基準とした適用除外が予定されている (§ 1 Abs. 3 AMPreis V)．
87) AMPreisV 自身による適用条文 (適用関係) の概観として § 1 AMPreisV．
88) 完成薬剤の定義に関し，§ 1 Abs. 1 S. 1 AMPreisV を参照．§ 4 Abs. 1 S. 1 AMG との関係が問題になるが立ち入らない．
89) AMG にいう物質概念の定義につき，§ 3 AMG を参照 (参照，前註(30))．
90) 以上に示されるように，薬局販売義務には服するものの，要処方箋ではない薬剤に関する価格規制がない．既に見たように，この類型は基本的に医療保険の支給対象薬剤から排除

SGB V は，こうして定められた薬価を基準として，被保険者自己負担分及び薬局・製薬企業が疾病金庫に対して法律に基づき強制的に行わされる割引に関する規律を置いている．これが医療保険法独自の規律となる．

4.2.2 被保険者の自己負担

まず被保険者の自己負担（Zuzahlung）を見る．§ 31 Abs. 3 S. 1 SGB V が定めるように，満 18 歳に達した被保険者は，§ 61 S. 1 SGB V に基づく額を支払わねばならない[91)92)]．

通常，被保険者は，外来診療の場合，自己負担として「販売価格の 10％，ただし最低でも 5 ユーロ，最高でも 10 ユーロ，とはいえ，給付されたものの費用をそれぞれ超えてはならない」額を支払わなくてはならない（§ 61 S. 1 SGB V）．ただし，§ 62 SGB V の定める負担限度（Belastungsgrenze）の制度[93)]によって，毎暦年の自己負担額には上限が設定されている（§ 62 Abs. 1 S. 1 Halbs. 1 SGB V）．

さらに Art. 1 Nr. 1 Buchst. b AVWG による § 31 Abs. 3 S. 4 SGB V の追加により，定額より低額の薬剤に関する自己負担を免除できる特則が置かれた．すなわち，ある薬剤の付加価値税も含めた薬局購入価格が，設定された定額より少なくとも 30％ 低いとき，疾病金庫の頂上連合会は，§ 213 Abs. 2 SGB V に基づく議決によって免除を決定できる[94)]．

4.2.3 薬局・製薬会社の負担する割引

(a) ドイツ医療保険において，薬局は自らと製薬企業との負担において一定価格の割引を疾病金庫に対して強制される．次に，この仕組みを概観す

されているものの，例外的に支給対象薬剤とされることがある．この例外に備えて，§ 129 Abs. 5a SGB V がこの類型の薬剤の基準薬価を定めており，連邦での統一薬価が担保されている（同条の趣旨につき，Hencke, 2005, Rn. 13a）．

91) 自己負担額を支払う場所は，薬剤支給の場合は薬局となる（§ 31 Abs. 3 S. 1 SGB V）．すなわち，薬剤の受領の際に自己負担額を支払う．自己負担の徴収に関して，§ 43b SGB V も参照．

92) ただし，§ 31 Abs. 3 S. 2 SGB V の定める薬剤については自己負担はない．MPG との関係については，§ 31 Abs. 3 S. 3 SGB V が規律するものの，ここでは立ち入らない．

93) 負担限度の額は，通常の場合，「生計のための総年収の 2％」である（§ 62 Abs. 1 S. 2 Halbs. 1 SGB V）．ただし，「同一の重篤な疾病のために継続的治療を受けている慢性患者」については，生計のための総年収の 1％ となる（§ 62 Abs. 1 S. 2 Halbs. 2 SGB V）．負担限度の算出に関するその他の規律については，§ 62 Abs. 2 SGB V を参照．

94) この場合，§ 31 Abs. 3 S. 5 SGB V により § 31 Abs. 2 S. 4 SGB V が準用される．これは後に見るように，免除された薬剤を薬局に伝達させるための規定である．

る[95].

　(b)　§ 130 Abs. 1 SGB V が定める通り，疾病金庫は薬局の負担において，要処方箋である完成薬剤については，薬剤毎に 2 ユーロの割引を，その他の薬剤については，被保険者に対する基準薬剤販売価格の 5% の割引を受ける[96]. ただし，定額設定がなされている薬剤に関する割引は，この定額に基づいて計算する (§ 130 Abs. 2 S. 1 SGB V). また，§ 130 Abs. 1 SGB V に基づく基準販売価格が定額よりも低い場合，割引は，ヨリ低い販売価格に基づいて計算する (§ 130 Abs. 2 S. 2 SGB V). 定額を上回る部分は被保険者が (原則として) 全額負担する，すなわち定額が疾病金庫の負担上限となるため，疾病金庫に対する割引もこの定額を基準とする (Hess, 2003, Rn. 3).

　(c)　(1)　これに対し，製薬企業の負担において疾病金庫が受ける割引に関する規律は現在，限時規定の増加と相俟って，複雑化の一途をたどっている. 定額設定との関係に着目して整理するならば，以下のようになる.

　(2)　制度の基本形態は § 130a Abs. 1 SGB V が定めるように，疾病金庫が費用を負担する薬剤に関して，疾病金庫が付加価値税を除いた製造者販売価格の 6% の割引を薬局から受け，それを製薬企業が薬局に償還することにより，最終的には製薬企業の負担において疾病金庫が割引を受ける仕組みにある[97]. しかし，§ 130a Abs. 3 SGB V により，この原則形態は，定額設定がなされた薬剤については適用されない.

　(3)　さらに AVWG による改正により，2006 年 4 月 1 日以降，§ 130a Abs. 3b SGB V に基づき，「特許の保護のない，作用物質が同一の薬剤」に関しては別の割引が導入されている. この制度も限時法ではない点で，現行法に基づく限り基本形態の一角を占める. この制度の要点は，該当類型の薬

---

[95]　§ 31 Abs. 2 S. 1 SGB V に示されているように，かつては，卸問屋の負担で行われる割引強制も存在した. これは，Art. 11 BSSichG として成立した Gesetz zur Einführung von Abschlägen der pharmazeutischen Großhändler により導入された制度である. しかし，Art. 26 GMG によって廃止された. AMPreis V の改正により不要となったというのが廃止の理由である (BT-Drs. 15/1525, S. 167 zu Art. 26).

[96]　ただし，疾病金庫が薬局から割引を受けるには，薬局からの請求書が疾病金庫に到達後 10 日以内に精算されることが必要である (§ 130 Abs. 3 S. 1 SGB V). 詳細は § 129 SGB V に基づく枠組み契約に委ねられている (§ 130 Abs. 3 S. 2 SGB V).

[97]　精算の方法に関する規律としてさらに § 130a Abs. 5 bis 7 SGB V を参照. 完成薬剤に関する特則として § 130a Abs. 1 S. 5 SGB V, § 131 Abs. 4 S. 2 Halbs. 1 SGB V を参照.

剤に関する割引率の変更であり，疾病金庫はこの類型の薬剤について，付加価値税を除いた製造者販売価格の 10％ の割引を受ける（§ 130a Abs. 3b S. 1 Halbs. 1 SGB V）[98)99)]．しかしながら，定額設定がなされている薬剤のグループに関しては特則が置かれている．すなわち，「付加価値税も含めた薬局購入価格が，この価格の基礎にあるそれぞれの薬剤に有効な定額より少なくとも 30％ は低い薬剤である」場合，§ 130a Abs. 3b S. 1 u. 2 SGB V は適用されず（§ 130a Abs. 3b S. 3 SGB V），定額以下の価格を持つ薬剤の一部については，やはりこの割引制度の適用もなくなる．

　（4）　他方で，2006 年 4 月 1 日〜2008 年 3 月 31 日までに限り，以上に述べた § 130a Abs. 1 u. 3b SGB V に基づく割引制度に加えて § 130a Abs. 3a SGB V に基づく割引が導入されており[100)]，この割引は定額設定のなされている薬剤についても適用がある．この制度の標準形態は，付加価値税を除いた製造者販売価格が，2005 年 11 月 1 日の価格水準に対して上昇した場合，疾病金庫は自らが負担する薬剤に関して，2006 年 4 月 1 日〜2008 年 3 月 31 日までの間，価格上昇額分の割引を受けるというものである（§ 130a Abs. 3a S. 1 Halbs. 1 SGB V）．しかし，定額の設定された薬剤に関して定額を超えたところで生じる価格上昇については § 130a Abs. 3a S. 1 Halbs. 1 SGB V の適用は排除され，この割引制度は適用されない（§ 130a Abs. 3a S. 1 Halbs. 2 SGB V）[101)]．すなわち，定額の設定された薬剤に関しては，定額に到るまで

---

98)　§ 130a Abs. 3b S. 4 SGB V が § 130a Abs. 3a S. 4 SGB V（後述）を準用しておらず，このタイプの薬剤については，§ 130a Abs. 1 S. 1 SGB V の 6％ に代えて 10％ の割引を得る趣旨だと考えられる．

99)　ただし，「安価な輸入薬剤」に関しては § 130a Abs. 3b S. 1 Halbs. 2 SGB V によって，後に触れる § 130a Abs. 3a S. 3 SGB V が準用される．また，価格が上下した場合については，§ 130a Abs. 3b S. 2 SGB V，§ 130a Abs. 3b S. 4 SGB V により準用される § 130a Abs. 3a S. 5 SGB V を参照．詳細については，§ 130a Abs. 3b S. 4 SGB V により § 130a Abs. 3a S. 8 SGB V が準用されるため，疾病金庫の頂上連合会が § 213 Abs. 2 SGB V に基づき規律する．

100)　追加的な割引制度であることについては，§ 130a Abs. 3a S. 4 SGB V を参照．定額設定のなされている薬剤に関してはここに規定された割引のみが要請される．精算手続については，§ 130a Abs. 3a S. 6 SGB V により，§ 130 Abs. 1, 5 bis 7 und 9 SGB V が準用され，結果として，通常の割引の精算手続と同様の手続で行われる．

101)　ただし，§ 129 SGB V に基づき引き渡される輸入薬剤に関しては § 130a Abs. 3a S. 3 SGB V により，§ 130a Abs. 3a S. 1 SGB V の定めとは異なる規律がなされている．その他の各種技術的な規律については立ち入らない．詳細については，§ 130a Abs. 3a S. 8 SGB V により，疾病金庫の頂上連合会が § 213 Abs. 2 SGB V に基づき規律する．

の価格上昇の場合にのみこの割引が問題となる[102].

(5) 加えてSGB Vは，疾病金庫もしくはその連合会と製薬企業とが合意により割引を行う制度を設けている（§130a Abs. 8 SGB V）[103]．後に見るように，この合意は疾病金庫の費用負担との関係で意味を持つ[104].

4.2.4 疾病金庫の負担額

(a) 最後に，結果として疾病金庫の負担する額を確認する．

定額設定の行われていない薬剤に関しては，§31 Abs. 2 S. 1 SGB Vに従い，被保険者の負担すべき自己負担及び薬局・製薬企業の負担すべき割引を控除した残り全額を疾病金庫が負担する[105].

(b) (1) これに対し，定額設定の行われている薬剤に関しては，やはり§31 Abs. 2 S. 1 SGB Vに従い，被保険者の負担すべき自己負担及び薬局と製薬企業の負担すべき割引を控除した残額のうち定額までを疾病金庫は負担する[106]．利用薬剤が定額を超過している場合，超過分は被保険者が自己負担に加えて負担する．

(2) ただし，AVWGによる改正により，定額設定の行われている薬剤についても以下のような特則が導入された．すなわち，疾病金庫は，「完成薬剤を提供する製薬企業」と以下の条件を満たす，§130a Abs. 8 SGB Vに基づく協定を締結した場合，§31 Abs. 2 S. 1 SGB Vから逸脱して，§§130 u. 130a Abs. 1, 3a u. 3b SGB Vに基づく薬局・製薬企業の負担する割引と被保険者自己負担分とを控除した薬剤販売価格を負担する（§31 Abs. 2 S. 2 SGB V）．この条件とは，「これにより，定額を超えたことによる超過費用が補償される」ことである（§31 Abs. 2 S. 3 SGB V）．具体的には，製薬企業が§130a Abs. 8 SGB Vに基づく協定によって当該薬剤について更なる割引を

---

102) §130 Abs. 2 S. 2 SGB Vに関して述べたところと同一の理由に基づくのであろう．
103) この合意に基づく割引は法定の割引に影響を与えず付加的になされるものである（§130a Abs. 8 S. 1 u. 4 SGB V）．
104) このことから，BMGは，連邦議会に対し2008年3月31日までに，この合意がとりわけ定額設定関係の規律の有効性に与える影響について報告しなければならない（§130a Abs. 8 S. 6 SGB V）．Siehe auch, BT-Drs. 16/194, S. 11（Zu Nr. 7, zu Buchst. a, zu Doppelbuchst. bb）．
105) 卸問屋の負担する割引が現行法では廃止されていることにつき参照，前註(95)．
106) 先に述べた，定額より低額の薬剤に関する自己負担を特別に免除している場合（§31 Abs. 3 S. 4 SGB V），この分も疾病金庫が負担することになる．

行い，それにより，被保険者が負担する筈の費用を製薬企業が負担することが条件である（BT-Drs. 16/691, S. 15 (Zu § 31 Abs. 2)）．これにより，自己負担は残るものの，被保険者の定額を超える部分についての超過負担は生じなくなる[107]．

5] 定額設定制度の位置と機能

ここでは，以上に確認してきたドイツ医療保険の薬剤支給の仕組み・その費用負担のあり方を踏まえて定額設定制度の位置と機能を検討する．まず，これまでの検討を踏まえて，薬剤費用の調整，つまりは抑制を図るために疾病金庫がなし得る措置について考え（5.1），その上で定額設定に期待される制御機能の特徴を考え（5.2），最後に薬剤支給制度に関連する制度の中での定額設定の位置づけを考察する（5.3）．

5.1 薬剤支給に係る費用の調整（抑制）を図るために疾病金庫がなし得る措置

(1) 上述の薬剤支給の構造から窺える支給薬剤調達者・利用薬剤決定者・受益者・費用負担者をまず確認しよう．まず，製薬企業・卸問屋と直接に接触して購入するという意味での，薬剤の第 1 次的購入者は薬局である．しかし，個別具体の場合に利用する薬剤を実際上決定するのは，患者と医師である[108]．さらに薬局には薬剤差替え権限が一定の枠内で認められるため，決定は，患者・医師・薬局によって行われているとも言える．患者・医師・薬局の決定力の相互関係を精密に把握することは本章では断念し[109]，条文に従い医師と薬局に特に注目せざるを得ないものの，本章において重要なことは，少なくとも個別具体的に決定するのは疾病金庫ではないことである．

---

[107] このような協定を締結した場合，疾病金庫は，薬局に該当薬剤を知らせる必要がある．この点については，§ 31 Abs. 2 S. 4 SGB V を参照．また法律の要請を満たさない協定であったとしても，被保険者と薬局は，本来であれば被保険者が負担すべきであった超過費用を疾病金庫に払い戻す義務を負わない（§ 31 Abs. 2 S. 5 SGB V）．

[108] 法律上，薬剤処方は医師が行うものの，患者には同意にくみつくされない，自らに提供される給付を選択する自由が認められることにつき，ノイマン（2006, 63 頁）．

[109] 他方でノイマン（2006, 62 頁）は「医師は，患者は治療を必要としているか否か，どのような方法の，またどのくらいの期間の診療を必要とするかに関し，社会学の用語にいう『定義力』("Definitionsmacht") を持つ」とも述べる．

これに対し，薬剤の交付による受益者は被保険者であり，その費用を最終的に大部分負担するのは，疾病金庫である．

(2) 現物給付原則の下，実際の給付を第3者に委託すれば当たり前のように見えるこの費用の転嫁の流れについては，以下の点を押さえる必要がある．第1に，このような費用の転嫁の流れの原因は，定額設定制度ではなく，第3者を通した給付を行い，かつ，医療給付・薬剤支給の利用を疾病金庫の事前の承認にかからしめていない点にある[110]．第2に，大部分の費用につき，最終的費用負担者である疾病金庫と薬剤供給者である製薬企業とが直接に取引（売買）を行うことはない．製薬企業は卸問屋ないし薬局に対して薬剤を販売する．ただし薬局は，最終的な費用負担者が（ドイツ国民の多くを組織している）疾病金庫であるが故に薬剤を購入する．第3に，薬剤の利用を決定するのは，医師（及び患者）であり，補充的に薬局である．薬剤に関する価格規制の故に，ここでの決定が同時に，薬剤支給に係る費用（被保険者の自己負担分と疾病金庫の負担分）を決定する[111]．第4に，疾病金庫の負担する価格は，選択された薬剤の市場価格を基準として定まる．市場価格とは独立に疾病金庫の負担すべき額が定まることは，基本構造の原則に基づく限り，ない[112]．最大の例外は，定額設定を超えた薬剤が利用された場合である（定額自身は市場価格を参考に決められるが）．第5に，市場価格に決定的な意味を持つのは，薬事法の価格規制に鑑みて，企業の卸売価格である．価格に対する薬局・卸問屋の独自の影響可能性はほぼ無視できよう．

(3) 以上を踏まえると，疾病金庫は自らが直接的な薬剤購入者として行

---

[110] 外来の療養給付については，被保険者カードないし被保険者証を提示することにより，受けるべき給付についてあらかじめ承認を疾病金庫から受けずに済む仕組み（§15 Abs. 2 SGB V）がドイツでも採られている．これに対して，SGB IVの用意する社会保険法一般に通ずる原則形態は，債務者である疾病金庫に申請しその承認を受けた上で，給付提供者から給付を受けるという過程である（§19 S. 1 SGB IV）．この点に関して併せて参照，ノイマン（2006, 62頁）．

[111] 本章のような薬剤支給の個別過程とは異なるマクロの構造分析の中でではあるが，Schuler-Harms（2006, S. 43）は，「契約医師の治療の枠内での，薬剤および医師の行わない他の給付の処方は，蝶番，もしくはネットワークの用語法でいえば結び目を形成する」と医師の機能の重要性を描く．医師以外の給付主体の行う給付に対して医師の処方が持つ重要性に関して，併せてRixen（2005b, S. 285-287, 416）．

[112] その結果，日本のような形での――市場価格と医療保険主体の購入（負担）価格たる公定価格との差に起因する形での――薬価差益・差損の問題は生じにくい．

動できない以上，自己の負担する薬剤費について何らかの操作を行うとすれば，他者の行動の制御を試みる以外ない．すなわち，薬剤供給の局面に焦点を合わせれば，製薬企業の供給活動の制御を試みることになる．薬剤の購入に焦点を合わせれば，薬局の購入活動を独立の対象として制御を試みることになる．もっとも，これまでに見たところからすると，後者に直接向けられた独自の措置は用意されていない．試みられるのは前者及び次にみる処方活動の制御であり，薬局による購入活動は処方活動の制御の反映として誘導される．さらに，薬剤の利用＝供給される薬剤の中からの選択に焦点を合わせれば，医師・薬局の薬剤にかかる処方・調剤の制御を試みることになる．その際には，医師・薬局に対して直接に働きかける制御方法と，患者たる被保険者を通して働きかける制御方法とを考え得る．

5.2 定額設定制度の制御機能の特徴

(a) 以上の観点からすると，定額設定制度の特徴は，患者・医師に対する法的規律を行うことで，製薬企業の供給活動の制御を目指す点にあると考えられる[113]．以下に，この制度が持つ特徴を，これまでに述べた他の諸制度と比較しながら浮き彫りにしていくことで，その特徴の明確化を試みよう．

(b) (1) まず，患者に対する機能を考えよう．被保険者＝患者が超過分を負担することは，定額設定に関し，法が直接に定める法効果の一つである．超過負担は通常は回避したいものであろうから，この制度には安価な薬剤（定額以下の薬剤）を選択させる方向へ誘導する機能を期待できる．

逆に言えば，定額より高い価格の薬剤に関する選択可能性を実際上制約する機能も期待できる．したがって，少なくとも機能的観点からは，給付範囲の制限と評価できる[114]．他方で，定額より高価な薬剤の利用可能性が全く排除されているわけではない．とすると，薬剤の支給対象からの排除よりは限定的な制限と評価できる．

---

113) 「影響を与える」という理解であれば，これは特に珍しいものではない．「制御を目指す」という目的要素まで認めるかについては対立を指定できるものの，本章ではこの点に立ち入らず，さしあたり，その機能が期待されているという程度の理解に止めておく．

114) 定額設定が「被保険者が持つ現物給付請求権の価値に関する限定」であるという理解として Rixen (2005b, S. 422f.)．

もっとも，給付範囲の制限自体が目的とされているかについては，留保を付す必要がある．定額設定は，§35 Abs. 5 S. 1 SGB V が示すように，SGB V の予定する給付範囲の原則を一般的には満たすことをなお目指していると考えられるからである115)．しかし同時に，一般的に確保することを目指す以上，ある特定の被保険者が必要な給付を超過負担と共にしか入手できない危険もつきまとう116)．

(2) 次に医師に対する制御措置としての特色を見よう．まず，ドイツ法において，医師に対して経済的な処方を行わせるよう実効的に誘導する措置が困難であることを確認する必要がある．情報収集・評価・判断の面における技術的な困難に加えて，医療保険における薬剤支給の仕組み・費用負担の構造から見るだけでも，以下のような困難が存する．第1に，医師自身は薬剤を購入しないため，製薬企業と特殊な関係を有していない限り，ある薬剤が被保険者に処方されることによって利益を得るわけでも失うわけでもない．第2に，医師に対する報酬支払の面でも，原則としては，処方内容ではなく処方したこと自体が報酬支払の原因となってきた117)．このように考えると，医師が企業と特殊な関係を持たない場合，医師が処方活動に対して持つ利益は薬剤費のあり方に関して中立的であり，もし企業と特殊な関係にある場合，効率性基準を離れて，当該企業の薬剤を優先的に処方しかねない118)，と言

---

115) 保障されるべき給付水準に関する原則を定める§12 Abs. 1 S. 1 SGB V （「十分・合目的的・経済的」）および§70 Abs. 1 SGB V （「ニーズに合致し平等な，医学的知見の一般的に承認された水準に対応した，被保険者に対する給付」，「十分かつ合目的的」，「専門として要請される質および経済的な」），さらに§72 Abs. 2 SGB V （「医学的知見の一般的に承認された水準を考慮した十分・合目的的・経済的な，被保険者に対する給付」）と§35 Abs. 5 S. 1 u. 2 SGB V とを比較のこと．

116) このような事態が一時的にではあれ生じうるだろうことを，定額設定制度導入の提案当初から立案者がある程度は予測していたことにつき，BR-Drs. 200/88, S. 176（zu§35 Abs. 6 SGB V idF v. RegEntw-GRG）．§35 Abs. 6 S. 1 SGB V idF v. RegEntw-GRG は，現行の§35 Abs. 5 S. 1 SGB V と同一である．

117) 医師に対する診療報酬の基本をなす全体診療報酬は，「契約医師の行う全ての給付」に対して支払われ（§85 Abs. 1 SGB V），薬剤の処方は「契約医師の行う給付」の一つとして他の診療行為と同列に並べられている（§73 Abs. 2 SGB V）．このことより，薬剤処方（処方箋の作成）自体が報酬を受けるべき診療行為であり，それに対する報酬は全体診療報酬の中でまとめて支払われることになる．医師への報酬支払制度についてはさしあたり，Quaas / Zuck（2004, §20 Rn. 25, 26（Zuck））．

118) ドイツにおいてもこの問題は存在し，AVWG の追加した§73 Abs. 8 S. 7 u. 8 SGB V は，これへの対処の一例である．製薬企業は，薬剤選択を手助けする．しかし自社製品が選

えよう.

　SGB V も，この局面に対する制御に関して手をこまねいてきたわけではない．現在の SGB V は，先に見たように，薬剤支給協定，基準量—経済性審査，「定義された適量単位毎の平均費用」という制度で対応を試みている．しかしながら，少し過去に目を向ければたちまち明らかになるように，医師の薬剤処方に焦点を合わせた制御を試みる制度は，ドイツ医療保険法において頻繁に改正が加えられる部分であり，定額設定や被保険者の自己負担と比べれば明らかに安定性を欠いている[119]．すなわち，ドイツ医療保険法は，この局面での適切な制御方法を見出していないと言ってよかろう．

　以上を前提に，定額設定の医師に対する機能を考えてみよう．医師には，定額を超える価格の薬剤を処方する際に，超過負担の発生を被保険者に指摘する義務がある．定額を超えた薬剤の処方については，被保険者は超過負担を回避したがるだろうから同意を与えたがらず，したがって定額を超える薬剤の処方を妨げられるであろうし，この限りで安価な薬剤を選択させる方向に動く[120]．また同意が与えられにくいことから，医師の薬剤選択可能性の

　　択されやすくなるよう操作された診療用ソフトウェアを提供することがあった．そこで§73 Abs. 8 S. 7 u. 8 SGB V により，「契約医師による給付においては，操作の為されていない薬剤価格比較を医師に可能にし，同時に，契約医師の給付での処方にとって重要な全ての情報，とりわけ AMR による規律が含まれている診療用ソフトウェアだけ」を用いさせることで，このような実務に対処しようとしたのである（引用部も含め BT/Drs. 16/194, S. 9 (Zu Nr. 4, §73)）．

[119]　本来であれば，本格的な歴史研究を踏まえねばならない言明であるが，ここでは，簡単な事実の摘示でもって責めを塞ぐこととしたい．定額設定制度は，基準等に係る改正を加えられてはいるが，2001 年の FBAG により設定権限を BMG（ただし 2001 年当時）の法規命令に一旦移したという改正を除けば（§35 Abs. 8 u. §35a SGB V idF v. FBAG），その基本構造に関わる大きな改正は被っていない（定額設定の設定権限・手続は，2003 年の GMG により，本文で述べた，そして Art. 1 GRG による SGB V の制定当時もそうであった仕組みに復帰している．Siehe, §35 Abs. 8 SGB V idF v GMG）．また，被保険者の自己負担もしばしば改正が加えられたとはいえ，それはおおむね自己負担額（含む決定方法）とその上限の調整に関わる．これに対し，医師の薬剤処方活動に対する制御の試みに関しては，基準量—経済性審査の制度が，1992 年の GSG によってその基本形態を整え，以後今日まで各種改正を被りながらも一応その基本形態を維持していると評価できるものの，薬剤支給協定の制度は，GSG により導入された薬剤支給包括予算の制度に代わる形で 2001 年の ABAG によって導入されたものであり（もちろんその後改正は加えられた），「定義された適量単位毎の平均費用」の制度は，2006 年に AVWG によって導入された新しい制度である．こうして制度の大まかな変遷を見るだけでも，医師の薬剤処方に対する制御の試みが常に困難な問題であったことが理解できる．

[120]　もっとも超過したところで，疾病金庫ではなく，被保険者が負担するため，疾病金庫の

制限として機能することも予測される．もっとも，定額を超えた薬剤の利用が全く不可能なわけではなく——どうしても必要であれば被保険者＝患者を説得して利用することになる——，排除よりは限定的な制限と言える．

　(3)　次に薬局による調剤活動に関する制御措置を確認する．薬局による調剤に関してSGB Vが予定している制御としては，第1に，処方箋に記載された薬剤の差替え義務がある．しかし，この制御の効果には疑問がある．先にも見たように，差替えの可否は処方箋の記載にさしあたり依存し，この段階での差替え義務に独自の費用抑制効果はあまり期待できなかろう[121]．少なくとも主要な制御手段とすることは難しいのではないか．第2の事後的コントロールによる効果も，この制度が経済性審査ほどには法定化されていないため，その実効性の判断は困難である．

　(4)　さらに患者・薬局に対しては，薬局における割引・被保険者による自己負担といった一律の費用負担を課す制御措置が存在する．これは，安価な薬剤に切り替えるインセンティブをある程度は与えるかもしれない[122]．これに対し，定額設定により生じる被保険者＝患者の負担は，全ての薬剤について一律ではなく，定額を超える薬剤についてのみ自己負担分＋超過分の負担という形で生じる点に特色がある．他方で，薬局の割引に関しては定められた定額が割引額算定の上限となるため，負担の上限を設ける機能を持つ．

　(c)　(1)　最後に，薬剤供給のあり方に対する制御，すなわち製薬企業に対する制御としての特色を確認する．第1に，定額設定制度は，薬剤の持つ競争力を操作する効果を持つ．すなわち，定額を上回る価格の薬剤を回避する方向に被保険者を誘導する機能及び医師がそのような薬剤の処方に対して制限的な影響を受ける機能の故に，当該薬剤が選択される可能性を減じる，つまり当該薬剤の市場競争力を失わせる，しかも特に弱める．

　(2)　これを被保険者・薬局の負う一律の自己負担（割引）と比較して確認してみよう．全ての薬剤について一律に課される一部負担と割引の制度は，

　　　負担額は増えない．
121)　医師の差替え排除の決定が経済性審査の対象となるかもしれないが，それは経済性審査が持つ，医師の処方活動に対する制御の効果の問題である．
122)　しかし，どれだけの有効性をもつか疑問の余地もある．少なくとも，日本と比べて明らかに低額に抑えられており，それだけでも効果のほどは疑わしい．ただし日本が示すように，高額の自己負担を課すとそれだけで給付要求を効果的に抑圧できる訳でもない．

安価な方が選択してもらいやすくなる＝競争力を持てるという圧力を，全ての薬剤について等しく掛ける．これに対し，定額設定制度は，定額を超えた薬剤についてのみ定額との差額全部を被保険者の追加負担とするため，もともと高価で競争力が弱いかもしれない薬剤の市場競争力を追い打ちを掛ける形で失わせる．また AVWG の導入した定額よりも特に安価な薬剤に関する自己負担免除は，被保険者から見れば一層安価な薬剤をもたらすため，当該薬剤の競争力をさらに強め，反面で，定額を超えたしかし同質の薬剤の市場競争力をさらに弱める．

　他方，製薬企業の負担する割引との比較には注意を要する．製薬企業の負担する割引は（現在では類型毎に）同一の率で割引を課す制度であり，安価な薬剤であれば競争力を持つという原則を操作するものではないし，製薬企業が負担する以上，薬局・患者の選択を左右するとも考えられない．とすると，市場における薬剤の競争力を調整する機能よりは，純粋に疾病金庫の費用負担を軽減する機能だけが認められる．もとより，定額設定によって定められた定額は疾病金庫の負担上限でもあるから，疾病金庫の費用負担を軽減する機能は，この制度にも認められる．また，先に見たように現在の原則は，定額設定と製薬企業の負担する割引とを二者択一の関係に置くものであり，両者の示す疾病金庫の負担軽減機能は同時には生じない．ただし両者の間には，差が存するように思われる．割引制度しかない場合，製薬企業は割り引かされる額を見越して価格形成を行うことができ，割引の意味が事実上失われる危険がある．これに対し，定額設定は，疾病金庫の費用負担上限を具体的価格で定めてしまうため，制度趣旨を骨抜きにするこのような価格形成は困難であろう（後述するように万全ではない）[123]．

　(3) 他方で，排除との比較では，給付対象であることを制限する点にお

---

[123] 限時法の形で導入されている，ある基準時からの値上がり分をそのまま割引分とする制度は，割引制度を骨抜きにしかねない価格形成に対する対応と理解できる．したがって，期間を限れば企業が負担する割引制度の持つ難点に対処しきれない．しかし，このような制度を一般化すると，企業の価格形成の自由が相当に侵害される．割引制度の空洞化を防ぐ今一つの対処方法として，定額設定との重畳適用も考えられる（一部このような類型が導入された）．割引額を価格形成に織り込んだ結果が定額を超えてしまうと，被保険者に課される超過負担の故に選択が回避され，元も子もなくなる危険が存するからである．なお，定額より一定以下の価格を持つ薬剤に対する割引免除の機能については後述する．

いて両者とも市場における薬剤の販売可能性を限定する．しかし，定額設定は，選択可能性を全く失わせるわけではないので，排除との比較では，緩やかな制限ということになる．

5.3 定額設定制度の位置

(a) 以上の検討から，定額設定制度は，薬剤支給に関する諸制度の中でどのようなものと理解できるか？ 定額設定制度の特色と限界をまずまとめ，その上で薬剤支給費抑制政策の中での位置づけ，医療給付体系（現物給付原則）の中での位置づけを検討する．

(b) (1) 定額設定制度は，単純には，薬剤の選択可能性の制限と理解できる．すなわち，排除よりは緩やかであるものの，定額設定の持つ誘導効果は薬剤の支給範囲に対する制限と理解できる．同時に，この制度は，被保険者・医師の薬剤選択可能性を制限することにより，定額を超える薬剤について，当該薬剤が市場において選ばれる可能性＝競争力を特に弱め，薬剤の市場競争力を操作する制度とも理解できる．しかも，以上に見たドイツ医療保険法の薬剤支給に関する基本構造からすると，ある薬剤を一応は支給対象範囲に止めつつ，しかしその薬剤が高価な場合にその使用を回避させるための手段はこれぐらいしかない．すなわち，以上に見た各種仕組みの中で，定額設定は，薬剤の価格を制御する（できるだけ価格上昇を防ぐ）ための措置としては中心的な位置を占めるものである[124]．

(2) もっとも，定額設定も避けがたい限界を持つ．第1に，定額設定の行われた薬剤の市場価格が定額近くに張り付く可能性がある．というのも，他の薬剤がヨリ安価である可能性が低い場合，定額ぎりぎりに価格を設定するのが，自己の利潤を最大化させる可能性が高いからである[125]．第2に，定額設定が全ての薬剤について行われているのではないため，定額設定のなされていない薬剤価格に与える副作用が存する．すなわち，定額設定のなさ

---

124) 前註(2)の BSG, BGH の判決，それを受けた連邦カルテル庁の警告に対処すべく，定額設定の調整を暫定的に法規命令によって行うことにした FBAG の提案理由において，定額設定が「中心的な費用制御手段」となっているという評価が示されている（BT-Drucks. 14/6041, S. 1)．

125) BT-Drs. 11/6380, S. 251 は，もともと定額以下で価格設定を行っていた製薬企業に対して値上げのインセンティブとなりうることを指摘する．

れた薬剤価格は低く抑えられるとしても，当該薬剤に関するコストないし期待した利潤が定額設定のなされていない薬剤価格に転嫁される可能性がある[126]．

　もとよりSGB Vは，一定の対応を示している．とりわけ第1の限界に対しては，定額設定制度の中で，あるいはそれと関連づけられた制度の中で，様々な対応を示している．第1に，定額を設定する際の考慮対象からシェアの少ない薬剤を排除する定めを指摘できる．定額付近のシェアの低い薬剤を排除できれば，見直しの際にヨリ低い定額を設定しやすくなり，徐々にではあれ，価格を下げる圧力を掛けることが期待できる[127]．第2に，定額より特に安価な薬剤に対して被保険者の自己負担を免除し（§31 Abs. 3 S. 4 SGB V），また企業の割引も免除する（§130a Abs. 3b S. 3 SGB V）制度を指摘できる．これにより，定額以下の特に安価な薬剤が選択される可能性＝競争力がさらに強められるため，定額からさらに価格を下げようというインセンティブを期待できる．

　また，定額設定制度の外では，医師の薬剤選択行動に対する制御を指摘できる．特に「定義された適量単位毎の平均費用」の制度，基準量―経済性審査の制度のように，薬剤処方行動を経済的なものへ誘導する制度，非経済的な場合に制裁を科す制度にも，定額以下の薬剤の中で質が同じであればヨリ安価な薬剤を処方させる機能を期待できる．

　これに対し，定額設定の行われていない薬剤への費用の転嫁という問題については，定額設定の行われていない薬剤を減らす（定額設定の範囲を拡張する）ことを目指す以外ないだろう．それまでは定額設定の行われていない薬剤に関する製薬企業の負担する割引制度で対応することになるが，そちらにも限界があることは既に見たとおりである．

　(c)　以上を踏まえて，薬剤支給に係る費用を制御する，端的に言えばその膨張を防ぐ政策の観点から定額設定制度の位置を確認する．

　ドイツにおいて，医療保険が保障する薬剤の範囲決定は，薬局販売義務と

---

126)　BT-Drs. 11/6380, S. 262 は定額設定制度の導入当初にこの可能性が実現したとするのに対し，ebenda, S. 251 はもう少し慎重な判断を示す．
127)　もっとも，定額ぎりぎりのところにそれなりのシェアを占める薬剤が存在すればこの期待は機能しないことになろう．

要処方箋というAMGの仕組みへの依拠と，さらには排除の仕組みによって行われる．その上で，定額設定には，薬剤価格を全体的に抑え込む機能が期待されている．AMGの行う市場価格規制が存する以上，ドイツ医療保険法は，製薬企業の出荷価格を抑え込む以外に，費用負担のベースとなる薬価の市場価格を抑え込む方法を持たない．

　同時に，定額付近での高止まりの効果が予想されることに鑑みると，さらに価格競争を行わせるためには，定額設定の定期的な見直し，定額と比べて特に安価な薬剤に関する自己負担免除のような制度を併せ持つことが必要である．

　ただし，これだけでは全般的な薬剤給付費用抑制しか図れず，個別の診療の局面で，安価で十分な質を持った薬剤を処方させる機能は，医師の処方活動の制御を試みる制度に期待せざるを得ないことになる．

　(d)　最後に定額設定制度が現物給付原則との関係において占める位置を見ておこう．薬局から交付される薬剤は，定額を上回る価格の薬剤である場合もドイツ医療保険の支給対象である薬剤だから，薬局でなされる薬剤の交付は——定額を超える薬剤の交付であろうと定額を超えていない薬剤の交付であろうと——，被保険者が疾病金庫に対して有する薬剤支給請求権の実現である．したがって定額設定制度を現物給付原則の枠内で理解する，つまり現物給付原則の下での費用抑制手段と理解することができる．

　しかし，現物給付原則の枠内といっても，実際に疾病金庫が行うことは費用負担に止まり，しかもその負担は，疾病金庫が市場価格を参考にしつつもそれとは独立に決定した定額に限られる．ただ，被保険者が費用の全額を暫定的にも負担しなくてよい点において費用償還原則ともなお区別はできる．結局，現物給付原則を放棄した仕組みではないとはいえ，支給された現物（薬剤）の市場価格とは独立に定められた費用だけを疾病金庫が負担する点で，現物給付原則の理念型からの距離は一層遠く感じられることになる[128]．

---

128)　経済性要請を定める§12 SGB Vは，そのAbs. 1で，経済性要請の一般内容を定め，Abs. 2で定額が定められている場合の確認規定を置いている．この点につきBR-Drs. 200/88, S. 164 (Zu §12 Abs. 2 SGB V idF v. RegEntw-GRG) は，「この規定は，定額が定められた場合における疾病金庫の給付義務は，この定額の引受に限定されることを定めている．第1項に合致した給付が定額によって個別の場合に保障されなくとも，定額を超える給付義務は存在しない」と述べる．現物給付原則が本来的に確保しようとしていたものからの距離

254] III 法形成の主体

[主要略語表]

2. GKV-NOG	Zweites Gesetz zur Neuordnung von Selbstverwaltung und Eigenverantwortung in der gesetzlichen Krankenversicherung (2. GKV-Neuordnungsgesetz - 2. GKV-NOG) v. 23. Juni 1997, BGBl. I 1520 (第 2 次法定医療保険新秩序法)
ABAG	Gesetz zur Ablösung des Arznei- und Heilmittelbudgets (Arzneimittelbudget-Ablösungsgesetz - ABAG) v. 19. Dez. 2001, BGBl. I 3773 (薬剤包括予算廃止法)
AMG	Gesetz über den Verkehr mit Arzneimittel v. 24. 8. 1976 BGBl. I 2445, neugefasst durch Bekanntmachung v. 12. 12. 2005, BGBl. I 3394, zuletzt geändert durch Art. 12 G. v. 14. 8. 2006, BGBl. I 1869 (薬事法)
AMPreisV	Arzneimittelpreisverordnung v. 14. 11. 1980 BGBl. I 2147, zuletzt geändert durch Art. 24 GMG (薬剤価格令)
AMR	Richtlinien des Bundesausschusses der Ärzte und Krankenkkassen [=GBA] über die Verordnung von Arzneimitteln in der vertragsärztlichen Versorgung idF v. 31. August 1993, veröffentlicht im Bundesanzeiger Nr. 246 (S. 11155), zuletzt geändert am 18. Juli 2006/19. September 2006, veröffentlicht im Bundesanzeiger 2006 ; Nr. 184 (S. 6527), in Kraft getreten am 29. September 2006 und zuletzt geändert am 18. Juli 2006, veröffentlicht im Bundesanzeiger 2006 ; Nr. 198 (S. 6749), in Kraft getreten am 21. Oktober 2006 (薬剤指針)
ApoG	Gesetz über das Apothekenwesen v. 20. 8. 1960, BGBl. I 697, neugefasst durch Bekanntmachung v. 15. 10. 1980 BGBl. 1993, zuletzt geändert durch Art. 34 Verordnung v. 31. 10. 2006 BGBl. I 2407 (薬局法)
AVWG	Gesetz zur Verberssrung der Wirtschaftlichkeit in der Arzneimittelversorgung v. 26. April 2006 BGBl. I 984 (薬剤支給経済性改善法)
BGH	Bundesgerichtshof (連邦通常裁判所)
BMAS	Bundesministerium für Arbeit und Soziales (連邦労働・社会省)
BMG	Bundesministerium für Gesundheit (連邦保健省)
BMWT	Bundesministerium für Wirtschaft und Technologie (連邦経済・技術省)
BSG	Bundessozialgericht (連邦社会裁判所)
BSSichG	Gesetz zur Sicherung der Beitragssätze in der gesetzlichen Krankenversicherung und in der gesetzlichen Rentenversicherung (Beitragssatzsicherungsgesetz - BSSichG) v. 23. Dez. 2002, BGBl. I 4637 (保険料率安定化法)
BVerfG	Bundesverfassungsgericht (連邦憲法裁判所)
DKG	Deutsche Krankenhausgesellschaft (ドイツ病院協会)

は明らかであろう.

第8章　ドイツ医療保険における定額設定制度について　[255

EuGH	Gerichtshof der Europäischen Gemeinschaften（ヨーロッパ法院）
FBAG	Gesetz zur Anpassung der Regelungen über die Festsetzung von Festbeträgen für Arzneimittel in der gesetzlichen Krankenversicherung（Festbetrags-Anpassungsgesetz - FBAG）v. 27 Juli 2001, BGBl. I 1948（定額調整法）
GBA	Gemeinsamer Bundesausschuss（連邦共同委員会）
GMG	Gesetz zur Modernisierung der gesetzlichen Krankenversicherung （GKV-Modernisierungsgesetz - GMG）v. 14. November BGBl. I 2190（法定医療保険現代化法）
GRG	Gesetz zur Strukturreform im Gesundheiswesen（Gesundheits-Reformgesetz - GRG）v. 20. 12. 1988 BGBl. I 2477（保健制度構造改革法）
GSG	Gesetz zur Sicherung und Strukturverbesserung der gesetzlichen Krankenversicherung（Gesundheitsstrukturgesetz）v. 21. Dez. 1992, BGBl. I 2266（保健構造法）
KÄBV	Kassenärztliche Bundesvereinigung（ドイツ金庫医師連盟）
KÄV	Kassenärztliche Vereinigung（金庫医師連盟）
KZÄBV	Kassenzahnärztliche Bundesvereinigung（ドイツ金庫歯科医師連盟）
MPG	Gesetz über Medizinprodukte, Neugefasst durch Bekanntmachung v. 7. 8. 2002, BGBl. I 3146, zuletzt geändert durch Art. 145 Verordnung v. 31. 10. 2006, BGBl. I 2407（医療用具法）
PatBeteiligungsV	Verordnung zur Beteiligung von Patientinnen und Patienten in der Gesetzlichen Krankenversicherung v. 19. 12. 2003, BGBl. I 2752, zuletzt geändert durch Art. 457 Verordnung v. 31. 10. 2006 BGBl. I 2407（法定医療保険患者参加令）
SGB V	Sozialgesetzbuch（SGB）Fünften Buch（V）- Gesetzliche Krankenversicherung -（Art. 1 des GRG）, zulezt geändert durch Art. 256 Verordnung v. 31. 10. 2006, BGBl. I 2407（社会法典第5編）

[議会資料]

BR-Drs. 200 / 88, Gesetzentwurf der Bundesregierung, Entwurf eines Gesetzes zur Strukturreform im Gesundheitswesen（Gesundheits-Reformgesetz - GRG）.

BT-Drs. 11/6380, Endbericht der Enquete-Kommission "Strukturreform der gesetzlichen Krankenversiherung".

BT-Drs. 13/6087, Gesetzentwurf der Fraktionen der CDU/CSU und F.D.P., Entwurf eines Zweiten Gesetzes zur Neuordnung von Selbstverwaltung und Eigenverantwortung in der gesetzlichen Krankenversicherung（2. GKV-Neuordnungsgesetz - 2. GKV-NOG）.

BT-Drs. 13/7264, Beschlußempfehlung und Bericht des Ausschusses für Gesundheit （14. Ausschuß）zu dem 1. Gesetzentwurf der Fraktionen der CDU/CSU und F. D.P. - Drucksache 13/6087-, 2. Antrag der Fraktion der SPD - Drucksache 13/5726-, 3. Antrag der Abgeordneten Horst Schmidtbauer（Nürnberg）usw. - Drucksache 13/6578-.

BT-Drs. 14/6041, Gesetzentwurf der Fraktion SPD und BÜNDNIS 90/DIE GRÜNEN, Entwurf eines Gesetzes zur Anpassung der Regelungen über die Festsetzung von Festbeträgen für Arzneimittel in der gesetzlichen Krankenversicherung (Festbetrags-Anpassungsgesetz - FBAG).

BT-Drs. 14/6309, Gesetzentwurf der Franktionen SPD und BÜNDNIS 90/DIE GRÜNEN, Entwurf eines Gesetzes zur Ablösung des Arznei- und Heilmittelbudgets (Arzneimittelbudget-Ablösungsgesetz - ABAG).

BT-Drs. 15/1525, Gesetzentwurf der Fraktionen SPD, CDU/CSU und BÜNDNIS 90/DIE GRÜNEN, Entwurf eines Gesetzes zur Modernisierung der gesetzlichen Krankenversicherung (GKV-Modernisierungsgesetz - GMG).

BT-Drs. 16/194, Gesetzentwurf der Fraktionen der CDU/CSU und SPD, Entwurf eines Gesetzes zur Verbesserung der Wirtschaftlichkeit in der Arzneimittelversorgung.

BT-Drs. 16/691, Beschlussempfehlung und Bericht des Ausschusses für Gesundheit (14. Ausschuss) zu dem Gesetzentwurf der Fraktionen der CDU/CSU und SPD - Drucksache 16/194 -.

[文　献]

笠木映理，2006，『公的医療保険の給付範囲──比較法を手がかりとした基礎的考察』（東京大学法学部助手論文，未公刊）．

田中耕太郎，2001，「ドイツにおける薬剤定額給付制に関する特別法の成立とその意義」社会保険旬報 2114 号 14-19 頁．

ノイマン，フォルカー，2006，「公的医療保険システム──ドイツにおける諸原則と実践」（太田匡彦訳）ジュリスト 1312 号 55-69 頁．

松本勝明，2003，『ドイツ社会保障論Ⅰ──医療保険』信山社．

Hauck, Ernst, 1999, Kommentierung zu § 35 SGB V, in: Peters, Horst (Hrsg.), Handbuch der Krankenversicherung Teil II - Sozialgesetzbuch V, Bd. 2 (Loseblatt).

Hencke, Ulrich, 2005, Kommentierung zu § 129 SGB V, in: Peters, Horst (Hrsg.), Handbuch der Krankenversicherung Teil II - Sozialgesetzbuch V, Bd. 3 (Loseblatt).

Hess, Rainer, 2003, Kommentierung zu § 130 SGB V, in: Kasseler Kommentar. Sozialversicherungsrecht, Bd. 1 (Loseblatt).

Hess, Rainer, 2004a, Kommentierung zu § 91 SGB V, in: Kasseler Kommentar. Sozialversicherungsrecht, Bd. 1 (Loseblatt).

Hess, Rainer, 2004b, Kommentierung zu § 92 SGB V, in: Kasseler Kommentar. Sozialversicherungsrecht, Bd. 1 (Loseblatt).

Hess, Rainer, 2004c, Kommentierung zu § 35 SGB V, in: Kasseler Kommentar. Sozialversicherungsrecht, Bd. 1 (Loseblatt).

Hess, Rainer, 2005, Kommentierung zu § 106 SGB V, in: Kasseler Kommentar. Sozialversicherungsrecht, Bd. 1 (Loseblatt).

Höfler, Korbinian, 2004, Kommentierung zu § 31 SGB V, in: Kasseler Kommentar. Sozialversicherungsrecht, Bd. 1 (Loseblatt).

Quaas, Michael / Rüdiger Zuck, 2004, Medizinrecht.

第8章 ドイツ医療保険における定額設定制度について [257

Rixen, Stephan, 2005 a, Wettbewerb im Gesundheitswesen zwischen Gewährleistungsstaat und Grundrechtsschutz. Am Beispiel der Regulierung des Arzneimittelmarktes durch Festbeträge, in : Schmehl, Arndt und Astrid Wallrabenstein (Hrsg.), Steuerungsinstrumente im Recht des Gesundheitswesens, Bd. 1 : Wettbewerb, S. 109–130.

Rixen, Stephan, 2005 b, Sozialrecht als öffentliches Wirtschaftsrecht. Am Beispiel des Leistungserbringerrechts der gesetzlichen Krankenversicherung.

Schuler-Harms, Margarete, 2006, Grundrechte als Rahmen verschiedener Kooperationsformen im Gesundheitswesen, in : Schmehl, Arndt und Astrid Wallrabenstein (Hrsg.), Steuerungsinstrumente im Recht des Gesundheitswesens, Bd. 2 : Kooperation, S. 23–48.

Wigge / Wille, 2006, Die Arzneimittelversorgung im Vertragsarztrecht, in : Schnapp, Friedrich E. und Peter Wigge (Hrsg.), Handbuch des Vertragsarztrechts. Das gesamte Kassenarztrecht, 2. Aufl., § 19 (S. 532–592).

第9章 国境を超える社会

トランスナショナル社会運動

大串和雄

1］はじめに

　1999年11〜12月，WTOの第3回閣僚会議に合わせて，無差別な新自由主義的グローバル化に抗議する数万人の人々がシアトルの街頭を埋め尽くした．その後IMF・世銀会議，G8サミット等でも数万人規模の動員が繰り返され，世界中から注目を浴びた．対イラク戦争に反対する2003年3月21日の抗議行動では，世界中で1000万人がデモに参加したと言われる（稲葉，2005，191頁）．

　増えているのは異議申し立てだけではない．条約の起草や実施のプロセスにおいても，国際NGOのような非政府アクターが重要な役割を果たすようになってきている．たとえば1997年には，NGOのネットワークである地雷禁止国際キャンペーン（ICBL）が，一部の中堅国家と連携して対人地雷全面禁止条約を成立させ，コーディネーターのジョディ・ウィリアムズ（Jody Williams）とともにノーベル平和賞を受賞した．

　これらは，ここ数十年間に活発になってきた国境を超える社会運動の一部に過ぎない．もちろん，カトリック教会，犯罪組織，ディアスポラのように国境を超えて活動を行なう非国家行為主体は古くから存在したし，政党や労働運動のインターナショナルも以前から活動してきた．しかし，NGOやシンクタンクが重要なアクターとして登場してきた点，それらの新しいアクターが展開する活動の規模と範囲，および（多くの場合）その活動の専門性の点で，われわれは新しい現象を前にしていると言える（Cf., Josselin and Wallace, 2001, p. 252).

　本章においては，国境を超えた活動を展開する社会運動を「トランスナショナル社会運動」と呼び，その特徴とその意義を考察する．始めにこの用語の定義について明確にしておこう．本章では「社会運動」という言葉で，社会または国家の規範，行動，または構造を変えるために協働する人々の集合を意味する．そのような人々は社会変革を目的とする組織に属していることもあるし，研究所，教会といった他の目的を持つ組織が，組織全体として社会運動に従事することもありうる．また，組織されていない人々が共通の目的のために動員される場合も，ここで言う社会運動に含まれる．さらに，広範な民衆を動員しない NGO も，上記の定義に当てはまる限り社会運動の一部である．

　社会の規範・行動・構造を変えることを目指している場合でも，狭義の宗教活動と一般教育組織は社会運動から除外する．宗教組織が信者の獲得を目指したり，信者の義務としての行動を説く場合には，狭義の宗教活動である．これに対して，宗教組織がその世界観に基づいて非信者を含めた人々一般の規範・行動の変革を試みる場合には，これを社会運動に含める．また，経営者団体の運動のようにエリートが集合的自己利益のために行動する場合は，本章で定義する社会運動には含まれるが，本章の考察対象からは除外する．

　社会運動が国境を超えて活動しているとき，これを本章では「トランスナショナル社会運動」と呼ぶ．複数の国に構成員を持つ場合にのみトランスナショナル社会運動と呼ぶ立場もあるが（E.g., Tarrow, 2001, p. 11），本章では一国内で組織された社会運動が国境を超えて活動する場合にもトランスナショナル社会運動である[1]．なお，トランスナショナル社会運動に対する筆者の関心はラテンアメリカの人権ネットワークに対する関心に由来するものであり，その視点が本章にも反映されていることをあらかじめ述べておきたい．

　以下，2］では国境を超えて活動する社会アクターの研究史を簡単に振り返り，3］ではトランスナショナル社会運動増加の実態とその背景要因を分

---

  1) Rucht（1999, p. 207）が指摘するように，トランスナショナルな運動というときにトランスナショナルであるのは，争点，ターゲット，動員，組織のいずれでもありうる．本章では，ターゲット，動員，組織のいずれかが国境を超えていればトランスナショナル社会運動となる．

析する．4］ではトランスナショナル社会運動を分類してその多様性を示し，5］では近年のトランスナショナル社会運動に特徴的な形態であるネットワークについて考察する．6］ではトランスナショナル社会運動の有効性に言及する．

2］ 国境横断的社会アクターの研究史

　トランスナショナル社会運動は，国際関係論と社会運動論とが交錯する研究対象である．国際関係論では，1970年前後から1970年代後半にかけて，トランスナショナル関係論（Transnational Relations）が注目を浴びた[2]．1969年にドイツで刊行されたカール・カイザーの論文とコヘイン，ナイ編の1971年の論文集がその嚆矢であった（Kaiser, 1971 ; Keohane and Nye, 1972）．これらの研究は，主権国家を代表する政府間の相互作用に専ら注目していた従来の国際関係観を乗り越え，多国籍企業・NGO などの社会アクターや政府間組織など，多様なアクターが国境を超えて織りなす様々な相互作用に注意を促した．

　このようにトランスナショナル関係論は，少なくとも一方の当事者が「非国家行為主体（non-state actor）」である国境を超えた相互作用に注目したわけであるが，「非国家行為主体」には政府間組織，多国籍企業，教会，革命運動などきわめて多種多様なアクターが含まれていたため，最も抽象的な記述以上には，単一の枠組みで意味のある分析をすることができなかった（Risse, 1999, p. 377）．また，1970年代の研究は第1に多国籍企業，第2に政府間組織が中心であり，NGO などトランスナショナル社会運動にあたるものが占める比重は小さかった[3]．

　1970年代末以降，トランスナショナル関係論は下火になり，国際関係論はネオリアリズムとネオリベラリズムの対抗関係に支配された．両者は国家間の協力の可能性について意見を異にしていたが，国家アクターを重視し，

---

[2]　トランスナショナル関係論の研究史については，Risse（2002, pp. 256-259）が簡潔で特に有益である．
[3]　実際，Nye and Keohane（1972）が展開する一般論は多国籍企業に引きずられており，他のトランスナショナル関係には当てはまらないことが含まれていた．

非国家行為主体を軽視することにおいては共通していた.

1990年代以降,トランスナショナル関係と非国家行為主体に対する研究関心は再び高まった.その背景要因として,現実世界においては,グローバル化の進展,国境を超える社会アクターの増加と活性化,いわゆる地球的問題群への関心の高まりを指摘できる.地球的問題群に対処するグローバル・ガバナンスの議論においては,非国家行為主体にも明確に役割が与えられた.また理論的背景要因としては,コンストラクティヴィズムの登場による観念 (ideas) の重視がある.コンストラクティヴィストのすべてがエージェンシーの役割を重視したわけではなかったし,エージェンシーを重視するコンストラクティヴィストの中には国家に注意を集中する者も存在した.しかし多くのコンストラクティヴィストは,規範・フレームの創出・普及における社会アクターの役割にも注目したのである (Schmitz, 2000, p. 87).こうして,1970年代のトランスナショナル関係論では脇役に過ぎなかったトランスナショナル社会運動は,1990年代以降には重要な研究対象となった.

社会運動研究の分野では,米国における集合行動論,資源動員論,政治過程アプローチと,ヨーロッパにおける新しい社会運動論とはともに,一国内の社会運動を研究対象としてきた.しかし1990年以降,国境を超える社会運動に関する研究が活発化した.国際関係論においてトランスナショナル社会運動研究を担うのが主として若い研究者であるのに対して,社会運動研究の分野では,すでに社会運動研究で名を成している大御所・中堅も積極的に研究に取り組んでいる.

1990年代初頭以降,国際関係論出身の研究者と社会運動論出身の研究者とがトランスナショナル社会運動の研究において交流しており (Tarrow, 2001, p. 9),その研究は飛躍的に増加している.

3] トランスナショナル社会運動の増加

トランスナショナル社会運動の増加を直接に計る指標は存在しない.しかし,ジャッキー・スミスらは,トランスナショナル社会運動で中心的役割を果たしている「トランスナショナル社会運動組織」(Transnational Social Movement Organization, 以下 "TSMO" と略称) の数の推移について,国際団

表1　「トランスナショナル社会運動組織」(TSMO)の数と型の推移(1953～1993年)

分野	1953	1963	1973	1983	1993 (年)
人権	33 (30%)	38 (27%)	41 (22%)	79 (23%)	168 (27%)
世界秩序	8 (7%)	4 (3%)	12 (7%)	31 (9%)	48 (8%)
国際法	14 (13%)	19 (13%)	25 (14%)	26 (7%)	26 (4%)
平和	11 (10%)	20 (14%)	14 (8%)	22 (6%)	59 (9%)
女性の権利	10 (9%)	14 (10%)	16 (9%)	25 (7%)	61 (10%)
環境	2 (2%)	5 (4%)	10 (6%)	26 (8%)	90 (14%)
開発	3 (3%)	3 (2%)	7 (4%)	13 (4%)	34 (5%)
民族統一／集団の権利	10 (9%)	12 (9%)	18 (10%)	37 (11%)	29 (5%)
エスペラント	11 (10%)	18 (13%)	28 (15%)	41 (12%)	54 (9%)
総数	110	141	183	348	631

出所：Keck and Sikkink, 1998, p. 11.

体連合 (UIA: Union of International Associations) による『国際組織年鑑』(Yearbook of International Organizations) のデータを基にして調査している．本章のトランスナショナル社会運動の定義とは異なり，UIA が定義する国際 NGO は会員，役員，議決権，財源が少なくとも3カ国以上にわたらなければならない．他方で，『国際組織年鑑』には多種多様な団体が含まれているが，スミスらはそれらのうち何らかの社会的・政治的変革を目的とする団体のみをカウントし，さらにそこから，基金，財団，研究所，宗教団体，交流団体，サービス提供団体，一般教育組織を除外した数字を "TSMO" の数として採用している．このデータによれば，1970年代以降，"TSMO" は加速的に増加する傾向にある (Smith, 1997; Keck and Sikkink, 1998, p. 11; Sikkink and Smith, 2002; Smith, 2004; Smith and Bandy, 2005; Smith, 2005)．表1と表2は，"TSMO" の数と活動分野の推移を表わしたものである．

　トランスナショナル社会運動が増加する背景として指摘される要因には，以下のものが含まれる[4]．

　第1は，運輸・通信技術の発展である．航空運賃の低下，ファクス，インターネットの発達は，国境を超えた動員と組織化を大幅に容易にした．

　第2の要因は，地球環境問題など，一国で解決できない問題が登場したことである．

---

[4] 冷戦の終焉を原因として挙げる文献も多いが，旧ソ連・東欧などの地域を除けば，冷戦終焉の影響は間接的かつ副次的であるように思われる．

表2 「トランスナショナル社会運動組織」(TSMO)の数と型の推移(1973～2000年)

分　野	1973	1983	1993	2000（年）
人　権	41 (22%)	89 (26%)	200 (28%)	247 (26%)
環　境	17 (9%)	43 (12%)	126 (18%)	167 (17%)
平　和	21 (12%)	37 (11%)	82 (11%)	98 (10%)
女性の権利	16 (9%)	25 (7%)	64 (9%)	94 (9%)
開発／エンパワーメント	8 (4%)	15 (4%)	52 (7%)	95 (10%)
グローバルな公正／環境	7 (4%)	13 (4%)	30 (4%)	109 (11%)
複数争点の組織*	18 (10%)	43 (12%)	82 (12%)	161 (17%)
総　数	183	348	711	959

＊　この型は他の型，特にグローバルな公正のカテゴリーと一部重複している．
出所：Smith, 2005, p. 233．ただし，1973年の複数争点組織のパーセンテージは実数 (18) に合わせて訂正した．

　第3に，意識のグローバル化，すなわち地球的意識を持つ人々が増加していることが挙げられる．地球的意識とは，世界が一つであり，世界の他の人々とつながっているという意識，および，国家主権よりも人類共通の課題の解決が重要だという意識を指している．この意識により，遠い他国の人権侵害のように，環境汚染とは異なって国境を超えて広がるわけではない問題に対しても，国外から関心を持つ人が増えている．

　第4に，経済のグローバル化が挙げられる．経済がグローバル化し，国家間の政策協議・調整が増加して，国家の対外的自律性が相対的に低下した結果，社会運動のターゲットが自国の国家からグローバル経済の管理に関わる国際機構，多国間協議制度などに移る傾向がある．また，多国籍企業と国境を超えた企業活動の重要性の増大は，企業の社会的責任を追及するトランスナショナルな運動を生み出すことにつながっている．

　第5に，国際機構の増加とその重要性の増大が挙げられる．まず，国際機構の重要性の増大によって，国際機構自体が運動のターゲットになる．世界銀行やIMFに対する抗議運動はその典型である．第2に，国際機構の存在は，国際機構を舞台にした条約交渉や国際会議など，NGO等の社会アクターが国際的な場に参加する機会を増加させる．第3に，このような国際的な場は，社会アクターにまたとないネットワーキングの機会を提供する．第4に，国際機構は，共通の意識やフレームを普及させるのに重要な役割を果たしている．第5に，国際機構の会議に参加した社会運動組織は国内で威信を高め，政府の弾圧を受けにくくなるという効果もある (Florini, 2000a, pp. 224

-228; Uvin, 2000, p. 20).

　トランスナショナル社会運動が増加する第6の背景要因として，民主化の進展が挙げられる．民主化はトランスナショナル社会運動の基礎となる国内市民社会の成長を促すとともに，国外から人，モノ，情報を入りやすくしている．

4〕 トランスナショナル社会運動の分類

　トランスナショナル社会運動やそれに類似するアクターの呼び方は様々である．たとえば，トランスナショナル市民社会（transnational civil society），トランスナショナル・アドボカシー・ネットワーク（transnational advocacy networks），トランスナショナル社会運動組織（transnational social movement organizations），NGO（non-governmental organizations），グローバル社会運動（global social movements），グローバル社会変革組織（global social change organizations），国際争点ネットワーク（international issue networks），地球市民社会（global civil society），地球社会（global society），国際市民社会（international civil society）などの用語が使われており，それらの用語に含まれるアクターの範囲や対象を捉える視点は微妙に異なっている（Cf., O'Brien et al., 2000, p. 12) [5]．

　本章で定義したトランスナショナル社会運動の中にも様々なタイプのものがある．その多様性は，トランスナショナル社会運動の分類によって容易に観察できる．いくつかの基準を組み合わせて理念型を構築することもできるが，ここでは個々の基準による分類を表3に示した．

---

5) トランスナショナル社会運動と部分的に重複する研究領域に，グローバル・ガバナンスがある．見方によっては，トランスナショナル社会運動はグローバル・ガバナンスの一翼を担う．しかし，トランスナショナル社会運動研究とグローバル・ガバナンス研究とでは，ニュアンスに違いがある．前者においては社会運動が他のアクターに働きかけ，その規範や行動を変えようとする対立と闘争の側面が強調されるのに対して，グローバル・ガバナンスという場合には，ガバナンスに参加する諸アクターの外に源がある諸問題に諸アクターが協力して対処するというイメージがあるからである．アクター間の利害や意見の相違が無視されるわけではないにしても，それらの相違は調整の対象として二義的に扱われる．グローバル政策ネットワーク（global policy network）概念（Reinicke, 1999/2000）も，政府機関，企業，市民社会組織の関係を調和的に捉えるイメージであり，本文に挙げた他の概念とは異なっている．

表3　トランスナショナル社会運動の分類

活動のタイムスパン	短期，恒常的
構成員の範囲	複数国，一国内
組織の凝集性	一元的組織，集権性の強い連合体，ネットワーク型組織，非組織ネットワーク
組織の構成単位	国別支部，組織，個人
構成員の社会階級	下層階級，中産階級以上
専門性の程度	非専門集団，専門集団
利益の種類	集合的自己利益，他者利益，全体利益
活動の動機	道具的動機，因果観念，価値意識
争点	単一争点，複数の争点または広い社会変革
機能	アドボカシー，サービス提供，(教育)，混合型

出所：筆者が作成

まずトランスナショナル社会運動の**活動のタイムスパン**は，短期的目的のために存在する運動と，長期にわたって存続することが想定されている運動とがある．もちろん，恒常的な運動が活動の一環として短期的キャンペーンを行なうこともあるが，短期的キャンペーンだけのために運動が結成されることもある．その場合は，既存の組織や活動的個人によるネットワークの形態を取ることが多い．ただし，短期的目的のために結成された組織・ネットワークがその達成に成功または失敗した後で，新たな目標を掲げて存続または再編することもある．

構成員の範囲は，一国内のアクターが国境を超えて活動する場合と，構成員が複数の国にまたがっている場合とがある．これまでトランスナショナルなキャンペーンでは，複数の国にメンバーを持つ NGO が中核的役割を果たしていた．しかし最近のトランスナショナルな動員では，国内の組織・運動の比重が増している (della Porta and Tarrow, 2005, pp. 11-12)．

トランスナショナル社会運動は，運動の**組織の凝集性**によって一元的組織 (unitary structure)，集権性の強い連合体，ネットワーク型組織，非組織ネットワークに区別することができる．後二者の比重が高まっているのが近年の傾向であるが，これらについては後述する．また，運動がフォーマルな組織である場合，**組織の構成単位**は組織の場合と個人の場合とがある．構成員が複数の国にまたがる組織の場合には，国ごとの支部の連合体 (federation) の場合も多い．

構成員の社会階級については，下層階級中心の民衆運動・組織と，高等教

育を受けた中産階級以上が中心となる運動・組織とに大別しうる．また，活動の**専門性の程度**によって，非専門集団と専門集団とに分類できる．

追求する**利益の種類**は，集合的自己利益，他者利益，全体利益（人類または社会全体に共通する利益）の3種類に分類することができる．集合的自己利益の追求は，直接の利害関係者自らが運動の主体となる場合である．労働運動が代表的であるが，ダム開発で立ち退きを迫られる住民や鉱山開発で環境汚染の被害を受けた住民が国境を超えて他のアクターに働きかける場合などもこれに当たる．他者利益追求の例としては，先進国の人々による難民支援や飢饉救済のための募金活動が挙げられる[6]．

構成員の社会階級，活動の専門性，利益の種類の3つの基準はしばしば重なり合う．教育等の資源に乏しい下層階級が中心で活動の専門性が低く，自分たちの状況を改善するために活動する組織を「草の根組織（grassroots organization）」と呼び，中産階級以上が中心で活動の専門性が高く，他者利益または全体利益のために活動する組織を「NGO」として区別することも可能である．

「NGO」はもともと国際機関に参加する非政府組織を指した言葉であるが，やや広義には，「営利を目的とせず，政権に到達・参加することを目的とせず，政府に対して自律性を持ち，暴力的手段を用いずに，何らかの公共性がある利益の実現を図る組織」と定義できよう[7]．しかしNGOを狭義に解して，上記のように草の根組織と対比させることも多い．特に社会経済開発の分野においては，中間NGO（intermediary NGO）が草の根組織を支援するというのがしばしば見られるパターンである（Carroll, 1992）．

なお，本章とは異なり，NGOを社会運動から区別する立場もある．しか

---

[6] 目加田（2003, 5-6頁）は，自身の「トランスナショナル・シビルソサエティ」の定義の一部として，「1ヵ国・1地域の特定利益を代弁するのではなく，『地球規模の問題意識』を推進力として活動していること」を前提にしている．本章のトランスナショナル社会運動の定義は，そのような意識を要件としない．しかし，直接の利害関係者による運動であっても「地球規模の問題意識」を持つに至ることはありうる．たとえば，アルゼンチンの軍事政権に子どもを拉致・殺害された「五月広場の母」が他国の人権侵害の被害者と連帯する場合がそれである．

[7] 非営利セクターであっても，宗教団体や通常の学校教育組織は普通NGOから除外される．これに対して，たとえば学校に行けないストリート・チルドレンに教育を施したり，下層階級の意識を高める活動を行なう教育組織は，NGOと考えられている．もっとも，国連諸機関の協議資格が与えられている「NGO」の幅はここで述べた定義よりもかなり広い．

し筆者には，NGO を社会運動から強いて除外することに分析上のメリットがあるようには思われない．Gordenker and Weiss (1995, p. 378) は，NGO は社会運動と異なって政治権力構造 (polity) の一部として許容され，意思決定過程において彼らの利益を代表することができるとしているが，NGO にも社会運動にもいろいろある．たとえば，急進的な社会変革を目指す NGO は多くの場合意思決定過程から排除されている．また Tarrow (2001, pp. 11-12) は，街頭における闘争を行なう社会運動とロビイングなどの活動を行なう NGO とを区別すべきだと主張している．しかし，たとえば多くの人権 NGO は，条約作成過程への参加やロビイングのようなエリート交渉の場における活動と，街頭デモのような大衆行動とを組み合わせて用いている．むしろ動員・闘争と説得・交渉を組み合わせることが効果的な戦略なのである (Cf., Fisher et al., 2005, p. 104).

多くの場合，トランスナショナル社会運動の中心を成すのは狭義の NGO である．しかし近年は，草の根の人々自身が（しばしば NGO の支援を受けながら）国境を超え，経験を共有したり，共闘したりする例も増えつつある．中には，アドホックな交流や共闘にとどまらず，組織化に至る場合もある．もちろん，労働運動は下層階級による国際的組織化の先駆者であった．しかし近年目立つのは，先進国の労働者が中心であった国際労働運動とは異なり，途上国の下層階級（「周辺の周辺」）がより重要な役割を果たす国際的組織化である．1970 年代に組織化を開始したトランスナショナルな先住民運動はその嚆矢とも言えよう (Maiguashca, 1994). また，農業従事者の国際的組織化は 20 世紀初頭から存在したが，1980 年代以降，中小・零細農民の利害を代表する農民運動の国際的ネットワーク作りが加速した (Edelman, 2003). また 1990 年代には，都市スラム住民の国際組織「小屋・スラム住民インターナショナル」(Shack/Slum Dwellers International) なども誕生している (Batliwala, 2004; Patel, Bolnick and Mitlin, 2001).

活動の動機に関連して Keck and Sikkink (1998, p. 30) は，トランスナショナル・ネットワークの 3 つの種類として，①本質的に道具的動機を持つもの，②主として因果観念を動機とするもの，③主として価値意識を動機とするものに分類している．ここで①は営利を動機とする多国籍企業等を指し，②は科学者集団，認識共同体 (epistemic communities) を指し，③はアドボ

カシー・ネットワークを指している[8]．表3の3分類はこれにやや近いが，表3の「道具的動機」とは営利的動機を指すのではなく，自分たちの状況を改善するという動機を指している（すなわち，集合的自己利益を追求する場合に重なる）．表3の「因果観念」「価値意識」が意味するところはケックとシキンクの用法と同じである．ただし，価値意識を動機とするのはアドボカシー団体に限らない．たとえばフェア・トレードや難民救援など，弱者との連帯活動の多くは価値意識に支えられている．従って，価値意識を動機とするトランスナショナル社会運動は，アドボカシー・ネットワークを含むが，それよりも広い．また，科学者集団や認識共同体がアドボカシー・ネットワークに加わることもあるので，活動の動機の分類はアクターの種類と1対1で対応しない[9]．

争点に関しては，単一の争点（より正確に言えば，たとえば女性の権利のように，比較的限定された分野における様々な争点）を追求する運動と，複数の分野を組み合わせたり，「グローバルな社会的公正」のように内容の幅が広い分野を対象とする運動とに区別しうる．近年の傾向は，後者の運動が増加していることである（della Porta and Tarrow, 2005, p. 12；Smith, 2004, pp. 62–63；Smith, 2005, pp. 233–236）．

トランスナショナル社会運動の中でもNGOの**機能**は，大きくアドボカシーとサービス提供とに分けられる．どちらの機能に特化しているかによってNGOを分類することがしばしば行なわれる．

サービス提供型のNGOが社会運動の一部であるのかという疑問が出るかも知れない．これは定義次第とも言えるが，サービス提供型のNGOであっても，サービス提供を通じて社会のあり方を変えるという意識を構成員が強く持っている場合には，社会運動として扱うことに意味があると筆者は考える．その理由は第1に，後述するように，サービス提供とアドボカシーを両方，いやむしろ相互補完的，表裏一体の活動として行なうNGOも多いから

---

[8] ケックとシキンクとはやや異なる認識共同体の定義としてHaas（1992, esp., pp. 3, 19）を参照．
[9] また言うまでもなく，一つのトランスナショナル社会運動の中でも，構成員の社会階級，利益の種類，活動の動機は非同質的でありうる．連合体やネットワークの場合にはその傾向が強くなる．さらに同一個人の中でも，動機は複合的でありうる．

であり，第2に，社会変革意識を持つ NGO の構成員は主観的意識においてしばしばアドボカシー活動に親近感を持ち，自らそれらの活動に参加する者も少なくないなど，広い意味でアドボカシー団体と同一のコミュニティに属しているからである．

　教育活動は，アドボカシーとサービス提供の中間的性格を持つ．Gordenker and Weiss (1995, pp. 377-380) は教育活動をアドボカシーに含めている．確かに，広く一般世論に訴えるようなタイプの教育活動はアドボカシーであろう．しかし，人権 NGO が治安判事など特定の対象者に研修を行なう場合や，国内紛争後の社会で特定の人々を対象に，人権の原則に基づいて和解を促進する人権教育を行なう場合はどうであろうか．この場合，規範や行動を変えようとする点ではアドボカシーと共通であるが，2つの点でそれとは異なっている．第1に，この場合，サービス提供と同様に働きかけの対象が特定されている．第2に，通常のアドボカシー活動においては，ターゲットの規範や行動を変えることは道具的意義を持っている．たとえばロビイングの場合は，ターゲットの規範や行動を変えることによって政策の変化を達成することが目的であるし，一般世論に訴えかける場合には，自分たちの目的実現に対する世論の支持を増すことが目的である．それに対して，上に挙げた教育活動では，活動対象の規範・行動の変化自体が目的である．

　NGO をアドボカシー型とサービス提供型（事業実施型）に分類することはよく行なわれるが，実際には両者の機能を相互補完的，表裏一体の活動として行なう混合型の NGO も多い．たとえば，人権 NGO は典型的なアドボカシー型 NGO であると言われることがあるが，多くの人権 NGO は，政治的動機による訴追を受けた人の弁護，難民の生活再建の援助，ストリート・チルドレンの支援等，サービス提供に当たる活動も行なっている[10]．

5〕ネットワーク

　近年のトランスナショナル社会運動を特徴づけているのは，ネットワークという形態である．スミスが定義する "TSMO" も，1980 年代頃から他の

---

[10]　たとえば，ペルーの人権 NGO の活動実態について大串 (2005) を参照．

NGO および政府間組織との結びつきを顕著に増加させている (Sikkink and Smith, 2002, pp. 41-42; Smith, 2004, pp. 65-66). ここではネットワークを，垂直的な指揮命令系統を持たず，参加者の討議を通じた水平的な調整により運営される集合体と定義しておこう．この集合体の構成単位には個人・組織の両方がありうる．ネットワークは通常，価値や目標を共有し，情報とサービスの流通に参加する (Cf., 三浦，2003, 61-62 頁; Sikkink, 1996, p. 61). 国境を超えたネットワーキングはトランスナショナル社会運動だけでなく，企業間，複数の国の省庁間など，他のアクターにも共通する傾向である[11]．社会運動の場合，ネットワーク内部では情報が交換され，研修等による学習が行なわれ，戦術などのノウハウが伝授され，場合によっては資金などの資源も移転される[12]．

　ネットワークが増えてきた原因として共通に指摘されるのは，運輸・通信技術の発展である．これによってネットワーク型組織がヒエラルヒー型組織や市場よりも有効になったとされる (Florini, 2000b, p. 24). しかしトランスナショナル社会運動のネットワークの場合には，他に 2 つの要因も重要であろう．

　第 1 は，異質なアクター間で協働する必要性である．アクター間で協働する必要性があっても，相互に異質なアクターを集権的組織に参加させることは困難である．特に近年では，環境保護，労働者の権利，女性の権利，先住民の権利，農民の権利，子どもの権利など多様な争点を扱う運動が，「新自由主義に反対するグローバルな社会的公正」というマスターフレームによっ

---

[11] 他の種類のアクターも含めたネットワーク一般については，三浦 (2003) が論じている．ただし，企業間ネットワークと社会運動のネットワークには成立過程や行動原理に大きな相違があり，それらを同一に論じることには，1970 年代のトランスナショナル関係論と同様の困難があることに注意しなければならない．たとえば，企業間ネットワークの場合には，特定の相手と特定の関係を結ぶことに意味がある．従って通常，ネットワークを成立させる前に慎重な交渉が行なわれる．しかし社会運動の場合，通常はネットワーク参加者を増やすこと自体に意味があり，メンバー増加が他のネットワーク構成員にもたらしうる負のコストやリスクは相対的に小さい．したがって，少数の原理・原則や目標に賛同し，場合によっては一定の参加費用を負担しさえすれば，ネットワークの構成員になることができる．

[12] もっとも，戦術やフレームの学習にネットワークは不可欠ではなく，単なるデモンストレーション効果による学習も起こりうる (Guidry, Kennedy and Zald, 2000, pp. 26-27). また，環境運動と女性運動が人権運動のキャンペーンから学んだように，ネットワーク間でも学習は行なわれる (Keck and Sikkink, 1998, p. 9).

て架橋され，協働してトランスナショナルなキャンペーンに従事することが多くなってきている (della Porta and Tarrow, 2005, p. 12). このように多様なアクターを組織するのは，緩やかなネットワーク以外では困難であろう.

第2に，文化的変化も指摘できる. 1960年代末以降に登場した「新しい社会運動」は，組織内部の民主主義と組織間の水平的調整を志向する組織文化を伴っていた. そのような集権性を嫌う性向が，今日の社会運動参加者にも見られるのである.

さて一口にネットワークと言っても，そこには様々な種類のものが存在する. 性質の異なるネットワークが同じ言葉で語られることによって，認識上の混乱を惹き起こしているように思われる. そこで，最低限の整理を行なっておく必要がある.

一つの重要な区別は，ネットワーク型組織と組織でないネットワーク（仮に「非組織ネットワーク」と呼ぶ）との相違である[13]. 組織の一形態としてのネットワーク型組織は，組織内部が分権的であり，構成員の自律性が相対的に高く，水平的調整を特徴とする. ジャッキー・スミスは，近年設立された"TSMO"では国別・地域別支部の連合体が減少し，組織または個人を構成単位とするものが増えていることから，"TSMO"の組織形態がより分権的なものになる傾向が見られると指摘している. すなわち，ヒエラルヒー型組織からネットワーク型組織へという大まかな傾向が観察されるのである (Smith, 1997, pp. 52-54, 58; Smith, 2005, pp. 235-236; Clark, 2003, p. 2). これに対して，非組織ネットワークの場合は，ネットワーク内部の統一的意思決定というものがそもそも存在しない. 場合によっては，構成員さえも確定していない. 構成員間の調整はまったく互いの合意に依存するインフォーマルなものである.

この両者の相違は，程度の違いとも言える. ネットワーク型組織の分権性が非常に大きく，組織の統一的意思決定が最小限であれば，非組織ネットワークとの区別は曖昧になる. たとえば，フォーマルな連合体ではあるが個々の構成員が連合体の決定に拘束されないネットワークの場合は (Gordenker

---

[13] やや似た区別としてYanacopulos (2005) を参照. また，ネットワーク構成員間の関係の「強度 (intensity)」による分類としてOliver (1991) を参照.

and Weiss, 1995, pp. 366-367), ネットワーク型組織と非組織ネットワークの中間的形態として捉えられるかも知れない.

しかしそれでも, ネットワーク型組織と非組織ネットワークとの区別を概念上明確にしておくことは, 混乱を防ぐために必要であろう. たとえば, 目加田 (2003) がネットワークの事例として取り上げている気候行動ネットワーク (CAN), 地雷禁止国際キャンペーン (ICBL), 国際刑事裁判所を求めるNGO連合 (CICC) は, いずれもネットワーク型組織である. それに対して, シキンクやケックが取り上げているラテンアメリカの人権ネットワークは非組織ネットワークである. このこの緩やかなネットワークには政府間組織のメンバー, 政策決定者の一部, マスメディアの一部のように, 特定の場面でときおり協力するアクターが含まれており, 構成員を確定することも難しい (Sikkink, 1993; 1996; Keck and Sikkink, 1998). 少なからぬ個人が政府間組織, 政府, 社会運動組織のポストを渡り歩き, しばしば社会運動組織のメンバーが国際会議において政府の代表団に加えられることが, このような非組織ネットワークの成立に寄与している.

非組織ネットワークは, ネットワーク内部における情報とサービスの流通がネットワーク型組織よりも疎であるとは限らない. しかし非組織ネットワークの場合, 構成員の自発性に依存する部分が大きいので, 構成員間の情報・サービスの流通密度はネットワーク内でばらつきがある. たとえば, ラテンアメリカの人権ネットワークの場合, 財団が主として接触するNGOは基本的に自らが資金を提供している団体に限られる. また, ラテンアメリカの大手のNGOと先進国に本拠を構える人権NGOとの交流密度は高いが, ラテンアメリカ国内の地方の中小人権団体の中には, 国際NGOとほとんど直接の接触がないものもある.

現代の特徴は, ネットワーク形態が普及した結果, 重層的ネットワークが形成されていることである. すなわち, ネットワーク型組織でも非組織ネットワークでも, その構成員自体がネットワークであって複数の組織や運動から成り立っていることが少なくない. また, 金 (2004, 119頁) が指摘するように, ネットワークの内部にしばしばサブ・ネットワークが形成されるし, 個々のアクターが複数のネットワークに同時加入するという複合性も観察される. もう一つの特徴として, ほとんどのトランスナショナル社会運動のネ

ットワークでは，国際または国内のNGOが中心的役割を担っていることを指摘できよう（Sikkink, 1993, p. 416; Keck and Sikkink, 1998, p. 9；目加田，2003，6頁）．

　ネットワークは，集権性が強い組織に比して統一的行動を迅速に行なうことができないという欠点がある．しかし他方で，構成員の自律性が高いために，各地のメンバー組織が地域の実情にあったアジェンダを設定することが可能になる（Bunch et al., 2001, p. 228）．また，性質の異なる構成員を含んでいる場合，活動や資源の相補性とシナジーが期待できるという利点がある．国際レベル・国内中央レベル・国内地方レベルの活動の相補性，専門知識が豊富で国際的アリーナの人脈に強い国際NGOと地域の実情に通じ，地域における正統性と代表性が高い草の根組織の相補性，条約交渉やロビイングなどのエリートの場における活動と街頭動員の相補性，構成員間の情報・技術（スキル）の交換と資金の流れなど，様々な相補性が挙げられる（E.g., Lahusen, 1999; Risse, 1999, pp. 388-389；目加田，2003，154-155頁）．Clark（2003, p. 3）は，NGO，労働組合，宗教組織，専門職組織，シンクタンクなど，異質のアクター間で協働する傾向が強くなっていることを指摘しているが，この傾向は活動の相補性を増すと考えられる．

　とりわけ，北と南の構成員間の協働は，潜在的にこのようなシナジーを最も有効に発揮しうる．北の構成員，特に開発やグローバルな公正など南の大義のために働くネットワークの北の構成員は，南の構成員と連携することによって自らの主張の正統性を高められる．南の構成員の側の潜在的利益としては，第1に，北の構成員から資金供与を受けたり，資金供与の仲介をしてもらうことができる．第2に，北の構成員は研修などによって南の構成員の能力開発を助けるとともに，（「利益」と言えるかどうかは微妙であるが）現実を解釈するフレームを提供する．第3に，政府間組織や先進国の政府に直接訴えかける術のない南の運動にとっては，北の構成員による代弁や紹介が重要である．第4に，北の構成員は南の構成員の要求に正統性を付与し，国際的監視によって活動家の安全確保に寄与することができる．南の国内の状況を変えるのに最も有効なのは，国外からの働きかけよりも南の国内の動員であるので，南の構成員を強化する機能は非常に重要である．

　また，南の運動は，自国の政府が応答的でない場合に他国の社会運動に働

きかけ，その社会運動から他国の政府や国際機関などを通じて自国の政府に圧力をかけてもらうことがある．ケックとシキンクが「ブーメラン・パターン」と名付けたメカニズムであるが (Keck and Sikkink, 1998, pp. 12-13; Risse, 2000, pp. 189-190)，この効果の追求はトランスナショナルなネットワークに参加することによって容易になる[14]．

しかし，分業と資源の相補性が存在するということは，完全な調和が存在することを意味するわけではない．大芝 (2003, 9, 11頁) が指摘するように，ネットワークの構成員の間には利害や見解の対立が起こりうる．もっともそれは，トランスナショナル社会運動のネットワークに限らず，国内社会も含めてあらゆるネットワークや組織に起こりうることである．国内社会でも，内部の不調和が大きすぎれば，その組織・ネットワークは機能不全に陥って消滅する．しかしそれでも人は組織やネットワークを作ろうとする．それは，種々のアクターが組織化やネットワーキングに有用性を見いだすからである．それとまったく同じことが，国境を超えて起こりつつある．特に，資源・活動の相補性のメリットが大きいということは，それだけ異なる種類のアクターを結びつけているということでもあるので，不調和のリスクは大きくなる．しかしリスクは大きくても，メリットが大きければネットワークを作る誘因が存在する．ネットワーク内部の調和を過大視せず，その不調和自体を考察することは重要であるが，他方で，ネットワークがトランスナショナル社会運動の力の主要な源泉の一つであり，資源の相補性を活かしたネットワークが急増していることもまた事実である[15]．

6] トランスナショナル社会運動の有効性

トランスナショナル社会運動の活動目標には，以下のものが含まれる．
　①特定の問題に注意を喚起する．

---

14) もちろん，本文で述べたようなネットワークの北の構成員と南の構成員との間の関係は，現実の世界の不平等を色濃く反映している．しかしここでのポイントは，このような協働がネットワーク構成員の目的実現に効果的でありうるという点にある．
15) ネットワーク内部の様々なタイプの対立について，たとえば Bandy and Smith (2005, pp. 237-240), Clark (2003, pp. 24-26) を参照．

②価値・規範やフレームを普及させる．
③政府や国際機関に特定の政策を採用させる．
④特定のアクター（政府，国際機構，多国籍企業等の民間アクター，個人）の行動を変える，あるいは特定の行動を取らせる．

トランスナショナル社会運動は，これらの目標の達成においていくつかの大きな成果を上げてきた．もちろん，世界政治の現状が国家中心であることは変わっていない．しかしそれでも，特に①②の機能においては，いくつかの分野で間接的ながら世界のあり方に大きな影響を与えてきたといえよう．たとえば，女性に対する暴力が国際的争点として認められるようになったのは女性運動のネットワークの働きかけによるところが大きかった．また，人権を国際的争点にしたのも人権団体の力によるところが大きい．ほとんどの政府の人権政策は，人権団体の圧力への対応として登場し，基本的に情報を人権ネットワークに頼っていたのである（Keck and Sikkink, 1998, p. 102, chap. 5）．

トランスナショナル社会運動の中核を成す NGO は，国際レジームの構築にも重要な役割を果たしてきた．NGO が条約制定に重要な役割を果たした例としては，拷問等禁止条約，ワシントン条約（絶滅のおそれのある野生動植物の種の国際取引に関する条約），子どもの権利条約，砂漠化対処条約，生物多様性条約，対人地雷禁止条約，国際刑事裁判所規程等が挙げられる（Cf., Ritchie, 1995, p. 521）．国際レジーム構築への貢献は，特に人権分野で顕著であり，国連憲章に人権の言語が挿入されたことにも NGO の力が大きかったとされる（Sikkink, 1993, pp. 417-418; Keck and Sikkink, 1998, pp. 85-86）NGO の貢献は条約の内容にとどまらず，条約制定プロセスの透明性を高めたことにも認められる．

トランスナショナル社会運動の有効性を支える資源には，①情報・知識，②動員力，③正統性の3種類が挙げられる．

正確な知識と情報は根本的な資源である（Cf., Keck and Sikkink, 1998, pp. 18-22; 目加田，2003，158-163頁; Arts, 1998, pp. 257-259）．国際人権センターの元所長は，「われわれの情報の 85% は NGO から来ていた」と語っている．1970年代のアルゼンチンの軍事政権に対する米国の初期の政策は，国務省や大使館経由の情報ではなく，アムネスティ・インターナショナル等の

NGOが提供する情報に頼っていた（Keck and Sikkink, 1998, pp. 96, 105）．情報は専門性の高いNGOの独壇場ではない．地域に根を張った現地組織がなければ，正確な情報を外部に伝えることは難しい．人権の分野では，人権団体が発達している国の人権侵害の情報が即座に世界に流れるのに比べて，そのような団体の発達が乏しい国の情報は流れにくい（Sikkink, 1996, p. 76）．一国内部でも，人権団体が存在しない地域の人権侵害の犠牲者は救済されずに終わる確率が高くなる[16]．

　トランスナショナル社会運動における大衆動員の比重は，国内社会運動に比べて一般に小さい（Alger, 1997, p. 267）．しかし，新自由主義的グローバル化に反対する最近のトランスナショナルなキャンペーンにおいては，街頭の動員と激しい戦術が多くなる傾向が見られる．

　トランスナショナル社会運動の第3の資源である正統性の根拠は，社会運動の主張が正義にかなうか，何らかの意味で公益を代表しているという人々の認識に存する（Cf., Risse, 2000, p. 186）．トランスナショナル社会運動は，自らの正統性の根拠として代表性もしばしば主張する．しかしNGO型組織による代表性の主張は困難であるし，草の根型の組織であっても，その代表性の度合いは様々である．

　トランスナショナル社会運動の有効性は，国内社会運動と同様に，自らの資源だけでなく環境条件（「政治的機会」）にも依存する．それらの条件は無数にあるが，主要な条件として以下のものを挙げることができる（Cf., Bandy and Smith, 2005, pp. 232-237; Arts, 1998, chap. 6）．

　第1に，国際機関の存在が重要である（[3]参照）．

　第2に，条約に制度化された規範の存在は，トランスナショナル社会運動の主張の正統性を高めるとともに，条約の規定がモニタリングの機会を提供する．たとえば，政府報告書に対するカウンターレポート，条約再検討会議への参加，人権分野の個人通報制度などの機会である．

　第3に，第2点とも関わるが，一般に国際規範が社会運動の信条と一致していることが社会運動の有効性を増す．Khagram, Riker and Sikkink（2002b, p. 15）は，一定数以上の国が持っている規範と，トランスナショナ

16）ペルーの事例につき，大串（2005, 29頁）を参照．

ルなネットワーク・連合・運動が持つ信条とを区別することを主張している．両者がすでに一致していれば，前者の国際規範はトランスナショナル社会運動にとっての資源・政治的機会となる．もし一致していなければ，社会運動は自らの信条を国際規範にしようと努力する[17]．

　トランスナショナル社会運動の有効性は資源や政治的機会だけでなく，争点の性格にも依存する．たとえば Risse（2002, p. 265）は，トランスナショナル・アドボカシー・ネットワークの国際政策サイクルへの影響力について，それはアジェンダ設定と条約実施の局面で重要であるが，条約制定の局面では国家が中心になると指摘している（Risse, 2002, p. 265）．また Arts（1998, p. 233）は，気候変動枠組み条約と生物多様性条約の交渉において，政治的重要性が低いトピックにおいて NGO の影響力が大きくなる傾向を指摘している．

　本章では，国家―社会関係の一側面として，現在の世界で比重を増しつつあるトランスナショナル社会運動を取り上げ，その特徴を概観した．もっとも，トランスナショナル社会運動は，国境を超える活動を展開する唯一の社会アクターではない．多国籍企業，ディアスポラ，宗教団体，テロリスト集団なども，同様に国境を超えて活動する．それらの相異なるアクターを一緒にして「脱国家的社会アクター」，「非国家行為主体」の共通の性質を分析することに意味があるとは思えないが，国家が構成単位とされる現代の国際秩序や国家―社会関係を考える上では，トランスナショナル社会運動だけでなく，それらの多様な社会アクターが考慮に入れられるべきである．

　いずれにせよ，トランスナショナル社会運動が持つ独自の意義に鑑みれば，このアクターに関するさらなる研究が必要とされていることは間違いない．

---

17) もっとも，トランスナショナルなアクターの信条も，アプリオリに存在する固定的なものとは限らない．特に，トランスナショナルなネットワークの一部を成すアクターが，ネットワークに参加する中で，自らのフレームやアイデンティティを変容させていくプロセスが存在する．ペルーの人権団体の活動家が，トランスナショナルなネットワークの中で人権の言語とフレームを内面化し，アイデンティティを変容させていったことはその好例である．

[文　献]

稲葉奈々子,2005,「国境を越える社会運動」梶田孝道編『新・国際社会学』名古屋大学出版会,179-198頁.
大串和雄,2005,「ペルーの人権NGO──その組織と活動」岩村正彦＝大村敦志編『融ける境　超える法　1　個を支えるもの』東京大学出版会,3-57頁.
大芝　亮,2003,「国際NGOの理論的分析」国際問題519号2-11頁.
金　敬黙,2004,「北朝鮮食糧危機をめぐるNGOの活動とそのジレンマ」国際政治135号114-132頁.
三浦　聡,2003,「ヘテラーキカル・ソサエティ」国際政治132号58-76頁.
目加田説子,2003,『国境を超える市民ネットワーク』東洋経済新報社.

Alger, Chadwick F., 1997, "Transnational Social Movements, World Politics, and Global Governance," Smith, Jackie, Charles Chatfield and Ron Pagnucco (eds.), *Transnational Social Movements and Global Politics*, Syracuse University Press, pp. 260-275.
Arts, Bas, 1998, *The Political Influence of Global NGOs*, International Books.
Bandy, Joe and Jackie Smith, 2005, "Factors Affecting Conflict and Cooperation in Transnational Movement Networks," Bandy, Joe and Jackie Smith (eds.), *Coalitions across Borders*, Rowman & Littlefield, pp. 231-252.
Batliwala, Srilatha, 2004, "Grassroots Movements as Transnational Actors," Taylor, Rupert (ed.), *Creating a Better World*, Kumarian Press, pp. 64-81.
Bunch, Charlotte et al., 2001, "International Networking for Women's Human Rights," Edwards, Michael and John Gaventa (eds.), *Global Citizen Action*, Lynne Rienner, pp. 217-229.
Carroll, Thomas F., 1992, *Intermediary NGOs*, Kumarian Press.
Clark, John, 2003, "Introduction," Clark, John (ed.), *Globalizing Civic Engagement*, Earthscan, pp. 1-28.
della Porta, Donatella and Sidney Tarrow, 2005, "Transnational Processes and Social Activism," della Porta, Donatella and Sidney Tarrow (eds.), *Transnational Protest and Global Activism*, Rowman & Littlefield, pp. 1-17.
Edelman, Marc, 2003, Transnational Peasant and Farmer Movements and Networks," Kaldor, Mary, Helmut Anheier and Marlies Glasius (eds.), *Global Civil Society 2003*, Oxford University Press, pp. 185-220.
Fisher, Dana R. et al., 2005, "How Do Organizations Matter?" *Social Problems*, vol. 52, pp. 102-121.
Florini, Ann M., 2000a, "Lessons Learned," Florini, Ann M. (ed.), *The Third Force*, Japan Center for International Exchange, pp. 211-240.
Florini, Ann M., 2000b, "Who Does What?: Collective Action and the Changing Nature of Authority," Higgott, Richard A., Geoffrey R. D. Underhill and Andreas Bieler (eds.), *Non-State Actors and Authority in the Global System*, Routledge, pp. 15-31.
Gordenker, Leon and Thomas G. Weiss, 1995, "Pluralising Global Governance,"

Third World Quarterly, vol. 16, pp. 357-387.
Guidry, John A., Michael D. Kennedy and Mayer N. Zald, 2000, "Globalizations and Social Movements," Guidry, John A., Michael D. Kennedy and Mayer N. Zald (eds.), *Globalizations and Social Movements*, University of Michigan Press, pp. 1-32.
Haas, Peter M., 1992, "Introduction: Epistemic Communities and International Policy Coordination," *International Organization*, vol. 46, pp. 1-35.
Josselin, Daphné and William Wallace, 2001, "Non-state Actors in World Politics: The Lessons," Josselin, Daphné and William Wallace (eds.), *Non-state Actors in World Politics*, Palgrave, pp. 251-260.
Kaiser, Karl, 1971, "Transnational Politics: Toward a Theory of Multinational Politics," *International Organization*, vol. 25, pp. 790-817. *Politische Vierteljahresschrift* 所収の 1969 年の論文の改訂版.
Keck, Margaret E. and Kathryn Sikkink, 1998, *Activists Beyond Borders*, Cornell University Press.
Keohane, Robert O. and Joseph S. Nye, Jr. (eds.), 1972, *Transnational Relations and World Politics*, Harvard University Press. *International Organization* 1971 年秋特集号の単行書版.
Khagram, Sanjeev, James V. Riker and Kathryn Sikkink (eds.), 2002a, *Restructuring World Politics*, University of Minnesota Press.
Khagram, Sanjeev, James V. Riker and Kathryn Sikkink, 2002b, "From Santiago to Seattle: Transnational Advocacy Groups Restructuring World Politics," Khagram, Riker and Sikkink (2002a: pp. 3-23).
Lahusen, Christian, 1999, "International Campaigns in Context," della Porta, Donatella, Hanspeter Kriesi and Dieter Rucht (eds.), *Social Movements in a Globalizing World*, Macmillan, pp. 189-205.
Maiguashca, Bice, 1994, "The Transnational Indigenous Movement in a Changing World Order," Sakamoto, Yoshikazu (ed.), *Global Transformation*, United Nations University Press, pp. 356-382.
Nye, Jr., Joseph S. and Robert O. Keohane, 1972, "Transnational Relations and World Politics: An Introduction," Keohane, Robert O. and Joseph S. Nye, Jr. (eds.), *Transnational Relations and World Politics*, Harvard University Press, pp. ix-xxix.
O'Brien, Robert et al., 2000, *Contesting Global Governance*, Cambridge University Press.
Oliver, Christine, 1991, "Network Relations and Loss of Organizational Autonomy," *Human Relations*, vol. 44, pp. 943-961.
Patel, Sheela, Joel Bolnick and Diana Mitlin, 2001, "Squatting on the Global Highway," Edwards, Michael and John Gaventa (eds.), *Global Citizen Action*, Lynne Rienner, pp. 231-258.
Reinicke, Wolfgang H., 1999/2000, "The Other World Wide Web: Global Public Policy Networks," *Foreign Policy*, no. 117, pp. 44-57.
Risse, Thomas, 1999, "Avances en el estudio de las relaciones transnacionales y la po-

lítica mundial," *Foro Internacional*, vol. 39, pp. 374-403.
Risse, Thomas, 2000, "The Power of the Norms versus the Norms of Power: Transnational Civil Society and Human Rights," Florini, Ann M. (ed.), *The Third Force*, Japan Center for International Exchange, pp. 177-209.
Risse, Thomas, 2002, "Transnational Actors and World Politics," Carlsnaes, Walter, Thomas Risse and Beth A. Simmons (eds.), *Handbook of International Relations*, SAGE, pp. 255-274.
Ritchie, Cyril, 1995, "Coordinate? Cooperate? Harmonise? NGO Policy and Operational Coalitions," *Third World Quarterly*, vol. 16, pp. 513-524.
Rucht, Dieter, 1999, "The Transnationalization of Social Movements," della Porta, Donatella, Hanspeter Kriesi and Dieter Rucht (eds.), *Social Movements in a Globalizing World*, Macmillan, pp. 206-222.
Schmitz, Hans-Peter, 2000, "Mobilizing Identities: Transnational Social Movements and the Promotion of Human Rights Norms," Stiles, Kendall W. (ed.), *Global Institutions and Local Empowerment*, Macmillan, pp. 85-113.
Sikkink, Kathryn, 1993, "Human Rights, Principled Issue-Networks, and Sovereignty in Latin America," *International Organization*, vol. 47, pp. 411-441.
Sikkink, Kathryn, 1996, "The Emergence, Evolution, and Effectiveness of the Latin American Human Rights Network," Jelin, Elizabeth and Eric Hershberg (eds.), *Constructing Democracy*, Westview Press, pp. 59-84.
Sikkink, Kathryn and Jackie Smith, 2002, "Infrastructures for Change: Transnational Organizations, 1953-93," Khagram, Riker and Sikkink (2002a: pp. 24-44).
Smith, Jackie, 1997, "Characteristics of the Modern Transnational Social Movement Sector," Smith, Jackie, Charles Chatfield and Ron Pagnucco (eds.), *Transnational Social Movements and Global Politics*, Syracuse University Press, pp. 42-58.
Smith, Jackie, 2004, "Transnational Activism, Institutions and Global Democratization," Piper, Nicola and Anders Uhlin (eds.), *Transnational Activism in Asia*, Routledge, pp. 61-77.
Smith, Jackie, 2005, "Globalization and Transnational Social Movement Organizations," Davis, Gerald F. et al. (eds.), *Social Movements and Organization Theory*, Cambridge University Press, pp. 226-248.
Smith, Jackie and Joe Bandy, 2005, "Introduction," Bandy, Joe and Jackie Smith (eds.), *Coalitions across Borders*, Rowman & Littlefield, pp. 1-17.
Tarrow, Sidney, 2001, "Transnational Politics," *Annual Review of Political Science*, vol. 4, pp. 1-20.
Uvin, Peter, 2000, "From Local Organizations to Global Governance," Stiles, Kendall W. (ed.), *Global Institutions and Local Empowerment*, Macmillan, pp. 9-29.
Yanacopulos, Helen, 2005, "The Strategies That Bind: NGO Coalitions and Their Influence," *Global Networks*, vol.5, pp. 93-110.

編著者紹介

渡辺　浩（わたなべ　ひろし）　1946年生まれ．東京大学大学院法学政治学研究科教授（アジア政治思想史）．〔主要著作〕『東アジアの王権と思想』（東京大学出版会，1997），『近世日本社会と宋学』（東京大学出版会，1985）．

江頭憲治郎（えがしら　けんじろう）　1946年生まれ．東京大学大学院法学政治学研究科教授（商法）．〔主要著作〕『結合企業法の立法と解釈』（有斐閣，1995），『会社法人格否認の法理』（東京大学出版会，1980）．

碓井光明（うすい　みつあき）　1946年生まれ．東京大学大学院法学政治学研究科教授（財政法）．〔主要著作〕『公共契約法精義』（信山社，2005），『要説　住民訴訟と自治体財務〔改訂版〕』（学陽書房，2002）．

中東正文（なかひがし　まさふみ）　1965年生まれ．名古屋大学大学院法学研究科教授（商法）．〔主要著作〕『商法改正（昭和25年・26年）GHQ/SCAP文書〔日本立法資料全書91〕』（信山社，2003），『企業結合・企業統治・企業金融』（信山社，1999）．

増井良啓（ますい　よしひろ）　1965年生まれ．東京大学大学院法学政治学研究科教授（租税法）．〔主要著作〕金子宏他編著『ケースブック租税法〔第2版〕』（共編著，弘文堂，2007），『結合企業課税の理論』（東京大学出版会，2002）．

岩村正彦（いわむら　まさひこ）　1956年生まれ．東京大学大学院法学政治学研究科教授（社会保障法）．〔主要著作〕『社会保障法　I』（弘文堂，2001），『労災補償と損害賠償』（東京大学出版会，1984）．

金　性洙（キム・スン・スー）　1958年生まれ．韓国漢陽大学法科大学教授（行政法・財政法・租税法）．〔主要著作〕『一般行政法』（法文社，2004），『税法』（法文社，2003）．

太田匡彦（おおた　まさひこ）　1971年生まれ．東京大学大学院法学政治学研究科助教授（行政法）．〔主要著作〕「権利・決定・対価―社会保障給付の諸相と行政法ドグマーティク，基礎的考察(1)～(3)―」（法学協会雑誌116巻2号・3号・5号，1999）．

大串和雄（おおぐし　かずお）　1957年生まれ．東京大学大学院法学政治学研究科教授（ラテンアメリカ政治）．〔主要著作〕『ラテンアメリカの新しい風―社会運動と左翼思想―』（同文舘，1995），『軍と革命―ペルー軍事政権の研究―』（東京大学出版会，1993）．

法の再構築　I　国家と社会

2007 年 3 月 20 日　初　版

［検印廃止］

編　者　江頭憲治郎・碓井光明

発行所　財団法人　東京大学出版会

代表者　岡　本　和　夫

113-8654　東京都文京区本郷 7-3-1 東大構内
電話 03-3811-8814　Fax 03-3812-6958
振替 00160-6-59964

印刷所　株式会社理想社
製本所　矢嶋製本株式会社

© 2007 Kenjiro Egashira, Mitsuaki Usui *et al.*
ISBN 978-4-13-035061-7　Printed in Japan

R〈日本複写権センター委託出版物〉
本書の全部または一部を無断で複写複製（コピー）することは、著作権法上での例外を除き、禁じられています．本書からの複写を希望される場合は、日本複写権センター（03-3401-2382）にご連絡ください．

新時代の法はいかにあるべきか？

法の再構築 ［全3巻］

［編集代表］ 渡辺　浩／江頭憲治郎

江頭憲治郎／碓井光明［編］
I 国家と社会
〈執筆者〉碓井光明／中東正文／増井良啓／岩村正彦／金性洙／江頭憲治郎／太田匡彦／大串和雄　A5判・304頁／定価5460円（本体5200円）

塩川伸明／中谷和弘［編］
II 国際化と法
〈執筆者〉杉田敦／長谷部恭男／石川健治／中谷和弘／塩川伸明／茂田宏／元田結花／宮川眞喜雄／松下淳一／鈴木秀美／広渡清吾／大村敦志／斎藤誠　A5判・336頁／定価5670円（本体5400円）

城山英明／西川洋一［編］
III 科学技術の発展と法
〈執筆者〉西川洋一／ブリッタ・ヴァン・ベアーズ／神里彩子／髙山佳奈子／城山英明／大塚直／山本隆司／山口厚／神田秀樹／森田宏樹／青木節子／児矢野マリ　A5判・304頁／定価予価5460円（本体予価5200円）

融ける境 超える法 ［全5巻］
［編集代表］渡辺　浩／江頭憲治郎

1　個を支えるもの
岩村正彦／大村敦志［編］　A5判・304頁／税込5040円（本体4800円）

2　安全保障と国際犯罪
山口　厚／中谷和弘［編］　A5判・272頁／税込5040円（本体4800円）

3　市場と組織
江頭憲治郎／増井良啓［編］　A5判・288頁／税込5040円（本体4800円）

4　メディアと制度
ダニエル・フット／長谷部恭男［編］　A5判・194頁／税込4725円（本体4500円）

5　環境と生命
城山英明／山本隆司［編］　A5判・328頁／税込5460円（本体5200円）